Gewaltfreier Anarchismus & anarchistischer Pazifismus

Sebastian Kalicha
Gewaltfreier Anarchismus & anarchistischer Pazifismus
Auf den Spuren einer revolutionären Theorie und Bewegung

Illustriert von Daniel Grunewald

Verlag Graswurzelrevolution

Der Autor **Sebastian Kalicha** lebt und arbeitet in Wien und schreibt für unterschiedliche anarchistische bzw. linke Online- und Printmedien. Er ist (Mit-)Herausgeber von Büchern wie *Von Jakarta bis Johannesburg. Anarchismus weltweit* (Unrast Verlag 2010) und *Christlicher Anarchismus. Facetten einer libertären Strömung* (Verlag Graswurzelrevolution 2013).

Der Illustrator **Daniel Grunewald,** geboren 1979, lebt in Leipzig und ist dort als Illustrator, Schauspieler, Musiker, freier Autor und politisch in libertären Kreisen aktiv.

Bibliografische Information der Deutschen Bibliothek
Die Deutsche Bibliothek verzeichnet diese Publikation in der Deutschen Nationalbibliografie; detaillierte bibliografische Daten sind im Internet über http://dnb.ddb.de abrufbar.

© 2017 Verlag Graswurzelrevolution
Sitz: Heidelberg
Straßburger Straße 24 · 10405 Berlin
Fax: 0421/620456-9 · E-Mail: buchverlag@graswurzel.net
www.graswurzel.net
ISBN 978-3-939045-30-4

Umschlaggestaltung: Graphisches Atelier Johannes Sternstein, Stuttgart
Textlayout und Satz: Verlags- und Medienservice Bernd Degener, Bremen
Druck und Weiterverarbeitung: BELTZ Bad Langensalza GmbH, Bad Langensalza

Inhalt

Einleitung   **9**

1. Gewaltfreier Anarchismus & anarchistischer Pazifismus – theoretische Grundlagen   **17**

1.1 Grundzüge gewaltfrei-anarchistischer Theorie   19

- Ziel-Mittel-Relation   20
- Vorwegnehmende Politik   21
- Anarchistische Gewaltkritik   22
- Anarchistische Herrschaftskritik   24
- Soziale Revolution   27
- Gewaltfreie Revolution   28
- Revolutionäre soziale Verteidigung von unten   30

1.2 Anarchismus, Gewalt und Gewaltfreiheit   31

1.3 Zu den Begrifflichkeiten   35

- Pazifismus   35
- Antimilitarismus   36
- Anarchistischer Pazifismus/Anarchopazifismus   38
- Gewaltfreier/gewaltloser Anarchismus   39

1.4 Was ist gewaltfreie Aktion – und was nicht?   41

2. Gewaltfreie AnarchistInnen und anarchistische PazifistInnen im Porträt   47

Étienne de La Boétie **48** // William Godwin **50** // Henry David Thoreau **53** // Mohandas K. Gandhi **55** // Leo Tolstoi **58** // Eugen Heinrich Schmitt **61** // Gustav Landauer **64** // Benjamin Tucker **67** // Ferdinand Domela Nieuwenhuis **69** // Clara Wichmann **72** // Henriëtte Roland Holst **75** // Pierre Ramus **78** // Olga Misař **81** // Franz Prisching **84** // Margarethe Hardegger **87** // Fritz Oerter **89** // Franz Barwich **92** // Augustin Souchy **94** // Ernst Friedrich **97** // Bart de Ligt **100** // Hem Day **104** // Amparo Poch y Gascón **107** // José Brocca **110** // Martin Buber **112** // Mahmud Muhammad Taha **114** // Simone Weil **116** // Jacques Ellul **119** // Albert Camus **121** // Rirette Maîtrejean **123** // Han Ryner **125** // Marie Kugel **127** // Maria Lacerda de Moura **129** // Madeleine Vernet **130** // Lilian Wolfe **132** // Bertrand Russell **134** // George Woodcock **137** // Aldous Huxley **140** // Herbert Read **143** // Nicolas Walter **146** // Ethel Mannin **149** // Alex Comfort **152** // Geoffrey Ostergaard **154** // Dorothy Day **157** // Ammon Hennacy **160** // A. J. Muste **163** // David Dellinger **166** // Dwight Macdonald **169** // Paul Goodman **172** // Howard Clark **174** // Judi Bari **177** // Howard Zinn **180** // Kurt Vonnegut **183** // Utah Phillips **185** // Judith Malina **187**

3. Gewaltfreier Anarchismus und anarchistischer Pazifismus als libertäre Strömung und ihr Einfluss auf anarchistische, soziale und widerständige Bewegungen, Gruppen und Projekte   191

Antimilitaristische Liga **192** // No Conscription League **192** // Anti-Conscription League **192** // Passive Resisters' Union **192** // Internationale Anti-Militaristische Vereniging **192** // Internationale Antimilitaristische Kommission **192** // Anarchosyndikalismus **192** // Freie Arbeiter-Union Deutschlands (FAUD) **192** // Der Syndikalist **194** // Syndikalistischer Frauenbund **194** // Industrial Workers of the World (IWW) **195** // Bund herrschaftsloser Sozialisten **198** // Erkenntnis und Befreiung **199** // Wohlstand für Alle **200** // Tolstoianismus **201** // Ketzer **202** // G. Winstanley **202** // Diggers **202** // P. Chelčický **202** // New England Non-Resistance Society **202** // W. L. Garrison **203** // A. Ballou **203** // Sarvodaya-Bewegung **204** // Committee of 100 **205** // Spies for Peace **207** // War Resisters' International (WRI) **208** // Peace News **209** // War

Resisters League (WRL) **210** // KDV-Bewegung USA **211** // Committee for Nonviolent Revolution **212** // Peacemakers **214** // Liberation **214** // Catholic-Worker-Bewegung **215** // P. Maurin **216** // Student Nonviolent Coordinating Committee (SNCC) **217** // Movement for a New Society **219** // Provo-Bewegung **221** // Kabouter-Bewegung **223** // AnarchistInnen in der DDR-Opposition **225** // Föderation Gewaltfreier Aktionsgruppen (FöGA) **229** // Graswurzelrevolution (GWR) **231** // Anti-AKW-Bewegung **232** // Action civique non-violente (ACNV) **235** // Anarchisme et Non-Violence **237** // Pflugscharbewegung **238** // Antiglobalisierungsbewegung **239** // Peoples' Global Action **239** // Direct Action Network **240** // Padded Block **240** // Las Abejas **241** // Feldbefreiungsbewegung **241** // Larzac **241** // Occupy-Bewegung **242** // Kreativer Widerstand und Straßenprotest **243** // Hacktivismus **244** // Anarchists Against the Wall (AATW) **246** // Food Not Bombs **248** // Animal Liberation Front (ALF) **249** // Earth Liberation Front (ELF) **249** // Earth First! **250** // Straight Edge **251** // Positive hardcore **251** // Musik **252** // Anarchopunk **252** // Crass **252**

Bibliografie   **255**

Danksagung des Autors
Ein besonderer Dank geht an Johann Bauer und Lou Marin, denen ich unzählige wichtige Hinweise, Verbesserungs- und Ergänzungsvorschläge zu verdanken habe und die auch an vielen Stellen mitgeschrieben bzw. manche Absätze zur Gänze verfasst haben (SNCC, DDR-Opposition, Anti-AKW-Bewegung, ACNV, Anarchisme et Non-Violence, Larzac). Zudem möchte ich Vanessa G. Vela danken, für die beständige Unterstützung, die kritischen Diskussionen und ihren inspirierenden Wobbly-Enthusiasmus.

Einleitung

Der gewaltfreie Anarchismus und anarchistische Pazifismus/Anarchopazifismus[1] tritt in Geschichte und Gegenwart als eigenständige Strömung und Tradition in der heterogenen anarchistischen Bewegung immer wieder in Erscheinung, auch wenn er möglicherweise stärker als andere Subströmungen gesucht werden und noch eingehender separat erforscht werden muss. Doch rigide Trennlinien zu ziehen ist im undogmatisch ausgerichteten Anarchismus eher unüblich und so vermischt sich der gewaltfreie Anarchismus, wie andere spezifische Ausrichtungen im Anarchismus auch, oftmals mit anderen anarchistischen Strömungen. Die Querverbindungen sind zahlreich und so finden wir beispielsweise gewaltfreie AnarchistInnen und anarchistische PazifistInnen, die sich gleichzeitig auch als Anarchosyndikalistinnen, Anarchafeministinnen, Öko-/Grüne AnarchistInnen, christliche AnarchistInnen, individualistische oder kommunistische AnarchistInnen verstehen und verstanden. Dies deutet ebenfalls darauf

1 Die Begriffe »gewaltfreier/gewaltloser Anarchismus« und »anarchistischer Pazifismus/Anarchopazifismus« werden hier synonym verwendet, auch, wenn kleinere Unterschiede auszumachen sind und der Autor den Begriff des »gewaltfreien Anarchismus« präferiert. Siehe hierzu Kapitel 1.3 dieses Buches.

hin, dass jene Aspekte, die den gewaltfreien Anarchismus ausmachen, letztendlich – mal mehr, mal weniger – durchaus auch in den allermeisten anarchistischen Strömungen zu finden sind: eine Verbindung des Anarchismus mit gewaltfreier Revolutions- und Aktionstheorie, eine kritische Reflexion zu revolutionärer Aktion und dem damit einhergehenden Verhältnis von Mitteln und Zielen, vorwegnehmende Politik auch in der Frage der Gewalt sowie eine Analyse von Gewalt als Herrschaftsmittel und von Herrschaft und Ausbeutung als Form der (strukturellen) Gewalt.

Geografische Faktoren scheinen ebenfalls eine Rolle zu spielen, will man den gewaltfreien Anarchismus erforschen. So gab es historisch starke gewaltfrei-anarchistische Bewegungen insbesondere in Ländern wie den Vereinigten Staaten, Großbritannien und den Niederlanden[2], aber auch in Deutschland und Österreich. Ebenfalls berücksichtigt werden sollte, dass sich im gewaltfreien Anarchismus bis zu einem bestimmten Grad unterschiedliche sozialrevolutionäre Traditionen treffen und vermengen – nämlich alte »Ketzer«-Traditionen, Konzepte des »utopischen« Sozialismus, jene der libertär-sozialistischen Arbeiter- und Gewerkschaftsbewegung seit der Ersten Internationale, des (revolutionären) Pazifismus, des Antimilitarismus sowie der Theorie und Praxis der (oftmals gandhianisch inspirierten) gewaltfreien Aktion. Auch diese Überschneidungen erschweren es manchmal, die gewaltfrei-anarchistische Idee aufzuspüren, weil man eben nicht nur nach einem »Label« Ausschau halten, sondern sich vorwiegend mit Inhalten und Positionen beschäftigen muss.

Obwohl Gewaltkritik bei vielen AnarchistInnen notwendigerweise eine Rolle spielt – schon alleine deshalb, weil sie als Aspekt anarchistischer Herrschaftskritik betrachtet werden muss –, so gibt es zu dem Thema der »Gewaltfrage« in der anarchistischen Szene oftmals emotionale und häufig auch verkürzte Debatten. Einige wollen sich (verständlicherweise) nicht auf die Scheinheiligkeit jener Moral einlassen, die eine selbst höchst gewaltsame, repressive und militarisierte Einrichtung wie den Staat als »Friedensstifter« legitimiert und gutheißt, gleichzeitig jedoch ausgerechnet den wenigen AnarchistInnen aufgrund deren behaupteter Gewalttätigkeit jede Grausamkeit zutraut und sich darüber entrüstet. Sie halten Diskussionen unter diesen

---

[2] Vgl. Woodcock 2009, 21. Für die USA siehe auch Cornell 2016.

Vorzeichen für irrelevant, scheinheilig und verlogen.[3] Andere sehen unter bestimmten Umständen gewaltsamen Widerstand wahlweise als berechtigt, effektiver beziehungsweise als »notwendiges Übel« an. Und wieder andere, wenn auch nur recht wenige, streben gewaltsame Aktionen dezidiert an. Gewaltfreie AnarchistInnen halten dem in der Regel entgegen, dass Fragen der Taktik, der Kampfformen und mit welchen Mitteln AnarchistInnen für ihre Ziele kämpfen, niemals irrelevant sein können und dürfen und die gewaltfreie Aktion aufgrund vielerlei Argumente der zu präferierende Modus Operandi von AnarchistInnen sein sollte.

In vielen dieser Debatten wird auch häufig übersehen, dass, bei aller Wichtigkeit von Fragen der Mittel, die Kritik gewaltfreier AnarchistInnen sich keineswegs in der Frage »Sollen wir Gewalt anwenden oder nicht?« erschöpft. Sie ist keine negative Kritik, die Gewalt schlicht ablehnt, ohne dabei eine sie ersetzende Alternative vorzuschlagen. Gewaltfrei-anarchistische Praxis bleibt nicht einfach an dem Punkt stehen, an dem es potentiell zur Gewalt kommt, ihre Analyse nicht bei dem Für und Wider direkter, physischer Gewalt. Die Argumentation hat drei Hauptaspekte: Gewalt*kritik* wird als integraler und essentieller Bestandteil einer umfassenden anarchistischen Theorie und (Gesellschafts-)Kritik, Gewalt*freiheit* als eine revolutionäre, aktive und subversiv-herrschaftslose Praxis und Kampfform verstanden, die viel tiefer geht und in der Aktion viel weitreichendere Alternativen anbietet, als dies einschlägige Debatten vermuten lassen. Und drittens ist praktizierte Gewaltfreiheit viel mehr als eine schlichte Entscheidung für eine bestimmte Taktik, sondern auch immer die *Vorwegnahme eines konkreten Ziels,* nämlich der gewaltfreien und herrschaftslosen – also anarchistischen – Gesellschaft. Johann Bauer fasste dies so zusammen: »Aber gerade vor diesem Hintergrund, dass Anarchismus immer noch mit diesem Stigma der Gewalt versehen ist, würde ich immer sagen, der Kern des Anarchismus ist eigentlich gerade Gewaltlosigkeit. Es ist eine Ordnung, die auf Freiwilligkeit beruht statt auf Zwang, die nicht per Gesetz, Dekret und Gewalt Leute zu etwas zwingen will, sondern sie versucht, freie Vereinbarung an

---

3 Colin Ward beispielsweise kanzelt deshalb etwa die Frage von Gewalt und Gewaltfreiheit als eine der zwei großen »Unerheblichkeiten« der anarchistischen Bewegung ab. Ward 1996, 137.

die Stelle dieser gewalttätigen Ordnung zu setzen, Herrschaftsverhältnisse, ökonomische Ausbeutung, politische Repression zu beseitigen, und durch eine Ordnung der Solidarität, der freien Vereinbarung zu verdrängen.«[4]

Die hier angerissenen Fragen und Aspekte gewaltfrei-anarchistischer Theorie werden im ersten Teil dieses Buches breiten Raum einnehmen. Es soll der Versuch unternommen werden, Grundlagen einer gewaltfrei-anarchistische Theorie (und folglich Praxis) abzustecken, die, gemäß dem Einführungscharakter dieser Publikation, natürlich dementsprechend prägnanter Natur sind. Die dazugehörigen bibliografischen Angaben dürfen hier als Anreiz verstanden werden, sich eingehender mit gewaltfrei-anarchistischer und gewaltfrei-revolutionärer Theorie auseinanderzusetzen.

Im zweiten Teil werden Persönlichkeiten vorgestellt, die für den gewaltfreien Anarchismus und anarchistischen Pazifismus eine bedeutende Rolle gespielt haben. Jede Strömung im Anarchismus hat »ihre« TheoretikerInnen, AktivistInnen und Persönlichkeiten, auf die sich AnarchistInnen unterschiedlicher Couleur berufen, deren Schriften sie lesen und weiterempfehlen oder deren Leben und Wirken als Inspiration und Beispiel gelten. Jede Strömung hat auch ihre »großen Namen«, obwohl der Anarchismus zurecht eine gesunde Abneigung gegen derartiges Personalisieren von politischen Strömungen pflegt. Deshalb heißt der kommunistische Anarchismus auch nicht »Kropotkinismus« oder der Anarchafeminismus »Goldmanismus«. Zu viele, oftmals völlig in Vergessenheit geratene oder anonym gebliebene Menschen, hatten und haben an der Entwicklung solcher Strömungen Teil, als dass es möglich oder integer wäre, diese auf eine Person zu reduzieren. Ganz im Sinne des Anarchismus wird also auch die Theoriebildung dezentralisiert – und wenn man es so betrachtet, dann ist der gewaltfreie Anarchismus wohl eine der dezentralisiertesten anarchistischen Strömungen überhaupt! Dezentralisierung bedeutet in weiterer Folge auch eine quantitative Ausweitung des Personenkreises, den es zu behandeln gilt, sowie politische Vielfalt – beides Aspekte, die in diesem Kapitel, welches Kurzporträts versammelt, evident sind. Zwar gibt es auch im gewaltfreien Anarchismus und anarchistischen Pazifismus

[4] Bauer 2009, 23 f.

Persönlichkeiten, die vielleicht bekannter sind als andere, aber »diese eine« Person wie Kropotkin oder Goldman gibt es hier schlicht nicht. Und natürlich haben diese Personen, die hier als wichtig für den gewaltfreien Anarchismus angeführt werden, zu vielen unterschiedlichen Themen geschrieben und waren in unterschiedlichen Feldern aktiv. Man kann sie also thematisch nicht auf »die Gewaltfrage« oder auf das Themenfeld »Krieg und Frieden« festnageln oder reduzieren. Es ist ja auch, wie bereits angesprochen, eine Illusion zu glauben, dass sich »Gewaltfreie« ausschließlich mit der »Gewaltfrage« beschäftigten, da dieses Thema letztendlich viel weiter und tiefer geht, als oft angenommen wird. Und so spannend und anregend es war, Persönlichkeiten zu ergründen, die zur Weiterentwicklung der gewaltfreianarchistischen/anarchopazifistischen Idee beigetragen haben, so kann natürlich kein Anspruch auf Vollständigkeit in diesem Kapitel geltend gemacht werden.[5]

Abseits der Namen gibt es aber die nicht minder wichtige(n) Bewegung(en), bestehend aus vielen Individuen, die nicht mit Namen genannt werden können oder wollen – jene, die zum Beispiel aus unterschiedlichen Gründen nicht mit Vorträgen, Publikationen oder Zeitungsartikeln in Erscheinung treten, sondern sich der Aktion, Organisation oder dem Aktivismus verschreiben. Schon alleine deshalb ist das »name-dropping« des zweiten Kapitels eine nicht unstrittige und vielleicht sogar problematische Angelegenheit, weil es eben in der Regel jene Menschen (häufig Frauen!) tendenziell unberücksichtigt lässt, die sich vorwiegend in eben genannten Feldern bewegen, die »unsichtbare« Arbeit der Bewegung erledigen. Deshalb ist dieses dritte Kapitel so wichtig. Viele unterschiedliche Gruppen, Bewegungen und Organisationen zeichnen sich durch eine gewaltfrei-anarchistische Praxis aus oder sind zumindest von dieser in der einen oder anderen Form beeinflusst. In (anarchistisch beeinflussten) Protestbewegungen werden

---

[5] Zumeist verorteten sich die Personen und Bewegungen/Gruppen/etc., die hier vorgestellt werden, auf einer vorwiegend weltlich-humanistischen Grundlage. Manche gelangten zu ihren anarchistischen und gewaltfreien Positionen aber auch aufgrund christlicher bzw. religiöser Motive oder wurden von diesen zumindest in der einen oder anderen Weise beeinflusst. Deshalb werden auch christliche/religiöse AnarchistInnen hier inkludiert, denn, obwohl beispielsweise nicht jeder gewaltfreie Anarchismus auch ein christlicher Anarchismus ist, so ist doch christlicher Anarchismus ganz überwiegend ein gewaltfreier Anarchismus. Siehe zu diesem Thema allgemein u. a. Christoyannopoulos 2011; Kalicha 2013.

unterschiedliche Formen des gewaltfreien Widerstands und der gewaltfreien Aktion angewandt und weiterentwickelt. Von den Anfängen der anarchistischen Bewegung bis heute kann man derartige Beispiele in unterschiedlichsten Kontexten finden. Der Bogen reicht von Kampagnen der direkten gewaltfreien Aktion über Zeitungsprojekte bis hin zu Kunst- und Musikgruppen.

Die Kriterien zu definieren, nach welchen man Personen beziehungsweise Gruppen/Projekte/Bewegungen/etc. auswählt, um sie in so einer Publikation vorzustellen, ist natürlich eine nicht immer leichte Angelegenheit. Der Vorwurf, dieses oder jenes wurde zu Unrecht entweder in- oder exkludiert, ist einer, dem man sich wohl aussetzen muss, konzipiert man ein Buch dieser Art. Deshalb soll hier kurz auf die Kriterien eingegangen werden, nach welchen die Auswahl getroffen wurde, wer oder was in diesem Buch Platz findet.

Was die Personen anlangt, so sind es logischerweise zuerst einmal die selbstdeklarierten gewaltfreien AnarchistInnen und anarchistischen PazifistInnen, die hier Platz finden (zum Beispiel Bart de Ligt, Clara Wichmann, Pierre Ramus, Judith Malina etc.). Dennoch gab es auch viele AnarchistInnen, die in ihrer Gewaltkritik so weit gingen, dass es selbst ohne ein explizites Bekenntnis zur Gewaltfreiheit wichtig ist, sie in diesem Kontext vorzustellen. Oft geht dies auch einher mit einem thematischen Fokus auf Fragen von Krieg und Frieden, Antimilitarismus und Kriegsdienstverweigerung – alles Themen, die häufig in einer radikalen Gewaltkritik münden. Des Weiteren gibt es auch Personen, die eher in der Tradition der gandhianisch inspirierten Friedensbewegung standen, die die gewaltfreie Aktion als »neue Widerständigkeit« in die alte pazifistische Bewegung trugen, dies mit sozialistischen Inhalten füllten und sich so zusehends auch anarchistischen Ideen annäherten beziehungsweise diese übernahmen (zum Beispiel David Dellinger). Es wurden auch Personen aufgenommen, die sich nicht als AnarchistInnen verstanden, ihre revolutionäre Gewaltfreiheit aber mit antikapitalistischen, sozialistischen Inhalten verknüpften und so dem, was gewaltfreier Anarchismus ist, derart nahe stehen, dass es auf diese Selbstbezeichnung gar nicht mehr ankommt (zum Beispiel A. J. Muste, Henriëtte Roland Holst). Letztendlich gibt es zahlreiche Personen, die eine Verbindung von antiautoritärem Sozialismus, Anarchismus, Antimilitarismus, Pazifismus und Gewaltfreiheit in entscheidenden Phasen ihres Lebens hergestellt haben, sodass es gerechtfertigt erscheint, sie hier aufzunehmen. Die Selbstbezeichnung war also nicht das entscheidende Kriterium, sondern vielmehr die Positionen und Inhalte, die die jeweiligen Personen vertraten. Zudem wurde aus unterschiedlichen Gründen in diesem Kapitel auch ein historischer Zugang gewählt, der noch lebende Menschen ausschließt.

Ähnlich verhält es sich bei den Bewegungen/Gruppen/Projekten/etc. im dritten Kapitel. Es gab und gibt zahlreiche Beispiele aus diesem Bereich, die sich im dezidiert gewaltfrei-anarchistischen Spektrum verorten. Es ist aber auch hier so, dass ein bestimmtes Näheverhältnis (inhaltlicher und/oder personeller Natur), gewisse politische Positionen und Praxen es rechtfertigen, sie hier aufzunehmen. Damit sind Bewegungen/Gruppen/Projekte/etc. gemeint, die in ihrer Praxis und in ihrer Theorie eine substantielle anarchistische sowie gewaltfreie Dimension erkennen lassen oder in denen in bestimmtem Ausmaß gewaltfreie AnarchistInnen mitwirkten. Auch hier war, wie schon bei den Personen, die Selbstbezeichnung »gewaltfrei-anarchistisch« oder ein dezidiertes Bekenntnis zu Anarchismus und/oder Gewaltfreiheit nicht ausschlaggebend.

Dieses Buch ist, wie der Titel bereits andeutet, auch eine Spurensuche, in der vieles, das dem gewaltfreien Anarchismus und anarchistischen Pazifismus zugerechnet werden kann, erst freigelegt und analysiert werden muss. In diesem Sinne wurde der Rahmen, wer oder was hier aufgenommen wurde, bewusst etwas breiter angelegt – nicht, um jemanden oder etwas mit einem Label zwangsbeglücken zu wollen oder zu vereinnahmen, sondern um gewaltfrei-anarchistische Inhalte aufzuspüren und diese als solche zu benennen.

Obwohl es naheliegend wäre, folgt die Darstellung nicht strikt einer chronologischen Ordnung, sondern stellt manchmal Verbindungen über Jahrhunderte und Kontinente her, die auch realen Bewegungen entsprechen. Es handelt sich um eine Einführung, die durch ihren doppelten Bezug auf Bewegungen und Personen immer wieder Querverbindungen benennt und dabei Wiederholungen nicht ganz vermeiden kann. Die Personen und Bewegungen haben voneinander gelernt, sich aneinander orientiert, einander als subversive und befreiende Erinnerung oder theoretische Bezugspunkte gesucht und gewählt. Auch die LeserInnen können so die besonders interessanten Passagen unabhängig von anderen lesen und finden weiterführende Literatur. Die unterschiedlichen Längen der diversen Abschnitte sagen zudem nicht immer etwas über die Wichtigkeit oder Bedeutung der betreffenden Person oder Bewegung aus, sind nicht als generelle Wertung zu verstehen, sondern erklären sich oftmals schlicht daraus, wie viel und wie leicht Quellenmaterial zugänglich war.

Blättert man in diesem Buch, so bemerkt man natürlich sofort die Illustrationen von Daniel Grunewald. Der Anspruch, einem sorgfältig recherchierten, mit ausreichend Quellenmaterial belegten, umfangreichen Einführungstext mittels Illustrationen mehr Leben einzuhauchen, schien uns eine spannende Sache zu sein. Grunewalds Illustrationen verleihen der gesamten Publikation eine ganz neue Qualität. Möge ein dadurch gesteigertes Lesevergnügen sich auch positiv auf gewaltfrei-anarchistische Theorie, Forschung und eine lebendige, widerständige und revolutionäre Praxis auswirken!

1. Gewaltfreier Anarchismus und anarchistischer Pazifismus – theoretische Grundlagen

Dem Anarchismus als politische und soziale Ideenlehre und Bewegung liegt das Ideal zu Grunde, eine freie Gesellschaft freier Menschen zu schaffen, in der es keine Herrschaft, Ausbeutung und Unterdrückung mehr gibt. Der Anarchismus verneint nicht nur *bestimmte* Formen von Herrschaft – die Herrschaft einer Partei oder des Staats, die eines Königs, die des Patriarchats oder des Kapitals –, sondern spricht sich prinzipiell gegen *jegliche* Herrschaft aus. Als libertäre und revolutionäre Form des Sozialismus strebt er eine tiefgreifende soziale Revolution von unten an, keine politische Revolution, bei der lediglich die politischen Köpfe ausgetauscht und die politischen Machtverhältnisse verändert werden. Das Ziel – die Anarchie – ist eine Gesellschaftsordnung, die von Solidarität, Herrschaftslosigkeit, freiwilliger Kooperation und Assoziation, bedürfnisorientiertem Wirtschaften, gegenseitiger Hilfe und Gewaltfreiheit geprägt ist.

In der anarchistischen Bewegung gab und gibt es unterschiedliche Subströmungen, die zwar essentielle anarchistische Grundlagen teilen, auf bestimmte Aspekte – seien sie nun eher theoretischer oder praktischer Natur – jedoch ein besonderes Augenmerk legen. Diese undogmatische Vielfalt war schon immer ein herausragendes Charakteristikum des Anarchismus und ist, wie viele meinen, auch eine seiner großen Stärken. Peter Marshall hat diesen Wesenszug des Anarchismus in seinem Buch *Demanding the Impossible. A History of Anarchism* mit einer Metapher beschrieben. Er verglich den Anarchismus mit einem Fluss, der sich in Richtung Freiheit bewegt, dabei aber viele unterschiedliche Strömungen, Strudel und Brandungen aufweist.[6] Einige dieser Substrómungen, die im Anarchismus zu finden sind, sind zum Beispiel der Anarchosyndikalismus, der Öko- oder Grüne Anarchismus, der Anarchafeminismus, der christliche Anarchismus, der Individualanarchismus, der insurrektionalistische Anarchismus, der Plattformismus, der Mutualismus, der kollektivistische Anarchismus, der kommunistische Anarchismus oder eben der hier behandelte gewaltfreie Anarchismus und anarchistische Pazifismus.[7]

Der gewaltfreie Anarchismus/anarchistische Pazifismus ist eine anarchistische Strömung, die einerseits Gewalt (ob direkte/physische oder strukturelle) als Widerspruch zu den emanzipatorischen Bestrebungen des Anarchismus betrachtet und diese daher kritisiert und ablehnt, andererseits Gewaltkritik aber auch als essentiellen Bestandteil anarchistischer Herrschafts- und Gesellschaftskritik begreift. Gewaltkritik ist daher mehr als eine schlichte Ablehnung direkter, physischer Gewalt. Gewaltfrei-anarchistische Gewaltkritik ist Teil einer umfassenden Gesellschaftskritik (zum Beispiel gegen Patriarchat, Kapitalismus, Staat, Ausbeutung etc.) und wird als essentieller Teil anarchistischer Theorie gesehen, um Herrschaftsverhältnisse analysieren, kritisieren und überwinden zu können.

Die Kritik physischer/direkter Gewalt bezieht sich jedoch nicht nur auf die gegen uns gerichtete und uns umgebende Gewalt – was allgemein ausgedrückt oft die »Gewalt des Unterdrückers« genannt wird –, zum Beispiel jene von Seiten des Staatsapparats. In diesem Sinne könnten nämlich alle AnarchistInnen als »anarchopazifistisch« oder »gewaltfrei« bezeichnet werden, da AnarchistInnen jeglicher Couleur den

---

6 Marshall 2010, 3. **// 7** Der sogenannte »Anarchismus ohne Adjektive« verweigert sich wiederum diesen Spezifizierungen und steht diesen Unterteilungen entweder skeptisch gegenüber oder plädiert für ein harmonisches Miteinander dieser. Der erwähnte Plattformismus hingegen betrachtet diese Vielfalt nicht als förderlich, sondern eher als Hemmschuh für effektive anarchistische Organisierung.

herrschaftlichen und dadurch notwendigerweise gewalttätigen Charakter des Staates oder anderer Herrschaftsstrukturen stets anprangerten. Die Gewaltkritik des gewaltfreien Anarchismus/anarchistischen Pazifismus ist eine allumfassende, eben auch an die anarchistische Bewegung und progressive AktivistInnen selbst adressiert. Sie problematisiert also, mit dem angestrebten Ziel vor Augen, genauso die »Gewalt der Unterdrückten«, wobei selbstverständlich anerkannt wird, dass diese Gewalt eine andere Wertigkeit hat als jene des Unterdrückers.

Dennoch: Vom Mittel der Gewalt zur Durchsetzung (anarchistischer) Ziele wird im gewaltfreien Anarchismus/anarchistischen Pazifismus dezidiert Abstand genommen und die gewaltfreie Aktion – also gewaltfreie Kampf- und Widerstandsformen –, beziehungsweise in weiterer Folge die gewaltfreie Revolution, stattdessen propagiert und praktiziert. »Gewaltfrei« bedeutet hier dreierlei: Es bedeutet ganz allgemein die Abwesenheit (soweit das in unseren Händen liegt) von und die Kritik der Gewalt, wie auch immer sie sich konkret manifestiert. Der Begriff verweist aber auch im positiven Sinne auf eine bestimmte Art, wie man kämpft beziehungsweise Widerstand leistet – nämlich mit den Mitteln, die unter dem Begriff »gewaltfreie Aktion« subsumiert werden. Zudem impliziert der Begriff bereits eine Teildefinition des angestrebten Ziels. Dieses Ziel ist eine herrschaftslose, gewaltfreie, egalitäre und solidarische – also anarchistische – Gesellschaftsordnung, die in den gewählten Widerstands- und Kampfformen bereits vorweggenommen werden soll.

1.1 Grundzüge gewaltfrei-anarchistischer Theorie

Für die Verbindung von Gewaltfreiheit und Anarchismus gibt es zahlreiche Gründe. Manche gehen davon aus, dass sich eine Idee wie die des Anarchismus, die sich die Herrschaftslosigkeit und die soziale Revolution als Ideal auf die Fahnen heftet, schlicht nicht mit dem Zwangsmittel Gewalt vereinbaren lässt. Für manche ist es eine ethische Entscheidung. Für andere stehen taktische und strategische Überlegungen im Vordergrund mit dem Argument, die gewaltfreie Aktion sei schlicht effektiver und erfolgversprechender, sowohl was das Erreichen als auch das Verteidigen revolutionärer Errungenschaften anlangt – »revolutionäre Nützlichkeitserwägungen« nannten es die Anarchisten

Albert de Jong und Arthur Lehning.[8] Oft ist es eine Mischung aus vielem des hier Angeführten. Fest steht jedoch, dass »[k]eine Idee von Freiheit und Befreiung [...] so unzweideutig mit der Kritik der Gewalt und mit dem Entwickeln von gewaltlosen Alternativen sowohl hinsichtlich des gesellschaftsverändernden Kampfes als auch der sozialen Organisation verbunden [ist] wie der Anarchismus. In der libertären Bewegung finden wir zweifellos eine der sozialgeschichtlichen Wurzeln der Gewaltfreiheitstheorie.«[9] Zu Beginn sollen daher in diesem Sinne kurz einige theoretische Grundzüge des gewaltfreien Anarchismus dargelegt werden.

Ziel-Mittel-Relation

Im gewaltfreien Anarchismus wird auf einige anarchistische Prinzipien besonderer Wert gelegt. Eines dieser Prinzipien, das für anarchistische Theorie und Praxis zentral ist, ist die Ziel-Mittel-Relation. Diese besagt letztendlich nichts anderes, als dass der Zweck *nicht* die Mittel heiligt. Im Anarchismus – nicht nur im gewaltfreien und nicht nur in der Gewaltfrage! – ist ein ausschlaggebender Aspekt jener, dass die Mittel, die im Kampf für den Anarchismus zum Einsatz kommen, dem Ziel einer herrschaftslosen, solidarischen und gewaltfreien Gesellschaftsordnung nicht entgegenstehen, sondern dieser entsprechen sollten. Das Ziel soll in den Mitteln vorweggenommen werden, soll sich in ihnen widerspiegeln – also bereits erkennbar sein. Die Mittel definieren also quasi das Ziel. Stehen die Mittel im Widerspruch zum Ziel (reaktionäre Mittel/progressives Ziel), verändert sich demgemäß das Ziel. Ein beliebtes Beispiel aus der anarchistischen/sozialistischen Geschichte: Auf eine (temporäre) Übernahme der zentralisierten Staatsmacht in einem revolutionären Prozess – wie in der Oktoberrevolution 1917 von den BolschewistInnen praktiziert –, kann keine freie, staatenlose und dezentrale Gesellschaftsordnung folgen. Dasselbe, so gewaltfreie AnarchistInnen, gilt auch für die Gewaltfrage. Im gewaltfreien Anarchismus ist daher die Überzeugung zentral, dass das geeignetste Mittel im Kampf für eine anarchistische Gesellschaft die

---

8 De Jong/Lehning 1930, 50. // **9** Redaktion Graswurzelrevolution (Teilredaktion West-Berlin) 1986, 45. Siehe hierzu ausführlich Jochheim 1977.

gewaltfreie Aktion ist, da diese dem anarchistischen Ziel nicht wider-, sondern entspricht.

»Ich bin immer noch der Überzeugung, dass eines der wichtigsten Prinzipien des Anarchismus die Untrennbarkeit von Mitteln und Zielen ist« meinte etwa Howard Zinn zur Wichtigkeit der Ziel-Mittel-Relation im Anarchismus. »Das bedeutet«, so Zinn weiter, »wenn dein Ziel eine egalitäre Gesellschaft ist, du dich egalitärer Mittel bedienen musst und wenn dein Ziel eine gewaltfreie Gesellschaft ohne Krieg ist, du dich nicht des Kriegs bedienen kannst, um dieses Ziel zu erreichen. Ich denke, der Anarchismus erfordert es, dass Mittel und Ziele im Einklang zueinander stehen. Das ist tatsächlich eines der herausragendsten Charakteristika des Anarchismus.«[10]

Vorwegnehmende Politik

Ein weiteres Prinzip, das in anarchistischer Theorie häufig behandelt wird und ähnliches beinhaltet wie die Ziel-Mittel-Relation, ist die gleichzeitig mit dem Widerstand stattfindende Vorwegnahme der freien Gesellschaft – auch vorwegnehmende (oder präfigurative) Politik genannt. Demnach sollten AnarchistInnen in ihrem Eintreten für eine anarchistische Gesellschaft die Werte, die sie vertreten, so gut es geht schon im Hier und Jetzt verwirklichen – nicht erst in einer fernen Zukunft »nach der Revolution«. Vorwegnehmende Politik ist in vielen Bereichen relevant, sei es nun in der Art, wie sich AnarchistInnen organisieren, wie sie Entscheidungen treffen, wie sie mit Meinungsverschiedenheiten umgehen oder eben, wie sie Widerstand leisten. Im Sinne dieses Vorwegnehmens soll auch, gemäß der anarchistischen Zukunftsvision, bereits die gegenwärtige Praxis versuchen, sich den Zielen anzunähern – sowohl in Belangen des täglichen Zusammenlebens als auch im Widerstand gegen Unrecht und Unterdrückung.

Cindy Milstein beschreibt vorwegnehmende/präfigurative Politik als die »Idee, dass es eine ethische Entsprechung zwischen Mitteln und Zielen gibt. [...] Präfigurative Politik stellt einen direkten Bezug zwischen unseren Werten und unserer Praxis her und verleiht der neuen Gesellschaft Ausdruck, bevor sie vollständig entwickelt ist. [...] Wie

10 Zinn 2008.

alle anderen Menschen müssen auch Anarchist_innen die Fähigkeit, die der Aufbau einer neuen Gesellschaft verlangt, erst entwickeln. Gleichzeitig müssen sich die Organisationsformen und Institutionen entwickeln, die eine neue Gesellschaft erst ermöglichen. Anarchist_innen vermitteln in all ihrem Tun, manchmal auf Aufsehen erregende Weise, Ideen davon, was Staat, Kapital, Heteronormativität und normierte Körper ersetzen könnte. Dadurch ›präfigurieren‹ sie egalitäre gesellschaftliche Beziehungen und Organisationsformen.«[11]

Anarchistische Gewaltkritik

Gewaltfreie AnarchistInnen und anarchistische PazifistInnen legen Wert auf ihre anarchistische Gewaltkritik, die sich von der bürgerlichen Gewaltkritik fundamental unterscheidet. Während Letztere Gewalt häufig nur insoweit kritisiert, als sie vom Gewaltmonopol des Staates nicht legitimiert wurde (also gemäß staatlicher Logik »illegal« ist), so lehnen gewaltfreie AnarchistInnen Gewalt grundsätzlich ab, auch wenn hierbei nicht übersehen wird, dass es einen Unterschied gibt zwischen der Gewalt des Unterdrückers und jener der Unterdrückten. Gewalt ist vor allem ein Herrschaftsinstrument – insbesondere ein staatliches –, was dem Ideal des Anarchismus diametral entgegensteht. Gewaltkritik ist im gewaltfreien Anarchismus also (auch) explizit Staatskritik, weil der Staat – mit seinem Gewaltmonopol, seinem Militär-, Geheimdienst- und Polizeiapparat, seinen Gerichten und Strafanstalten, den per Gesetz geschützten Eigentumsverhältnissen – die am stärksten organisierte und zentralisierte Form der Gewalt darstellt. Auch die Gewaltanwendung oppositioneller, nicht-staatlicher Gruppen kann auf lange Sicht und wenn sie auf dieser Ebene erfolgreich sein soll dies nur werden, wenn sie sich militarisiert, »Effektivität« wird durch Hierarchie, Befehl und Gehorsam und Bestrafung von »Abweichlern« erreicht. Es entsteht so eine Dynamik, die einen immer schwerer zu widerstehenden Druck entfacht, immer stärker und öfter auf Gewalt zurückzugreifen. So entstehen neue Herrschaftsstrukturen, vor denen auch sich links oder anarchistische nennende Gruppen nicht gefeit sind. Insofern sind auch Formen sogenannter »revolutionärer

11 Milstein 2010, 82 ff.

Gewalt« Ziel gewaltfrei-anarchistischer Kritik. Diese, nach »innen«, also an die anarchistische Bewegung selbst gerichtete Kritik, ist insofern spannender und auch kontroverser, da sich über die erstgenannte Gewaltkritik an die Adresse des Staates ohnehin alle AnarchistInnen einig sind. Das Pochen darauf, dass man im Sinne des Anarchismus selbst auch auf Gewalt verzichten solle, wird mit Verweis auf »legitime Selbstverteidigung« oder »notwendige revolutionäre Gewalt« gerne kontrovers diskutiert. Derartigen Rechtfertigungsversuchen unter AnarchistInnen kritisch zu begegnen, ist eine Herausforderung, der sich gewaltfreie AnarchistInnen und anarchistische PazifistInnen immer schon gestellt haben. Eine grundsätzliche, anarchistische Kritik der Gewalt zu formulieren ist von großer Bedeutung, denn »[a]lle Gewalt tendiert dazu, ›reaktionär‹ zu sein, was auch immer die Ziele derjenigen sein mögen, die sie anwenden [...]. Werden in Richtung auf eine egalitäre Gesellschaft Fortschritte erzielt, so geschieht das in erster Linie *trotz* der Gewaltanwendung und nicht *auf Grund* von ihr.«[12]

Aber nicht jede Form der Gewalt ist so offensichtlich wie Polizeibrutalität, Krieg oder eine Straßenschlacht – also Formen der direkten, Körper verletzenden Gewalt.

Dass eine Kritik dieser Gewalt durch PazifistInnen, KriegsdienstverweigerInnen, gewaltlose AktivistInnen immer eine Tendenz enthält, auch andere, weniger offensichtliche Formen von Gewalt zum Problem zu machen, lässt sich gut am verbreitetsten Konzept solcher dynamisierten Gewaltkritik zeigen: Der Kriegsdienstverweigerer und pazifistische Aktivist Johan Galtung wurde durch die sozialen Bewegungen der Sechzigerjahre zunehmend damit konfrontiert, dass es viele Formen gibt, die töten. Die Lebenschancen von Menschen werden sicherlich durch physische, direkte, körperliche Gewalt schwer beschnitten oder beendet, aber ebenso durch Armut, Obdachlosigkeit, Hunger, Rassismus, Frauenunterdrückung, Stigmatisierungen und Diskriminierung aller Art. Er nannte dies »strukturelle Gewalt«.

Solche strukturelle Gewalt, auch viele Formen psychischer und symbolischer Gewalt müssen deshalb in den Blick derer geraten, die eine Gesellschaft anstreben, in der Gewalt abgebaut wird. Natürlich gibt es für alle diese Formen von Gewalt ältere und zutreffende Begriffe, und die (begriffs-)strategische Entscheidung für einen »weiten«

---

12 M. Sibley zit. n. Jochheim 1984, 118 (Hervorhebung S. K.).

Begriff von Gewalt soll nicht etwa (wie manchmal unterstellt oder behauptet wird) die physische Gewalt verharmlosen oder als Gegengewalt legitimieren, ganz im Gegenteil: Sie beendet »blinde Stellen« der Gewaltkritik bei (bürgerlichen) PazifistInnen, radikalisiert die Ablehnung von Brutalitäten und dehnt Gewaltlosigkeit von Handlungen auf Strukturen aus – und weist damit den Weg in Richtung libertär-sozialistischer Gesellschaftstheorie. Die Ablehnung des Kapitalismus, der der Ursprung vieler oben genannter Phänomene ist, strukturelle Gewaltverhältnisse also schafft, die dann wiederum häufig durch (staatliche) Gewalt aufrechterhalten, verteidigt und perpetuiert werden, ist bei radikal gedachter Gewaltfreiheit (also auch im gewaltfreien Anarchismus) deshalb unumgänglich. Der Begriff »strukturelle Gewalt« dokumentiert also einen Lernprozess der Gewaltablehnung.

Die Alternative zu Strukturen der Gewalt ist aber nicht etwa Strukturlosigkeit. Gewaltfrei-anarchistische Bewegungen unternehmen vielmehr Versuche, durch föderalistische, konsensorientierte und partizipative soziale Formen Unterdrückung und Ausgrenzung (also strukturelle Gewalt) zu bekämpfen. Laut Andrew Cornell half »das Beharren radikaler PazifistInnen, die Gewalt – und im Speziellen ›soziale Gewalt‹ ganz allgemein – als zentrales Ziel ihrer Kritik zu begreifen« auch dabei, eine »Verlagerung in der anarchistischen Theorie« zu ermöglichen, nämlich weg von einem »Fokus auf Kapitalismus und Staat« hin zu einer »breiteren, intersektionalen Analyse sozialer Herrschaft im Allgemeinen«.[13] Die Kritik der Gewalt ist in diesem Sinne also eine Art Türöffner, um es AnarchistInnen zu ermöglichen, ihre Herrschaftskritik zu erweitern, ihre Analyse zu schärfen und sie diffiziler und tiefgründiger denken zu können.

Anarchistische Herrschaftskritik

Ein entscheidender Punkt, der an anarchistische Gewaltkritik anknüpft, ist die anarchistische Herrschaftskritik. Eine umfassende Kritik diverser Herrschaftsformen ist wohl einer der zentralen Aspekte anarchistischer Theorie und Praxis. Natürlich kann an dieser Stelle nicht jede Facette anarchistischer Herrschaftskritik behandelt werden.

---

13 Cornell 2011, 169 f.

Wir wollen uns darum auf die Verbindung von Herrschaft und Gewalt konzentrieren, denn zwischen diesen beiden Phänomenen besteht in hohem Maße eine Wechselwirkung, die für gewaltfrei-anarchistische Analyse und Kritik wichtig ist. Direkte physische Gewalt und die Drohung mit Gewalt beinhaltet immer einen Aspekt von Herrschaft, weil ihre Durchsetzung nur als Herstellung einer physisch-materiellen Hierarchie von Sieger und Besiegter denkbar ist, die dann wiederum durch Gewalt aufrechterhalten werden muss. Nur durch eine gewaltfreie Macht von unten besteht die Hoffnung, eine Umkehrung der Hierarchie und damit der Herrschaft im sozialen Durchsetzungsprozess vermeiden zu können – eine Hoffnung, keine Garantie: auch ein gewaltfreier Umsturz kann neue Herrschaft hervorbringen.[14]

Herrschaft impliziert immer Formen der Gewalt. Es gibt auch keine politische Herrschaft ohne ökonomische Ausbeutung, keine sozialen Ungleichheiten und strukturellen Gewaltverhältnisse, die nicht ihren Niederschlag in weiteren Feldern des sozialen Lebens (Bildung, Kultur, politische Partizipation etc.) finden würden. Herrschaft, Hierarchie und andere Formen struktureller Gewalt kennen aber durchaus einen geräuschlosen »Normalvollzug«, bei dem Gewohnheiten, Legitimitätsglauben, materielle Anreize etc. genügen, um Gehorsam und Loyalität sicherzustellen – wo also der Rückgriff auf direkte physische Gewalt nicht notwendig ist. Auch die Gewalt braucht Legitimation (etwa durch Legalität, als Schutz, als Gewohnheitsrecht) und diese sorgt oft dafür, dass sie als Gewalt gar nicht erkannt wird – »Kinder wurden immer schon geschlagen«, »die Frau ist dem Mann untertan«, oder »es ist nun einmal Gesetz und wir folgen nur Befehlen«. Aber in Krisensituationen und im Fall von Ungehorsam und Verweigerung soll Gewalt oder zumindest ihre Androhung »die Ordnung wiederherstellen«. Disziplin – selbst Niederschlag der Gewalt – wird mit Gewalt aufrechterhalten oder wiederhergestellt. Im schlimmsten Fall erscheint dann »Gegengewalt« als einzige Möglichkeit sich zu wehren, was wiederum die »offizielle« Gewalt als »Kampf gegen die Gewalt«

---

14 Es kann jedoch empirisch klar belegt werden, dass gewaltsame/bewaffnete Umstürze viel eher die Tendenz haben, »nach der Revolution« autoritäre und despotische Herrschaftsstrukturen zu schaffen als dies bei gewaltfreien Revolutionen der Fall ist. Für eine genaue Betrachtung und Auswertung dieses Aspekts anhand unzähliger Beispiele siehe Chenoweth/Stephan 2011, insbesondere 201–219.

legitimiert – und umgekehrt. Die bekannte Abwärtsspirale der Gewalteskalation, Gewalt- und Gegengewalt, setzt ein. Obwohl Herrschaft immer Formen der Gewalt impliziert, so hat nicht jeder Gewaltakt automatisch und unweigerlich die Etablierung von neuen, formellen Herrschaftsverhältnissen zur Folge (zum Beispiel persönliche Selbstverteidigung in einer individuellen Bedrohungssituation einer Frau durch einen Gewalttäter oder eines Antifaschisten durch einen Nazi, in der es keine andere Aktionsmöglichkeit mehr gibt). Das ändert aber nichts an der grundsätzlichen Feststellung, dass es die angesprochene starke Wechselwirkung zwischen Herrschaft und Gewalt gibt und dass Herrschaft in letzter Instanz Gewalt benötigt, um sich etablieren, verteidigen und aufrechterhalten zu können. Gewalt ist unter diesem Blickwinkel die unverhohlenste und offenkundigste Form von und unerlässlich für Herrschaft. Daher wird im gewaltfreien Anarchismus die Gewaltfreiheit als essentieller Baustein betrachtet, will man die gewaltgestützten und Gewalt ausübenden Herrschaftsverhältnisse überwinden. Sie ist die radikale Negation all dessen und darum im Kern anarchistisch. Die Verbindung von Herrschaft und Gewalt wird im gewaltfreien Anarchismus besonders betont, ist diese Analyse doch für eine umfassende Gesellschaftskritik, aber auch im Besonderen für die eigene Praxis so wichtig. Gewaltfreie AnarchistInnen haben demnach die herrschafts- und hierarchiefördernde Dynamik von Gewalt sowie die Verbindung zwischen (struktureller) Gewalt und Herrschaft erkannt und betrachten deshalb Anarchismus und Gewaltfreiheit als zusammengehörig – ihnen erscheint anarchistische Theorie und Praxis ohne eine anarchistische Gewaltkritik daher unvollständig.

Natürlich bedeutet Gewaltverzicht und die Ablehnung von Herrschaft und Hierarchie jedoch nicht, dass gewaltfreie AnarchistInnen letztendlich »ohnmächtig« sind. Der Vorwurf der »Passivität« klingt hier immer wieder an, wobei dem oftmals ein gewisses Maß an Unverständnis der vielfältigen Möglichkeiten gewaltfreien Widerstands zugrunde liegt. Im gewaltfreien Widerstand wird mittels Macht von unten beziehungsweise einer gewaltfreien Gegenmacht sehr wohl (sozialer) Druck ausgeübt. Manchmal wird deshalb auch die Unterscheidung zwischen »verletzender Gewalt« und »nicht-verletzendem Zwang« getroffen, wobei Letzteres im Zuge von gewaltfreiem Widerstand durchaus ausgeübt werden kann. Mit Herrschaft – und das ist wichtig – haben all diese Dynamiken und Modi jedoch nichts zu tun. Der Verzicht auf Gewalt und Herrschaftsausübung in der eigenen widerständigen Praxis bedeutet also keineswegs »Ohnmacht« oder »Passivität«. Es handelt sich dabei schlicht um eine andere – und wie gewaltfreie AnarchistInnen sagen würden –, emanzipatorischere Form des Kampfes. Dies führt uns weiter zur Frage der sozialen und gewaltfreien Revolution.

Soziale Revolution

AnarchistInnen unterscheiden zwischen einer politischen und einer – von ihnen angestrebten – sozialen Revolution. Die soziale Revolution ist eine gesamtgesellschaftliche und grundlegende Umwälzung, die alle gesellschaftspolitischen Sphären – soziale, wirtschaftliche, politische, ökologische, ethische etc. – betrifft. Gewaltfreie AnarchistInnen sind der Meinung, dass Gewalt für die von AnarchistInnen angestrebte soziale Revolution unbrauchbar, hinderlich und gar schädlich ist. Der anarchistische Bund herrschaftsloser Sozialisten (BhS) drückte es 1922 so aus: »Der BhS sieht in den bisherigen Revolutionen nur Abänderungen des Herrschafts- und Knechtschaftsverhältnisses zwischen Staat und Volk, Ausbeuter und Proletarier. Darum bezeichnet er sie als politische Revolution. Alle diese Revolutionen sind durchgekämpft worden mit den üblichen militärischen Waffenmethoden. Diese Methoden nennen wir Gewalt, weil sie nur das Fundament einer neuen Herrschaft bilden können. Darum lehnen wir als Gegner jeder Herrschaft diese Methoden der Gewalt ab, eo ipso diese, da jede Gewalt sich der militärischen Waffen bedienen muss, um eine neue Herrschaft etablieren und aufrechterhalten zu können. […] Der BhS erstrebt die soziale Revolution, die für ihn eine von der politischen absolut verschiedene Revolution ist. Verschieden auch in ihren Aufgaben, woraus folgt, dass die soziale Revolution in ihren Mitteln gleichfalls verschieden sein muss von den militärischen Waffenmethoden der politischen Revolution. […] Jede Eroberung der staatlichen Macht – und dies ist der Inbegriff einer jeden politischen Revolution – bedarf der Gewalt. Wir wollen und erstreben die vollständige Vernichtung jeder Macht als politisch-soziales Zentrum innerhalb der Gesellschaft. Darum können wir uns nicht der Gewalt bedienen, sondern müssen sie zur Auflösung bringen, was nur die Gewaltlosigkeit erreichen kann. Die politische

Revolution bedarf als ihres Mittels der Gewalt; die soziale Revolution bedarf als ihres Mittels der Gewaltlosigkeit. Der BhS vertritt deshalb – in absolutem Gegensatz zur überlieferten militärischen Gewaltmethode stehend – die Gewaltlosigkeit zur Herbei- und Durchführung der sozialen Revolution.«[15]

Wie wir sehen, wird hier die *soziale* Revolution im Sinne des Anarchismus als notwendigerweise *gewaltfreie* Revolution begriffen. Die Gewaltfrage war für den BhS und ist für gewaltfreie AnarchistInnen also keine vernachlässigbare Nebensächlichkeit, sondern eines der bestimmenden Unterscheidungsmerkmale zwischen diesen beiden Revolutionskonzeptionen. Wir wollen uns an dieser Stelle deshalb genauer mit der Frage der gewaltfreien Revolution beschäftigen.

Gewaltfreie Revolution

Entwürfe, Theorien, Aspekte und praktische Erfahrungen zur gewaltfreien Revolution gibt es unzählige. George Lakey beispielsweise, der 1972 ein viel (und auch kritisch) diskutiertes »Manifest für eine gewaltfreie Revolution« schrieb, entwarf ein Fünf-Phasen-Modell: 1) Bewusstseinsbildung, 2) Aufbau einer Organisation, 3) Konfrontation, 4) Massenhafte Nicht-Zusammenarbeit, 5) Parallel-Verwaltung.[16] In der Zeitschrift *Graswurzelrevolution* schrieb Johann Bauer zur gewaltfreien Revolution, dass hier die gewaltfreie Aktion »nicht als Teil einer Reformstrategie« und Revolution »nicht [...] als militärisch-politischer Prozess der Machteroberung« verstanden wird. Weder »der Stimmkasten noch die Guillotine, weder Partei noch Armee sind Formen der Befreiung, sondern gewaltfreie Massenkämpfe in libertären Organisationsformen mit dem Ziel, strukturelle Gewalt zu bekämpfen und eine selbstorganisierte, genossenschaftliche, föderalistische Ordnung aufzubauen«, was folglich auch bedeute, gegen den Staat selbst aufzutreten. Das Problem von Herrschaft und Unterdrückung soll an seiner Wurzel gepackt und überwunden, nicht reproduziert werden: »Gerade weil das Ziel die gründliche Kampfansage gegen jede Macht von Menschen über Menschen ist und alle nationalen, rassistischen,

---

15 Ramus 1922. // **16** Lakey/Randle 1988, 48–59. Ausführlicher dargestellt wird dieses Phasenmodell in Lakey 2012.

sexistischen, ausbeuterischen Strukturen nicht irgendwann, sondern jetzt gebrochen werden sollen, wird eine Strategie skizziert, die sozialökonomische Macht von unten aufbauen kann, ohne auf militärische Organisations- und Kampfformen zurückzugreifen.«[17]

Ein grundlegender Unterschied zwischen gewaltfreien und bewaffneten Revolutionsstrategien ist jener, dass die bewaffnete Revolution die unterdrückerische Macht des Gegners mit ähnlichen Mitteln versucht zu zerschlagen, die dieser Gegner gebraucht, um seine Herrschaft auszuüben und abzusichern. Will man also zum Beispiel den Staat[18] auf diesem (seinem) Feld besiegen, so impliziert dies, dass man dem Staat in militärischer Effektivität auf Augenhöhe begegnen beziehungsweise ihn überbieten muss, sprich, sich tendenziell auch in einer Art und Weise organisieren und verhalten muss, die den staatlich-unterdrückerischen Wesensmerkmalen entspricht. Darüber hinaus wird man abhängig von Waffenlieferungen (die nicht kostenlos sind); militärische Auseinandersetzungen führen auch zu Interventionen weiterer staatlicher Mächte, zu einer »Verkriegung« der Revolution.

In der gewaltfreien Revolution hingegen sollen die Faktoren, die es zum Beispiel dem staatlichen Repressionsapparat ermöglichen, Herrschaft auszuüben, ausfindig gemacht werden, um diese zu untergraben und unschädlich zu machen. Es geht also, neben offensiven Formen des gewaltfreien Widerstands, unter anderem darum, dem Unterdrückungsapparat die Fähigkeit zur Unterdrückung mehr und mehr zu nehmen, dem Machtapparat so die Macht zu entziehen. In der anarchistisch-gewaltfreien Revolution soll der Staat nicht mittels einer militärischen Übermacht besiegt (und folglich oftmals nicht zerschlagen, sondern übernommen), sondern durch gezielt gesetzte gewaltfreie Aktionen machtlos gemacht, durch eine zivile Gegenmacht von unten konfrontiert, durch Parallelinstitutionen überflüssig gemacht und schließlich überwunden werden. Er soll auf einem Feld in die Knie gezwungen werden, auf dem er nicht so trittsicher ist wie auf jenem der

---

17 Bauer 1989. // **18** Zur Kritik, dass eine umfassende gewaltfrei-revolutionäre Strategie sich nicht nur gegen (diktatorische) Regierungen und Staaten wenden darf (wie z. B. bei Gene Sharp), während gleichzeitig andere Herrschaftsverhältnisse – wie z. B. Kapitalismus, Patriarchat etc. – oftmals unbeachtet gelassen oder gar willkommen geheißen werden, siehe Martin 2001 und 2009, der hier z. B. versucht, eine gewaltfreie Aktionsstrategie gegen den Kapitalismus zu umreißen.

Gewalt und Gegengewalt, auf dem seine Gewaltmittel ins Leere laufen und Repression potentiell zu größerer Solidarität von unten führt.[19] Dass eine derartige Revolutionsstrategie viel eher mit den Grundlagen des Anarchismus kompatibel ist als jene des bewaffneten Kampfes, ist evident.

Revolutionäre soziale Verteidigung von unten

In diesem Zusammenhang sollte man auch die Möglichkeiten der sozialen Verteidigung diskutieren. Soziale Verteidigung ist eine gewaltfreie Alternative zu bewaffneter Verteidigung im Falle eines militärischen Angriffs oder militärischer Besatzung und bedient sich dabei diverser Taktiken aus dem Repertoire der gewaltfreien Aktion wie ziviler Ungehorsam, Nicht-Zusammenarbeit, Sabotage, Organisation in Alternativstrukturen etc.

Von bekannten reformistischen TheoretikerInnen der gewaltfreien Aktion wird die soziale Verteidigung als schlichter Ersatz für militärische Landesverteidigung angesehen, die von Regierungen und Ministerien zur Anwendung gebracht werden kann. Zur Diskussion gestellt wird hier also lediglich der Militärapparat eines Staats, nicht andere staatliche Strukturen und Aufgaben fernab des Militärs. Dieser Diskurs verlässt folglich nicht den Rahmen staatlicher Denkkategorien, sondern fügt sich in diese ein, bietet sich quasi schlicht als »bessere Option« an. Soziale Verteidigung wird Regierungen und Staaten als zivile Alternative zur militärischen Verteidigung eines Staatsgebiets angetragen für den Fall, dass »feindliche« Armeen ins Land einfallen. Kurz zusammengefasst handelt es sich bei diesen Überlegungen um eine in der Regel von oben koordinierte, zivile Form der Landesverteidigung.

Gewaltfrei-anarchistische Überlegungen zur sozialen Verteidigung unterscheiden sich davon fundamental.[20] Hier geht es zuerst einmal nicht um die Verteidigung von Staatsgebieten, sondern von sozialen Strukturen und Gemeinschaften, das heißt – im Kontext der Diskussion

---

19 Diese Dynamik, wenn Repression den Effekt hat, dass eine (gewaltfreie) Massenbewegung mehr Zulauf und Solidarität bekommt – also durch die repressiven Maßnahmen tendenziell gestärkt und nicht geschwächt wird –, wird u. a. als »Paradox der Repression«, »Backfiring« oder »Politisches Jiu Jitsu« bezeichnet. // **20** Siehe hierzu u. a. Martin 1984, 21–50; Martin 1993; Münster 1984; Redaktion Graswurzelrevolution 1985.

um die soziale, anarchistische Revolution – auch von revolutionären Errungenschaften oder der sozialen Revolution an sich. Zudem ist ein gewaltfrei-anarchistischer Ansatz sozialer Verteidigung einer von unten, der nicht nur das Militär ersetzen und alle anderen gewalttätigen, unterdrückerischen Strukturen und Zustände unangetastet lassen will, sondern vielmehr allumfassend Gewalt- und Herrschaftsstrukturen delegitimiert. Das Militär ist nur eine dieser Strukturen, denn es ist »unmöglich, das Militärsystem organisierter potentieller Gewalt zu demontieren, ohne auch die herrschenden Machtstrukturen innerhalb von Staaten, inklusive der Macht von kapitalistischen und bürokratischen Eliten, zu untergraben.«[21] Insofern ist diese Form der sozialen Verteidigung kein schlichtes Beiwerk des Staates, keine potentielle Strategie für ein Verteidigungsministerium, sondern eine gegen sämtliche Herrschaftsformen gerichtete und für eine egalitäre, solidarische und freie Gesellschaft kämpfende Taktik. »Ein Graswurzel-Ansatz zur sozialen Verteidigung kann nur erfolgreich sein, wenn er Teil einer breiter aufgestellten Kampfansage gegen unterdrückerische Institutionen wie Patriarchat, Kapitalismus oder Staat ist«[22], so die anarchistische Perspektive einer revolutionären sozialen Verteidigung von unten.

Diese hier angesprochenen Ansätze zur sozialen Verteidigung sind also grundverschieden, weil der eine Herrschaftsstrukturen weitestgehend unangetastet lässt, der andere, als sozialrevolutionärer Widerstand und Organisierung von unten, diesen entgegentritt und als Mittel eines Kampfes für eine egalitäre, solidarische und gewaltfreie Gesellschaft fungiert beziehungsweise deren Strukturen gegen einen Aggressor verteidigt.

1.2 Anarchismus, Gewalt und Gewaltfreiheit

Anarchismus wird häufig – vor allem in Boulevard-Medien und von seinen politischen GegnerInnen – in einem Atemzug mit Gewalt genannt. Anarchie gilt als Synonym für Gewalt und Chaos. AnarchistInnen (nicht nur gewaltfreie) werden nicht müde, gegen dieses Vorurteil Stellung zu beziehen. Und obwohl die Gleichsetzung von Anarchismus und Gewalt kompletter Unsinn ist, so stimmt es, dass nicht alle

21 Martin 1993, 29. // **22** Martin 1993, 33.

AnarchistInnen sich von gewaltsamen Mitteln völlig lossagen wollen. Manche AnarchistInnen schlossen und schließen revolutionäre/politische Gewalt oder Gewalt zum Zweck der Selbstverteidigung[23] nicht aus.

Aber woher kommt dieses Vorurteil überhaupt? Die Vorstellung, Anarchismus impliziere Gewalt oder gar Terrorismus, geht hauptsächlich auf die historische Phase der sogenannten »Propaganda der Tat«, einer Art »Attentatsanarchismus«, zurück. Manche AnarchistInnen des späten 19. Jahrhunderts glaubten, mit Attentaten auf RepräsentantInnen des von ihnen verhassten Systems die Sympathien der Massen gewinnen und so die Revolution vom Zaun brechen zu können – eine Hoffnung, die sich nicht erfüllte. Großteile der anarchistischen Bewegung kritisierten diese Taktik heftig und sie versandete innerhalb weniger Jahre wieder. Der Ruf des »anarchistischen Bombenlegers« hielt sich jedoch hartnäckig.[24]

In einigen für die anarchistische Bewegung wichtigen und bekannten historischen Ereignissen waren AnarchistInnen in Milizen organisiert und leisteten bewaffneten Widerstand. Ein Beispiel ist die Pariser Kommune (1871). Im Spanischen Bürgerkrieg (1936–1939) kämpften anarchosyndikalistische Milizen der CNT/FAI gegen den faschistischen Putsch unter Franco und versuchten gleichzeitig, eine soziale Revolution durchzuführen. Im Russischen Bürgerkrieg (1917–1922) kämpften die Machnowschtschina, eine anarchistische Bauern- und Partisanenarmee, gegen die Rote Armee unter Leo Trotzki und den bolschewistischen Totalitarismus sowie gegen die weiße Konterrevolution. All diese Bewegungen wurden militärisch besiegt und zerschlagen. Heute wird oft der sogenannte »Schwarze Block« als Inbegriff (und in bürgerlichen Medien als Schreckgespenst) anarchistischer Aktion betrachtet, wobei dieser als Produkt der Autonomen-Bewegung der 1980er-Jahre zumindest historisch nicht mit dem Anarchismus in einen Topf zu werfen ist und sich sehr viele AnarchistInnen aus unterschiedlichen Gründen von dieser Taktik nicht angesprochen fühlen.

---

23 Als eine mögliche Form der nicht-verletzenden Selbstverteidigung gilt die japanische Kampfkunst Aikido. // **24** Für eine Zusammenstellung historischer Dokumente rund um dieses Phänomen siehe Kellermann 2016; für eine kritische Diskussion, insbesondere im Kontext Frankreichs, siehe Marin 2016a, 7–18; für eine gewaltfrei-anarchistische Fundamentalkritik an terroristischen Attentaten im Namen des Anarchismus, siehe z. B. Hagen 1911.

Damals wie heute gibt es AnarchistInnen, die Gewalt gutheißen, als »notwendiges Übel« betrachten, oder sie rundweg ablehnen. Und obwohl nicht alle AnarchistInnen eine strikt gewaltfreie Linie verfolgen, so sind sich doch die meisten darüber einig, dass Gewaltanwendung nichts Erstrebenswertes ist und sich hier viele Widersprüche zum anarchistischen Ideal auftun. Anarchistische Gewaltkritik beziehungsweise eine kritische Reflexion darüber, welcher Taktiken und Mittel AnarchistInnen sich bedienen sollten, ist keineswegs eine Angelegenheit, mit der sich ausschließlich dezidiert gewaltfreie oder pazifistische AnarchistInnen beschäftigen.[25] Selbst Michael Bakunin, der eine starke Tendenz dahingehend hatte, den gewaltsamen Aufstand zu propagieren und zu verherrlichen, meinte etwa, dass »blutige Revolutionen […] dank der menschlichen Dummheit manchmal notwendig [sind], *doch sind sie immer ein Übel* […] nicht nur in Anbetracht der Opfer, sondern auch um der Reinheit und Vollkommenheit des Zieles willen, in dessen Namen sie stattfinden.«[26] Um »eine radikale Revolution zu machen«, so Bakunin an anderer Stelle, müsse man »die Stellungen und Dinge angreifen, das Eigentum und den Staat zerstören, dann wird man nicht nötig haben, Menschen zu zerstören […].«[27]

Für Alexander Berkman, der wohlgemerkt über zwei Jahrzehnte in Haft saß aufgrund eines Attentatsversuchs auf einen Industriellen, der Streikende niederschießen ließ, ist Anarchismus »das Ideal […] einer Gesellschaft ohne Gewalt und Zwang, in der alle Menschen gleich sein und in Freiheit, Frieden und Harmonie leben werden.« Für ihn war Gewalt »die Methode der Unwissenheit, die Waffe der Schwachen.« Der freie Mensch, der »viel menschliche Güte und Verstand« besitzt und »keine Gewalt nötig« hat, wird sich »aus dem Staub erheben und aufrecht stehen: Er wird sich vor keinem Zaren im Himmel oder auf der Erde verbeugen. Er wird erst dann vollkommen menschlich sein, wenn er zu herrschen verschmäht und sich weigert, beherrscht zu werden. Er wird erst wirklich frei sein, wenn es keine Herren mehr gibt.«[28] Errico Malatesta, der einerseits sein gesamtes Leben hindurch gewaltkritische Positionen vertrat, andererseits jedoch den bewaffneten

---

25 Für ein ausgezeichnetes Beispiel für eine derartige kritische Reflexion aus einer nicht dezidiert gewaltfrei-anarchistischen Ecke siehe Kuhn 2013. // **26** Bakunin zit. n. Kellermann 2013, 90 (Hervorhebung S. K.). // **27** Bakunin zit. n. Redaktion Graswurzelrevolution 1988. // **28** Berkman 1978, 10 f.

Kampf der Massen als revolutionäre Umsturzstrategie verteidigte, stimmt letztendlich mit gewaltfreien AnarchistInnen völlig überein, wenn er schreibt: »Es steht meines Erachtens außer Zweifel, dass die anarchistische Idee als Widersacherin staatlicher Herrschaft ihrer innersten Natur nach eine Ablehnung der Gewalt bedeutet [...], denn Gewalt ist das Wesen jedes autoritären Systems, die Handlungsweise jeder Regierung.«[29] Gewalt führe laut Malatesta zu einer Degeneration unter AnarchistInnen, einer Art »moralischen Vergiftung« und man müsse sich darüber bewusst sein, »dass wir alle [...] die gleiche Gefahr laufen [...], die Gefahr, durch den Gebrauch von Gewalt verderbt zu werden, die Menschen zu verachten und grausame und fanatische Verfolger zu werden.« Gewalt habe eine »schädliche Tendenz«, welche auch dann gegeben sei, wenn dieses Mittel für ein »gutes Ziel« zur Anwendung käme. Gewalt trage »den Geist der Herrschaft und Tyrannei« in sich.[30] Der britische Anarchist Vernon Richards meinte zur Frage von Gewalt und der anarchistischen, sozialen Revolution zusammenfassend: »Gewalt ist, entgegen der weitläufigen Meinung, kein Teil der anarchistischen Philosophie. Wiederholt wurde von anarchistischen DenkerInnen darauf aufmerksam gemacht, dass durch Waffengewalt weder die Revolution gewonnen, noch die anarchistische Gesellschaft verwirklicht werden kann. Der Rückgriff auf Gewalt ist daher ein Zeichen der Schwäche, nicht der Stärke und die Revolution, die am wahrscheinlichsten einen erfolgreichen Ausgang finden wird, ist ohne Zweifel jene, wo es keine Gewalt gibt, oder eine, in welcher die Gewalt auf ein Minimum reduziert wurde, da eine solche Revolution auf die größtmögliche Einigkeit der Bevölkerung, was die Ziele der Revolution anlangt, hindeutet.«[31]

»Je mehr Gewalt, desto weniger Revolution«[32], so fasste der gewaltfreie Anarchist Bart de Ligt kurz und knapp eine historische Tendenz und eine gewaltfrei-anarchistische Maxime zusammen.

---

29 Malatesta 1894, 36. // **30** Malatesta 1895, 160. Zur Frage der Gewalt bei Malatesta vgl. Kalicha 2015a. // **31** Richards 1983. // **32** De Ligt 1989, 162.

1.3 Zu den Begrifflichkeiten

Beschäftigt man sich mit dem gewaltfreien Anarchismus und anarchistischen Pazifismus, so sollte auch etwas Klarheit in die (manchmal etwas verwirrende) Begriffswelt gebracht werden, die bei diesem Thema unumgänglich ist. Was ist und was unterscheidet Begriffe wie Pazifismus, Antimilitarismus, anarchistischer Pazifismus/Anarchopazifismus und gewaltfreier/gewaltloser Anarchismus voneinander?

Pazifismus

Pazifismus bezeichnet – ganz allgemein gesprochen – eine Weltanschauung, die Kriege und bewaffnete Konflikte ablehnt und nach Frieden strebt. Oftmals werden PazifistInnen als Menschen betrachtet, die neben ihrer Ablehnung von Krieg auch Gewalt an sich ablehnen. Das mag zwar für viele PazifistInnen zutreffen, ganz so einfach ist es aber nicht. Letztendlich gibt es nämlich »den« Pazifismus nicht, sondern vielmehr zahlreiche *Pazifismen*, die unterschiedliche Inhalte und Prinzipien vertreten sowie unterschiedliche historische und politische Kontexte haben. So gehen der bürgerliche und sozialdemokratische Pazifismus beispielsweise davon aus, dass Frieden am besten dadurch geschaffen und erhalten werden kann, indem man Staaten durch Diplomatie, Verträge und überstaatliche Organisationen vom Kriegführen abhält. Daher sollte man am besten mit Appellen für den Frieden und für eine »kluge Politik« an die verantwortlichen StaatsrepräsentantInnen und DiplomatInnen herantreten, um so Kriege zu verhindern. Dieser »Mainstream« des Pazifismus impliziert auch Strategien, Regierungsverantwortlichkeit zu übernehmen, um dann Abrüstungspolitik (ohne Auflösung der Armee) machen zu können. Es bedürfe gemäß dieser pazifistischen Strömung also bloß der »richtigen« Politik, um dem Krieg Einhalt zu gebieten. Bertha von Suttner wäre wohl eine der bekanntesten PazifistInnen dieser Art. So paradox es klingen mag, aber manche PazifistInnen *befürworteten* in manchen Fällen gar den Krieg, wenn es sich zum Beispiel um vermeintliche »Verteidigungskriege« handelte, oder wenn der Pazifismus das Ziel darstellt und Krieg als Mittel gutgeheißen wird (manchmal »Ziel-Pazifismus« genannt; Stichwort: Kosovokrieg und NATO-Bombardements 1999).

Der religiöse beziehungsweise christliche Pazifismus beruft sich auf religiöse Gebote und Ethik wie zum Beispiel die neutestamentarische Aufforderung, keine Gewalt anzuwenden. Aus diesen Reihen kamen auch die ersten Kriegsdienstverweigerer. Christliche Gemeinschaften wie die Amish, Hutterer, Mennoniten, Duchoborzen, Zeugen Jehovas, Quäker und Tolstoianer weigerten sich häufig, in Armeen zu dienen, Eide zu leisten, Kriegssteuern zu bezahlen und wanderten aus, wenn sie dazu gezwungen werden sollten. So wurden sie zu den ersten Kriegsdienstverweigerern in vielen modernen Nationalstaaten.

Radikalere Strömungen im Pazifismus – manchmal als revolutionärer Pazifismus, Linkspazifismus oder militanter Pazifismus bezeichnet – sprechen sich für die völlige Abschaffung von Armeen aus, um so den Krieg aus der Welt zu schaffen. Sie fordern unter anderem zur Desertion und Kriegsdienstverweigerung auf, um dies durchzusetzen. Für sie gilt der Leitspruch von Kurt Tucholsky: »Soldaten sind Mörder!«

Antimilitarismus

Überschneidungen gibt es hier zum Antimilitarismus, der historisch ein Phänomen der Arbeiterbewegung ist und vor allem unter SozialistInnen, SyndikalistInnen, GewerkschafterInnen und AnarchistInnen Anklang fand. Hier war jene Argumentation ausschlaggebend, dass man als Teil der Arbeiterklasse nicht die Kriege der Bourgeoisie und des Staates kämpfen dürfe. Klassensolidarität müsse stärker sein als Nationalismus. Klassische Kampfmittel der Arbeiterbewegung wie Streik oder Sabotage wurden als effektive Formen des Widerstands betrachtet, um Krieg und Militarismus zu begegnen. Wesentlicher Teil dieses (historischen) Antimilitarismus ist, dass Krieg und Kapitalismus argumentativ zusammengeführt werden, was ihn von einer bürgerlichen Antikriegshaltung unterscheidet. Der anarchistische Antimilitarist Arthur Lehning bringt es exemplarisch auf den Punkt, wenn er über »die Richtigkeit der Auffassung des revolutionären Antimilitarismus« schreibt, dass nämlich »Krieg und Kapitalismus unverbrüchlich zusammenhängen und nur gemeinsam zu bekämpfen sind« und dass »die wirklichen Kampfmittel gegen den Krieg« jene seien, »mit denen auch der Kapitalismus zu Fall gebracht werden« könne.[33]

Der Antimilitarismus veränderte sich je nach historischem und politischem Kontext immer wieder und reagierte auf neue Entwicklungen – sei es nun die Frage der nuklearen Aufrüstung im Kalten Krieg oder die neue Welle des Militarismus seit dem »Krieg gegen den Terror«. Vom Antimilitarismus ist es – schon ideengeschichtlich betrachtet – nicht mehr weit zum anarchistischen Pazifismus und gewaltfreien Anarchismus, denn Kritik am Militarismus ist oft auch (libertäre) Gewaltkritik beziehungsweise Staatskritik.

AntimilitaristInnen sind aber nicht notwendigerweise gewaltfrei. Die spanischen AnarchosyndikalistInnen, die im Spanischen Bürgerkrieg mit der Waffe in der Hand gegen den Faschismus kämpften, verstanden sich zum Beispiel als AntimilitaristInnen. Militarismus wird in solchen Fällen primär als staatliches Phänomen betrachtet, auf die Existenz von Offizieren und klaren Befehlslinien von oben nach unten reduziert. Der Wechsel von Befehlshabenden nach jedem Angriff, Diskussion und Wahl der Befehlshabenden wurden dem als antimilitaristisch entgegengesetzt.

Davon ausgehend argumentieren manche, dass nicht-staatliche, bewaffnete Gruppen sich von staatlichen Armeen fundamental unterscheiden könnten oder würden. Die Gefahr, die aber auch bei nichtstaatlichen, linken und/oder anarchistischen bewaffneten Gruppen besteht ist, dass sie sich (notwendigerweise) an ein militaristisches »Befehlen und Gehorchen« sowie an ein militaristisches Effizienzdenken annähern (selbst wenn dies negiert wird) – ganz zu schweigen von den unmenschlichen, brutalisierenden und reaktionären Folgen, die bewaffnet ausgetragene Konflikte unweigerlich mit sich bringen. Es entsteht eine Dynamik hin zu militärischen Strukturen, die immer wieder mit »militärischer Notwendigkeit« begründet wird und sich dadurch rechtfertigt. Bei vielen linken (Guerilla-)Gruppen, sowie bei den spanischen AnarchosyndikalistInnen selbst, waren Phänomene wie die Etablierung neuer Hierarchien und eines repressiv-reaktionären »Backlashs« auf unterschiedlichen Ebenen beobachtbar.[34] Viele

---

33 Lehning 1929, 37. Zu Lehning siehe Münster 2000. // **34** Für eine anarchistische Kritik der Gewaltexzesse spanischer AnarchistInnen im Bürgerkrieg siehe z. B. Baxmeyer 2007. Für eine thematisch breiter angelegte Diskussion der antiemanzipatorischen Folgen des (spanischen) Bürgerkriegs auf einen sozialrevolutionären Prozess (insbesondere auch auf Arbeitsfragen), siehe Seidman 2011, 19–242.

AnarchistInnen, ob gewaltfrei oder nicht, haben deshalb zurecht stets auf diese unausweichlichen, antiemanzipatorischen und reaktionären Dynamiken des bewaffneten Kampfes und der Gewaltanwendung aufmerksam gemacht und eindrücklich vor ihnen gewarnt.

Anarchistischer Pazifismus/Anarchopazifismus

Der anarchistische Pazifismus oder Anarchopazifismus behauptet – im Widerspruch zum bürgerlichen und sozialdemokratischen Pazifismus –, dass der Staat nicht Teil der Lösung des Problems Krieg und Gewalt sein kann, sondern vielmehr *das Problem selbst* ist. Dafür ist eine Feststellung zentral: Der Staat ist immer und kann nur ein Gebilde sein, das auf Gewalt aufbaut, ohne Gewalt nicht existieren und herrschen kann. Staat und Gewalt bedingen sich. Das wird schon durch das staatliche Gewaltmonopol deutlich. Jede Regierung und jeder Staat ist daher »auf Basis des Polizeiknüppels gegründet«.[35] Staat und Militär sind dabei »die beiden Zwillingsinstitutionen [...], die synonym für Herrschaft und organisierte Gewalttätigkeit stehen«[36], und werden deshalb im anarchistischen Pazifismus konsequent abgelehnt. Der Staat hält auch eine ökonomische Ordnung aufrecht, die strukturelle Gewalt wie Ausbeutung, Privilegien und Ungleichheit schützt und verteidigt. Um diese strukturelle Gewalt zu verteidigen, benötigt man wiederum zumindest die Androhung direkter/physischer Gewalt – also den »Polizeiknüppel«. Krieg und Militär sind dabei nur die offensichtlichsten Ausformungen staatlicher organisierter und aufrechterhaltener Gewalt. Wer also Krieg und Gewalt in all seinen Facetten ablehnt, muss gemäß dem anarchistischen Pazifismus folglich auch den Staat als Form gesellschaftlicher Organisierung ablehnen. Ein pazifistischer, friedlicher Staat ist demnach ein Widerspruch in sich, es besteht ein »unauflösliche[r] Zusammenhang von Militär beziehungsweise Gewalt und Staat«.[37] Die anarchistisch-pazifistische Theorie betont die offenkundige Verbindung zwischen »dem modernen Krieg« und »dem modernen Staatssystem« und problematisiert damit einhergehende Phänomene wie »Bürokratie, Patriarchat und Kapitalismus«.[38]

35 Hennacy zit. n. Christoyannopoulos 2013, 68. // **36** Krippendorff 1985, 11. // **37** Krippendorff 1985, 10. // **38** Martin 1984, 113.

Frieden, der mehr sein soll als nur die (temporäre) Abwesenheit von Krieg, und eine gewaltfreie Gesellschaft werden durch die Existenz von Staaten verunmöglicht. Daher ist der anarchistische Pazifismus eine konsequent antistaatliche, aber auch sozialistische und revolutionäre Form des Pazifismus und Antimilitarismus, der bei der Suche nach den Ursachen für Kriege nicht an der Oberfläche hängen bleibt. Er ist in diesem Sinne bestrebt, die »institutionalisierten Wurzeln des Kriegs« ausfindig zu machen. Allgemein gesprochen sind das politische, ökonomische und soziale Ungleichheit und der Krieg ist gemäß dieser Herangehensweise »nur« ein Problem aus vielen, ein Symptom sozusagen, das von einer ungerechten, auf Herrschaft und Ausbeutung basierenden Gesellschaftsordnung herrührt. Will man den Krieg von der Wurzel her beseitigen, so müsse das konkret auch einhergehen mit der Beseitigung anderer Phänomene wie »Sexismus, Heterosexismus, ökonomische Ausbeutung, Rassismus, Armut, politische Repression, Entfremdung und der Zerstörung der Natur«.[39] Der anarchistische Pazifismus ist daher bestrebt, Frieden durch soziale Gerechtigkeit, die jedoch nicht durch reformistische, sondern durch revolutionäre Mittel erreichbar sein wird, zu schaffen – ohne Gerechtigkeit kein Frieden.[40]

In seinem legendären Essay *The State* geht Randolph Bourne übrigens noch einen Schritt weiter, wenn er über die Untrennbarkeit von Staat und Krieg hinaus proklamiert: »Der Krieg ist die Gesundheit des Staates«. In Kriegszeiten gelange »die Nation zu einer Uniformität des Fühlens, zu einer Hierarchie von Werten, die kulminieren in dem unstrittigen Gipfel des Staatsideals, was möglicherweise durch keine andere Kraft als den Krieg erreicht werden kann.«[41]

Gewaltfreier/gewaltloser Anarchismus

Der gewaltfreie oder gewaltlose[42] Anarchismus kann als eine Symbiose aus Anarchismus, gewaltfreier Aktions- und Revolutionstheorie,

---

39 Martin 1984, 13. // **40** Zum Vergleich bürgerlicher und anarchistischer Pazifismuskonzeptionen anhand zweier wichtiger VertreterInnen dieser Strömungen (Ramus/von Suttner) siehe Müller-Kampel 2005. Für die im anarchistischen Pazifismus maßgebende Verbindung von Staat und Krieg siehe z. B. Krippendorff 1985. // **41** Bourne zit. n. Carter 1988, 65 f. // **42** Im Deutschen wird manchmal eine Unterscheidung zwischen Gewaltfreiheit und Gewaltlosigkeit gemacht, wobei ersteres aktiv und gemäß Gandhis libertärem Antimilitarismus und radikalem Pazifismus beschrieben werden. Der gewaltfreie Anarchismus vereint alles, wofür der eben beschriebene anarchistische Pazifismus steht, mit einem, zumindest semantischen, Zusatz: Gewaltfreiheit (oder Gewaltlosigkeit) bedeutet nicht nur die Abwesenheit und Ablehnung von Gewalt in allen sozialen und politischen Sphären, sondern beschreibt auch – und das ist ausschlaggebend – eine Art zu kämpfen und Widerstand zu leisten. Sie ist also nicht nur Gewaltkritik, sondern verweist auf eine Kampfform, auf direkte gewaltfreie Aktion und zivilen Ungehorsam. Gewaltfreiheit ist daher nicht nur ein *Prinzip,* sondern auch eine *Methode* (also ein sozialrevolutionäres Kampfmittel) und ein *Ziel.* Mit Gandhi kann zwischen einer Gewaltfreiheit der Schwachen (Feigheit) und einer Gewaltfreiheit der Starken unterschieden werden. Die Gewaltfreiheit der Starken nannte Gandhi *Satyagraha* (Festhalten an der Wahrheit). Gewaltfreiheit, oder besser, direkte gewaltfreie Aktion beziehungsweise gewaltfreier Widerstand, beschreibt damit im Unterschied zum passiven Widerstand eine aktive Kampf- und Widerstandsform.

Die Begriffe gewaltfreier oder gewaltloser Anarchismus und anarchistischer Pazifismus/Anarchopazifismus können letztendlich jedoch synonym verwendet werden, obwohl man bei genauer Betrachtung zumindest semantische Unterschiede ausmachen kann. Manchen erscheint daher der Begriff des gewaltfreien Anarchismus exakter zu sein wenn es um die Beschreibung dessen geht, wofür diese anarchistische Strömung steht, weil »gewaltfrei« eine vom konkreten Themenfeld oder Missstand – sei es nun Krieg, Kapitalismus, Rassismus, Sexismus, Tierausbeutung, Naturzerstörung etc. – unabhängige Kampfform sowie ein unmissverständliches Prinzip und Ziel benennt. »Gewaltfrei« impliziert außerdem keine thematische Festlegung oder Verengung auf Fragen von Krieg und Frieden, wie das beim Pazifismusbegriff zumindest mitschwingt. Doch was ist mit Gewaltfreiheit und gewaltfreier Aktion nun genau gemeint?

Satyagraha, zweiteres als Passivität zu verstehen sei. Diese Trennung, die es in keiner anderen Sprache gibt, ist aber umstritten und hat sich nicht gänzlich durchgesetzt, sodass die Begriffe auch im Deutschen manchmal synonym verwendet werden – wie hier in diesem Buch auch. Dennoch wird hier – auch der Einfachheit halber – in der Regel der Begriff »gewaltfreier Anarchismus« verwendet.

1.4 Was ist gewaltfreie Aktion – und was nicht?

Nicht nur der Anarchismus muss sich oftmals mit dem Problem einer verzerrten und falschen Wahrnehmung und Darstellung herumschlagen, auch die Diskussion rund um Gewaltfreiheit beziehungsweise gewaltfreie Aktion ist oft mit einigen Missverständnissen verbunden. Häufig werden auch in der anarchistischen Szene falsche Bilder diesbezüglich gezeichnet. Deshalb sollen hier die Grundzüge der gewaltfreien Aktion dargelegt sowie beliebte Mythen widerlegt werden.[43]

Der Terminus »gewaltfreie Aktion« ist ganz allgemein ein Überbegriff, der sämtliche Formen gewaltfreien Widerstands in sich vereint – aktive, passive, symbolische, direkte, legale, illegale usw. Prinzipiell gilt: Gewaltfreie Aktion bedeutet nicht Inaktivität oder passives Sich-Wegducken, obwohl passiver Widerstand – wie beispielsweise Formen der Verweigerung und Nicht-Zusammenarbeit – Teil des Spektrums gewaltfreier Widerstandsformen ist. Passiver Widerstand und gewaltfreier Widerstand/gewaltfreie Aktion sind aber nicht dasselbe und können daher nicht, wie es häufig gemacht wird, synonym verwendet werden. Passiver Widerstand ist lediglich eine Facette der gewaltfreien Aktion.[44] Gewaltfreier Widerstand und Aktion haben nichts mit Konflikt*vermeidung* zu tun, sondern sind vielmehr eine andere, eine gewaltfreie Art der Konflikt*austragung,* zumeist sogar eine Form der bewussten Konflikt*eskalation* – basierend auf dem Ungehorsam gegenüber Herrschaftsstrukturen. Charakteristisch für gewaltfreie Aktionen ist der Versuch, durch aktive und oft risikoreiche (direkte) Aktionen Macht von unten aufzubauen und nicht-verletzenden Zwang gegen beziehungsweise sozialen Druck auf einen Gegner auszuüben. Die gewaltfreie Aktion nimmt oftmals den Gesetzesbruch in Kauf oder dieser ist, wie beim zivilen Ungehorsam, ihr unmittelbarer Zweck. Sie beschränkt sich daher nicht auf vom Staat sanktionierte und demnach »legale« Aktionsformen. Oft erweckt »Legalität« den staatlich gewollten Anschein von Befriedung, Friedfertigkeit. In Wirklichkeit

---

43 Für häufig wiederkehrende falsche Vorstellung die gewaltfreie Aktion betreffend diente in den folgenden Ausführungen als Orientierungshilfe Schock 2005, 6–12. // **44** Wobei man auch hier berechtigterweise die Verwendung des Begriffs »passiv« diskutieren könnte, denn primär bedeutet Gehorsamsein Passivität, daher ist jede Form des Ungehorsams und des sogenannten passiven Widerstands in gewisser Weise auch ein »aktiver« Akt des Aufbegehrens.

meint sie faktisch die Anerkennung des staatlichen Gewaltmonopols und die gewaltsame Fortsetzung des staatlich-kapitalistischen Gesamtsystems bei innerer Beruhigung. Demgegenüber setzt die gewaltfreie Aktion auf *Legitimität* nach eigenen, kollektiv von unten erarbeiteten Inhalten, für die Legalität kein Maßstab ist. Die gewaltfreie Aktion ist keine Art der Verhandlung, Unterordnung oder Kompromissfindung mit einem (gewaltsamen, repressiven) Gegner, sondern eine – oft konfrontative – Auseinandersetzung mit diesem. Sie benötigt weder eine »moralische Autorität« noch die Überzeugung oder »Konvertierung« des Gegners für die eigene Sache. Auch wenn diese Überzeugung des Gegners hilfreich, bei gewaltfreien Aktionen wahrscheinlicher und vor allem in diktatorischen Kontexten die Desertion und der Loyalitätsverlust im Repressionsapparat des Regimes ein wichtiger Punkt sowie eine Entwicklung ist, die durch gewaltfreien Widerstand begünstigt wird, so ist dies keine Notwendigkeit, die über Erfolg und Misserfolg entscheidet. Die gewaltfreie Aktion geht oftmals mit Gewalt der gegnerischen Seite einher. Eine gewalttätige Reaktion des Gegners ist in den meisten Fällen sogar wahrscheinlich, ist diese letztendlich nur der Beweis dafür, dass die gewaltfreie Aktion effektiv und eine Bedrohung für die Macht des Gegners (zum Beispiel einer Regierung) und den Status quo, den er aufrecht erhält (zum Beispiel den der kapitalistischen Eigentumsverhältnisse, institutionalisierten Rassismus/Sexismus/etc.), darstellt. Dazu muss ergänzt werden, dass das (freiwillige) Ertragen von Leid – wie unter anderem von gewaltfreien Männern wie M. K. Gandhi, Martin Luther King oder Cesar Chavez formuliert – hier ein Aspekt sein kann, nicht aber unausweichliche Konsequenz der gewaltfreien Aktion oder notwendiger Teil einer gewaltfreien Widerstandsstrategie sein muss. Unter anderem von feministisch-gewaltfreier Seite wurden derartige »männlich-definierten Vorstellungen von Gewaltfreiheit«[45], die das alltägliche, häufig unsichtbare Leiden, das durch einen gewaltfreien Leidensbegriff »verdoppelt« würde, und die (strukturellen) Gewalterfahrungen von Frauen unter sexistisch-patriarchaler Unterdrückung unbeachtet lassen, einer Kritik unterzogen.

---

45 Feminism and Nonviolence Study Group 1983. Auch in der FöGA gab es intensive Diskussionen zum Problem männerorientierter Gewaltfreiheit. Siehe dazu u. a. Eberhard 1986.

Beim gewaltfreien Widerstand kann man je nach Art der Repression zwischen verschiedensten Taktiken und Strategien wählen und wechseln, die die negativen Auswirkungen der Repression eindämmen können – man kann die Repression also effektiver ins Leere laufen lassen. Beispiele wären hierfür etwa die Verlagerung von Massenaktionen hin zu dezentralen Aktionen kleiner Bezugsgruppen oder es zu vermeiden, leicht angreifbare AnführerInnen aufkommen zu lassen und anstelle dessen eine hierarchiearme oder hierarchiefreie Basisorganisierung anzustreben, die Repression erschwert. Die gewaltfreie Aktion ist kein schlichter Ersatz, wenn der gewaltsame oder bewaffnete Widerstand fehlgeschlagen ist oder keine Waffen zur Verfügung stehen. Vielmehr ist sie eine eigenständige, davon unabhängige Widerstandsstrategie, die auch dann zum Einsatz kommt, wenn gewaltsame Formen des Widerstands möglich wären oder parallel dazu stattfinden. Die gewaltfreie Aktion wurde und wird von Menschen auf der gesamten Welt, die in den unterschiedlichsten politischen und sozialen Kontexten leben, angewandt. Sie ist also weder »bürgerlich« noch ein Phänomen der westlich-demokratischen Industriegesellschaften. Auch die verfolgten Ziele können unterschiedlicher Art sein – reformistisch oder revolutionär; *single-issue* oder mit unterschiedlichen, allgemeinen Agenden. Entgegen der weitverbreiteten Vorstellung benötigen gewaltfreie Widerstandsstrategien keine »charismatischen FührerInnen« wie Gandhi oder King.[46] »Gewaltfreie Aktion ist eine Quelle des sozialen Empowerment, welche die Fähigkeiten *aller* Teilhabenden stärkt, ohne dabei von übermenschlichen AnführerInnen abhängig zu sein«[47], so April Carter, Howard Clark und Michael Randle. Dies ginge laut Carter, Clark und Randle Hand in Hand mit partizipativen Formen der Entscheidungsfindung und einer (dezentralen) Organisierung in Bezugs- oder Affinity-Gruppen. Gerade weil die gewaltfreie Aktion keine (militärische) Top-down-Struktur und autoritäre Befehlsketten notwendig hat und sie potentiell breitere gesellschaftliche Schichten mobilisieren kann – also inklusiver Natur ist und nicht nur körperlich fitte, risikobereite Männer jüngeren/mittleren Alters

---

[46] Neben Martin Luther King hat in den Vereinigten Staaten beispielsweise das Student Nonviolent Coordinating Committee (SNCC) gewaltfrei gegen die rassistische Segregation gekämpft und ist dabei ohne eine derartige Führungsfigur ausgekommen. Vgl. Carson 2004 sowie den Abschnitt zum SNCC in diesem Buch. // [47] Carter et al. 2014,17 (Hervorhebung S. K.).

einbindet, wozu bewaffnete/gewaltsame Formen des Widerstands stark tendieren –, sind Bewegungen dieser Art eher dazu geneigt, sich horizontal, egalitär, inklusiv und dezentral zu organisieren. Das ist das genaue Gegenteil von Führerkult-Dynamiken.

Doch nicht nur die im Kampf gewählten Mittel sind ausschlaggebend, sondern auch das Ziel, wofür man kämpft. In diesem Feld gibt es auch im Spektrum der gewaltfreien Aktion teils gravierende Unterschiede. So verknüpfen manche BefürworterInnen der gewaltfreien Aktion diese keineswegs mit einer revolutionären, antikapitalistischen und anarchistischen Perspektive, sondern begnügen sich mit Reformforderungen, einem Austausch politischer Köpfe oder (in diktatorischen Kontexten) einem »regime-change«. Bekannte TheoretikerInnen der gewaltfreien Aktion wie Gene Sharp verlassen zudem eine staatlich-kapitalistische Denk- und Handlungssphäre nicht, verteidigen den kapitalistischen, repräsentativ-demokratischen Staat als anzustrebendes Ziel und sehen die gewaltfreie Aktion als Widerstandsstrategie, die sich innerhalb dieser Grenzen und zur Erreichung dieses Ziels abspielt.[48] Die anzustrebende »Freiheit« wird in einer Art definiert, die gemäß anarchistischen Überzeugungen auf halbem Wege stehen bleibt. Gewaltfrei-anarchistische KritikerInnen meinen, dies sei letztendlich eine Gewaltfreiheit, die sich zur Verteidigerin von »westlich-demokratisch-kapitalistischen Gewaltsysteme[n]« macht, wie Lou Marin schreibt. Diese Form der Gewaltfreiheit ignoriert und »übersieht die Gewalt des demokratischen Kapitalismus«.[49] Mögen sich die Mittel also teilweise überschneiden, so hat die Zielrichtung einer gewaltfreien Aktion à la Sharp mit dem Ziel des gewaltfreien Anarchismus und anarchistischen Pazifismus nur recht wenig gemein.

Die Möglichkeiten, mittels gewaltfreier Aktion Protest zu äußern sind breit gefächert und zeugen von einer großen und komplexen taktischen Vielfalt. Ganz generell – und hier kann notwendigerweise nicht alles erwähnt werden – kann man aber verschiedene Charakterisierungen und Einteilungen vornehmen. Ganz grob kann beispielsweise

---

48 Zudem beschränken sich Sharps Beispiele von Widerstand gegen Herrschaft zumeist auf Situationen, die als unterdrückerisch nach westlichen politischen Maßstäben betrachtet werden. Der Kapitalismus ist als mögliches Ziel gewaltfreien Widerstands daher bei Sharp »nicht inkludiert«. Obwohl Sharp »mehrere Beispiele von gewaltfreier Aktion durch ArbeiterInnen anführt, bietet er keine Analyse des Kapitalismus als Herrschaftssystem«, so Brian Martin (2001, 37). Siehe hierzu ebenso Martin 1990. // **49** Marin 2012, 12.

zwischen symbolischen und direkten Aktionen unterschieden werden, oder zwischen passiven und aktiven. Andere unterteilen die gewaltfreie Aktion in drei Hauptkategorien: Protest und Überzeugung, Nicht-Zusammenarbeit, gewaltfreie Intervention.[50]

Symbolische Aktionen und Proteste sind zum Beispiel Mahnwachen, Demonstrationen, Flugzettel verteilen, Banner aufhängen, politische Graffiti sprühen und so weiter. Andere klassische Methoden gewaltfreien Widerstands sind Formen der individuellen oder kollektiven Verweigerung und des Ungehorsams sowie Nicht-Zusammenarbeit wie Kriegsdienstverweigerung, Aussageverweigerung, Weigerung Steuern zu zahlen, Boykott etc. Der (General-)Streik – also die kollektive Arbeitsverweigerung –, wurde von AnarchistInnen und speziell von AnarchosyndikalistInnen stets als eine der effektivsten gewaltfreien Kampfformen angesehen.

Verweigerung und Protest gehen oft einher mit dem Aufbau selbstverwalteter, emanzipatorischer Alternativ- und Parallelstrukturen und der Selbstorganisierung in allen möglichen sozialen Belangen (Gandhi nannte dies »Konstruktives Programm«), wie alternativer Wohnprojekte, Kooperativen, selbstorganisierte und lokale Formen der Rechtsprechung und Konfliktschlichtung, Arbeitsgemeinschaften, Zeitungsprojekte und Verlage, Basisgewerkschaften, Selbsthilfegruppen, Freiräume, Umsonstläden, Rechtshilfegruppen, nicht-kommerzieller Kneipen und Cafés, Kultur- und Sozialzentren, unabhängige Buchläden und Bibliotheken, Open Source und Commons, Gruppen für solidarischen/fairen Handel, Communitygärten, Bikekitchens, Kindergruppen, alternative Sportvereine und vieles mehr.

Als gewaltfreie Alternative zum militärischen Kampf gegen einen bewaffneten Gegner wurde auch das bereits erwähnte Konzept der sozialen Verteidigung ausgearbeitet, das wiederum zahlreiche Formen und Strategien des gewaltfreien Widerstands beinhaltet, um einen militärisch überlegenen Gegner auf einem anderen Feld als dem militärischen zu schlagen und zu zermürben – ohne dabei Menschen zu töten oder zu verletzen.

Das Pendant zur symbolischen Aktion ist die direkte Aktion beziehungsweise die direkte gewaltfreie Aktionen. Bei direkten Aktionen wird im Unterschied zu symbolischen Aktionen bei Missständen nicht

---

50 Vgl. Smedjeback 2014, 124. Ursprünglich stammt diese Einteilung von Sharp 1973.

bloß appelliert und aufmerksam gemacht, sondern direkt interveniert und versucht, diese ohne Umwege oder vermittelnde Instanz aus der Welt zu schaffen. Gewaltfreie AnarchistInnen benutzen für diese Formen des Widerstands den Begriff »direkte gewaltfreie Aktion«, um sie explizit in die Tradition der »direkten Aktion« einzugliedern, sie gleichzeitig aber von bewaffneter direkter Aktion oder Attentaten abzugrenzen. In den Bereich der direkten gewaltfreien Aktion fallen Aktionsformen wie Blockaden, Besetzungen oder bestimmte Arten von gezielter Sachbeschädigung und Sabotage (bei denen niemand verletzt wird). Eines der bekanntesten Beispiele aus der BRD, wenn es um direkte gewaltfreie Aktion geht, ist zum Beispiel die Blockade des Castor-Transports. Anstatt mittels Unterschriftenlisten und Appellen an politische EntscheidungsträgerInnen zu versuchen, die Transporte zu stoppen, nehmen dies Tausende AktivistInnen selbst in die Hand, blockieren und sabotieren die Gleise, um diesen Transporten Einhalt zu gebieten. Auch das Umsägen von Strommasten verstanden einige gewaltfreie Anti-AKW-AktivistInnen in den Achtzigerjahren als direkte gewaltfreie Aktion.

2. Gewaltfreie AnarchistInnen und anarchistische PazifistInnen im Porträt

Étienne de La Boétie
(1530–1563)

■ **Étienne de La Boétie** (1530–1563) war ein französischer Jurist und Philosoph und schrieb ein für den gewaltfreien Anarchismus bedeutendes Buch: *Discours de la servitude volontaire* (dt.: *Von der freiwillige Knechtschaft*), das 1574 erstmals veröffentlicht wurde. Die Schrift wurde durch Leo Tolstoi wiederentdeckt, anschließend von dem Anarchisten Gustav Landauer rezipiert, ins Deutsche übersetzt und 1910 und 1911 gekürzt in der Zeitschrift *Der Sozialist* abgedruckt. In *Von der freiwilligen Knechtschaft* formulierte Étienne de La Boétie eine revolutionäre Strategie aus, die gewaltfreie RevolutionärInnen und AnarchistInnen heute Nicht-Zusammenarbeit oder Nicht-Kooperation nennen. Diese zentrale Facette gewaltfrei-revolutionären Widerstands ist in zahlreichen anarchistischen Schriften in allen Epochen zu finden und ist essentieller Bestandteil der gewaltfreien Aktionstheorie. An diesem Punkt ist die Überschneidung von anarchistischer und gewaltfreier Theorie am offensichtlichsten. Radikaler Ungehorsam als Schlüssel zum Umsturz, das propagierte im Sinne Étienne de La Boéties zum Beispiel auch der Anarchist Anselm Bellegarrigue, wenn er feststellte, dass jede Herrschaft von Gehorsam abhängig ist. Es gäbe folglich gar keine Tyrannen, sondern »es gibt nur Sklaven: Keiner befiehlt, wo niemand

PORTRÄT ▶ ÉTIENNE DE LA BOÉTIE // 49

gehorcht.«[1] In der Zeitschrift *Graswurzelrevolution* liest man über die Machttheorie Étienne de La Boéties: »Macht ist nichts, was dieser oder jener besitzt oder was an materielle Mittel hauptsächlich gebunden ist, sondern ein sozialer Prozess. Die Quelle der Macht ist der Gehorsam derjenigen, die der Macht unterworfen sind: ihr Vertrauen, ihre Gewohnheiten, ihr Glaube an die Rechtmäßigkeit und Alternativlosigkeit der Verhältnisse insgesamt oder einzelner Organisationen, auch das Vertrauen in Führer.«[2] Die Menschen, so Étienne de La Boéties Grundannahme, müssten den Herrschenden schlicht konsequent und massenhaft den Gehorsam verweigern, um diese zu stürzen. Mit der Verweigerung des Gehorsams als Schlüssel könne deren unterdrückerische Macht am sichersten und effektivsten gebrochen werden. Gewalt ist da gar nicht mehr nötig. »Seid entschlossen, keine Knechte mehr zu sein, und ihr seid frei«, das war seine Maxime. »Ich will nicht, dass ihr ihn [den Herrscher; S. K.] verjaget oder vom Throne werfet; aber stützt ihn nur nicht; und ihr sollt sehen, dass er, wie ein riesiger Koloss, dem man die Unterlage nimmt, in seiner eigenen Schwere zusammenbricht und in Stücke geht.«[3]

1 Bellegarrigue zit. n. Jochheim 1984, 56. // **2** Münster, 1990b. // **3** De La Boétie 2009, 30.

William Godwin
(1756–1836)

■ Liest man in Anarchismuseinführungen von den »Klassikern«, so beginnt dieses Kapitel zumeist mit dem englischen Philosophen und Schriftsteller **William Godwin** (1756–1836). Grund dafür ist vor allem sein 1793 veröffentlichtes Hauptwerk *Enquiry Concerning Political Justice*, das auch eine kritische Antwort auf die bürgerlichen Revolutionsmethoden der Französischen Revolution darstellt. Godwin appellierte an die »individuelle Vernunft« um Regierung, Herrschaft und Staat durch eine freie »rationale Ordnung« und soziale Ungleichheit durch eine Gesellschaft des Gemeinwohls zu ersetzen. »Mit welchem Entzücken muss der wohlunterrichtete Menschenfreund jener glücklichen Zeit entgegensehen« schreibt Godwin in *Political Justice*, »wo der Staat verschwunden sein wird, diese rohe Maschine, welche die einzig fortwährende Ursache der menschlichen Laster gewesen ist und so mannigfache Fehler mit sich führt, die nur durch ihre völlige Vernichtung beseitigt werden können.« Doch auch ungerechte Eigentumsverhältnisse und ökonomische Ausbeutung sah er als Hindernis für eine freie Gesellschaft. »Die Anhäufung von Eigentum tritt alle Fähigkeiten des Verstandes in den Staub, zerstört jeden Funken Geist«, so Godwin. Er meint weiter, dass »die ergiebigste Quelle der

Verbrechen« jener Umstand bilde, dass »der eine im Überfluss besitzt, was der andere entbehren muss.« Das Problem sei ein »System des Eigentums, das einem Menschen die Möglichkeit gibt, über die Produkte der Arbeit eines anderen Menschen zu verfügen.« Schon Godwin verbindet seine Kritik derartiger Herrschaft und Ausbeutung mit einer Kritik der Gewalt, wenn er schreibt, dass die »Ungerechtigkeit, über die man so klagt, [...] mit Gewalt aufrecht erhalten [wird]« und dass »nicht Gewalt das einzige Mittel ist, um diese Ungleichheit zu beseitigen.«[1] Godwins »geistige« Revolution schloss Gewalt vielmehr aus: »Die beste Garantie eines glücklichen Resultats liegt in freier, unbegrenzter Diskussion. In dieser Kampfbahn muss immer die Wahrheit siegen. Wenn wir also die sozialen Einrichtungen der Menschheit verbessern wollen, müssen wir suchen, durch das gesprochene und geschriebene Wort zu überzeugen. Diese Tätigkeit hat keine Grenzen. [...] Daher müssen wir jede Gewalt mit Abneigung betrachten. Wenn wir das Schlachtfeld betreten, verlassen wir das Gebiet der Wahrheit [...].«[2] Godwin hatte explizite Kritik am gewaltsamen

[1] Godwin zit. n. Wittkop 1973, 12 f. // [2] Godwin zit. n. Degen/Knoblauch 2006, 29.

Revolutionskonzept der Französischen Revolution, aber er kannte und entwickelte kein Konzept des gewaltfreien Widerstands. Er setzte der gewaltsamen Revolution die argumentative, rationale Überzeugung entgegen. So ist sein Weg zur Erreichung der freien Gesellschaft einer, auf dem man stückweise vorwärts kommt, abhängig von der zunehmenden rationalen Überzeugung durch Argumente von mehr und mehr Leuten. Das wurde auch als »gradualistischer Anarchismus« bezeichnet. Verheiratet war Godwin mit der Feministin Mary Wollstonecraft, Autorin von *A Vindication of the Rights of Woman* (1792), ein frühes und heute noch wichtiges Werk, das sich mit feministischer Theorie und Frauenrechten befasst. Ihre Tochter Mary Shelley war nicht nur die Autorin des berühmten *Frankenstein*, sondern auch eine frühe Verfechterin des Vegetarismus und von Tierrechten.[3]

---

3 Für eine umfangreiche Godwin-Biografie aus anarchistischer Perspektive siehe Woodcock 1989.

Henry David Thoreau
(1817–1862)

■ Der amerikanische Schriftsteller und Philosoph **Henry David Thoreau** (1817–1862) gilt aufgrund seines 1849 erstveröffentlichten Essays *Über die Pflicht zum Ungehorsam gegen den Staat* als ein früher Theoretiker, der die Grundprinzipien des zivilen Ungehorsams ausformuliert hat. Er ist somit ein wichtiger Bezugspunkt für gewaltfreie AnarchistInnen und RevolutionärInnen – auch wenn Thoreau persönlich zuweilen Gewalt befürwortet hat. Gemäß Thoreau sollte man »nicht den Respekt vor dem Gesetz pflegen, sondern vor der Gerechtigkeit. […] Wenn aber das Gesetz so beschaffen ist, dass es dich zwingt, einem anderen Unrecht anzutun, dann, sage ich dir, brich das Gesetz. Mach dein Leben zu einem Gegengewicht, um die Maschine aufzuhalten.«[1] Die strafrechtlichen Konsequenzen des zivilen Ungehorsams musste er selbst aufgrund seiner Weigerung, während des Mexikanisch-Amerikanischen Kriegs (1846–1848) Steuern zu bezahlen, erfahren: Er wurde inhaftiert. Der staatlichen Repression gegen seinen Protest beggenete er aufrecht: »Unter einer Regierung, die irgend jemanden unrechtmäßig einsperrt, ist das Gefängnis der

[1] Thoreau 2004, 33.

angemessene Platz für einen rechtschaffenen Menschen.«² Ganz im Sinne der konsequenten Nicht-Zusammenarbeit und Verweigerung als revolutionäre Strategie schreibt Thoreau: »Wenn einmal der Untertan den Gehorsam verweigert und der Beamte sein Amt niederlegt, dann hat die Revolution ihr Ziel erreicht.«³ Generationen von gewaltfreien RebellInnen – AnarchistInnen, PazifistInnen, KriegsdienstverweigerInnen, SyndikalistInnen – wurden von Thoreau und seiner Schrift inspiriert.⁴ Unter den bekannteste Persönlichkeiten, die Thoreaus Theorien wertschätzten und in ihrer Praxis umsetzten, waren Leo Tolstoi und M. K. Gandhi.

2 Thoreau 2004, 38. // **3** Thoreau 2004, 40. // **4** Für eine Diskussion von Thoreaus Schrift im Kontext dieser politischen Strömungen beziehungsweise aus anarchistischer Perspektive, siehe Woodcock 1989a.

Mohandas K. Gandhi
(1869–1948)

■ **Mohandas K. Gandhi** (1869–1948) ist wohl der bekannteste Vertreter der Gewaltfreiheit überhaupt, wird dabei aber kaum mit dem Anarchismus in Verbindung gebracht. Gandhi begründete die gewaltfreie Aktion bereits 1909 in seiner zivilisationskritischen Schrift *Hind Swaraj* (Befreiung Indiens) und rezipierte Thoreaus Schrift über den zivilen Ungehorsam sowie die Schriften Tolstois (vor allem *Das Reich Gottes ist in Euch*). Mit Tolstoi stand er auch im Briefwechsel. Gandhi verbrachte fast 20 Jahre in Südafrika und kämpfte dort bis 1914 reformistisch gegen die Ausgrenzung der indischen Minderheit. 1916 bezeichnete er sich während einer Rede an der Universität Benares in Abgrenzung zu gewaltsamen antibritischen Attentätern als »Anarchist, aber von anderer Art«.[1] »Politische Macht« so meinte Gandhi einmal, »kann meiner Meinung nach nicht unser letztes Ziel sein. [...] Wenn das nationale Leben so perfekt wird, dass es sich selbst reguliert, ist keine Repräsentation mehr notwendig. Es gibt dann den Zustand der erleuchteten Anarchie. In diesem Zustand regiert sich jedes Individuum selbst.«[2] Die Resonanz in der anarchistischen Szene

[1] Gandhi zit. n. Marin 2008, 13. // [2] Gandhi zit. n. Marin 2008, 14.

blieb nicht aus und so gibt es eine interessante Gandhi-Rezeption in anarchistischen Kreisen. Peter Marshall reihte Gandhi in seinem Buch *Demanding the Impossible. A History of Anarchism* in die »Klassischen anarchistischen DenkerInnen« ein.[3] Bücher wie *The Gentle Anarchists* der anarchistischen Autoren Geoffrey Ostergaard und Melville Curell oder *Anarchist Thought in India* von Adi H. Doctor erschienen. George Woodcock, der in Gandhi ebenfalls eine anarchistische Dimension erkannte, meinte, dass Gandhi sich stets weigerte, die politische Macht zu ergreifen, da er wusste, dass die Art, wie er für die Befreiung Indiens kämpfte, »mit politischer Machtausübung unvereinbar« war. »In dieser Hinsicht war er unter den Kolonialrebellen seiner Zeit – eigentlich unter den Revolutionären aller Zeiten – eine einmalige Erscheinung«, so Woodcock.[4] Ähnlich argumentiert Lou Marin, wenn er schreibt, dass es »neben unbestreitbar autoritären Elementen im Verhalten und Privatleben Gandhis« aber auch »gleichzeitig ebenso viele, oft parallel auftretende libertäre [...] Tendenzen gab« was man unter anderem daran ablesen könne, dass »Gandhi die einzige

3 Vgl. Marshall 2010, 422–427. // **4** Woodcock 1983, 15.

prägende Person in den nationalen Befreiungsbewegungen nach dem Zweiten Weltkrieg war, die nie ein staatliches Amt übernahm und dies auch nicht anstrebte.«[5] Der Staat, den Gandhi durch dörfliche, dezentrale Strukturen ersetzen wollte, war für ihn »die Verkörperung der Gewalt in konzentrierter und organisierter Form«[6] und er forderte zudem eine Befreiung von britischen KapitalistInnen und Kapital sowie von deren indischen Pendants.[7] Er interpretierte den passiven Widerstand Tolstois um und entwarf eine aktive Widerstandsstrategie gegen Kolonialismus: *Satyagraha* (»Festhalten an der Wahrheit«). Gandhi formulierte seine Ideen in hinduistischer, für breite Massen verständlicher Form als gewaltfreie Interpretation des Kriegsepos Bhagavad-Gita – ähnlich sein Mitkämpfer Abdul Ghaffar Khan mit seiner gewaltfreien Interpretation des Islam.[8]

5 Marin 2008, 12. // **6** Woodcock 1983, 99. // **7** Vgl. Ramnath 2011, 176. // **8** Für eine breiter angelegte Studie zur Geschichte antiautoritärer und libertärer Elemente im indischen Antikolonialismus und Unabhängigkeitskampf sowie für eine antikoloniale Perspektive im Anarchismus, siehe Ramnath 2011.

Leo Tolstoi
(1828–1910)

■ Viele kennen **Leo Tolstoi** (1828–1910) aufgrund weltberühmter Romane wie *Krieg und Frieden* oder *Anna Karenina*. Er ist aber auch einer der bekanntesten christlichen und gewaltfreien Anarchisten und galt selbst vielen säkularen, nicht-gläubigen AnarchistInnen seiner Zeit als Inspirationsquelle (Ramus, Landauer etc.). Tolstoi seinerseits beschäftigte sich auch mit dem »klassischen« Anarchismus, traf beispielsweise 1861 Pierre-Joseph Proudhon, kritisierte aber stets, dass AnarchistInnen oftmals davor zurückscheuten, revolutionärer Gewalt abzuschwören. »Ich teile Kropotkins und Bakunins Ideen, aber nicht ihre Taktik«, so Tolstoi.[1] Insbesondere in seiner späteren Schaffensphase, ungefähr ab 1877, widmete sich Tolstoi religionsphilosophischen und gesellschaftspolitischen Themen und beschäftige sich intensiv mit theologischen Fragen, besonders mit der Bergpredigt. Daraus zog er antistaatliche, antikapitalistische, zutiefst antiklerikale und radikal gewaltfreie – also anarchistische – Schlüsse, um deren Verbreitung ihm gelegen war. Seine anarchistische Exegese ist in seiner Klarheit und Eloquenz, mit der er diese zu Papier brachte, beeindruckend.

[1] Tolstoi zit. n. Schmid 2014, 517.

Es war insbesondere seine radikale Gewaltfreiheit, die er durch sein Verständnis des Evangeliums bestätigt sah, von der sich seine kompromisslose Ablehnung jeglicher Form von Herrschaft und Ausbeutung herleitete. Absolute und konsequent gedachte Gewaltfreiheit kann also als das Fundament von Tolstois Anarchismus betrachtet werden, weshalb er für den gewaltfreien Anarchismus – ob religiös begründet oder nicht – so wichtig ist. Seine Interpretation der Bergpredigt ist für Tolstoi »nichts Passives, sondern der Gewaltverzicht ist – Widerstand. Die Verweigerung der Gewaltanwendung richtet sich besonders gegen staatliche Institutionen: die Armee, die Rechtsprechung, die Eigentumsordnung.«[2] Die persönliche Veränderung, eine »Revolution im Inneren« sozusagen, war für Tolstoi der wichtigste Aspekt jeder radikalen gesellschaftlichen Veränderung. Für ihn stand außer Zweifel, dass das Christentum nicht mit politischer Macht, wirtschaftlicher Ausbeutung und institutionalisierter Religion unter einen Hut zu bringen sei. Es sei vielmehr »unmöglich«, so Tolstoi, sich »zu gleicher Zeit Gott-Christus zu bekennen [...] und ruhig und

[2] Bauer 2010, 38.

bewusst an den Einrichtungen des Eigentums, der Gerichte, des Staates, des Kriegsheeres zu arbeiten.«[3] Für Tolstoi konnte es hier nur eine Entweder-Oder-Herangehensweise geben, »entweder das Christentum mit der Liebe zu Gott und den Nächsten oder [der] Staat mit Armeen und Krieg. [...] Sagt man, das Christentum *verbietet* den Mord – so wird es kein *Militär* geben, es wird keinen *Staat* geben.«[4] Das »kirchliche Christentum« war für ihn ein »unschädlich gemachte[s] falsche[s] Christentum«[5], das von dem ursprünglichen und wahren Charakter des Christentums weit entfernt sei und als Herrschaftsinstrument ge- und missbraucht werde. Die russisch-orthodoxe Kirche exkommunizierte ihn für derartige Ansichten konsequenterweise. Ökonomische Ausbeutung und die dadurch bedingte Arm-Reich-Dichotomie nannte er zumeist »Sklaverei« und diese war für ihn ebenso ein Akt der Gewalt wie Krieg und Repression. Tolstoi entlarvte wiederum den Staat als den Beschützer derartiger (struktureller) Gewaltverhältnisse: »Die Sklaverei der Menschen wird durch die Gesetze verursacht, die Gesetze aber werden durch die Regierung geschaffen, und daher ist die Befreiung der Menschen von der Sklaverei nur durch die Vernichtung der Regierung erreichbar.«[6] Diese »Vernichtung« durfte jedoch keineswegs irgendeine Form der Gewaltanwendung miteinbeziehen, denn Gewalt – egal von wem in welcher Form angewandt – betrachtete er als das Grundübel schlechthin. Regierungen – demokratisch oder nicht – waren für ihn »die Vereinigung einiger Menschen, welchen den anderen Gewalt antun«, denn Herrschaft heißt immer »Gewalt üben, Gewalt üben heißt tun, was der nicht will, über den die Gewalt geübt wird«,[7] das heißt, jegliche Form von Herrschaft, insbesondere jene des Staates, ist laut Tolstoi notwendigerweise gewalttätig und von daher abzulehnen. Auch nach Tolstois Tod hatten seine Ideen zahlreiche FürsprecherInnen und der sogenannte Tolstoianismus bekam eine weltweite AnhängerInnenschaft. In manchen Gegenden nahm dies sogar Züge einer sozialen Bewegung an mit Siedlungen, Schulen und Zeitschriften.[8] Als wichtigstes Werk für Tolstois christlich-gewaltfreien Anarchismus gilt sein Buch *Das Reich Gottes ist in Euch*.

---

3 Tolstoi zit. n. Christoyannopoulos 2013, 73 f. // **4** Tolstoi 1909, 52 (Hervorhebung im Original). // **5** Tolstoi 1901, 107. // **6** Tolstoi 1921, 60. // **7** Tolstoj 1894, 209–210; 340–341. // **8** Vgl. De Lange 2016.

Eugen Heinrich Schmitt
(1851–1916)

■ **Eugen Heinrich Schmitt** (1851–1916) war ein Pionier des Anarchismus in Ungarn. Er entwickelte sich zum Anhänger des christlich-gewaltfreien Anarchismus Leo Tolstois, den er auch persönlich kannte und mit dem er in Briefkontakt stand.[1] Wie Tolstois Anarchismus hatte auch jener Schmitts eine stark antiklerikale Ausrichtung und war gegen jede Religiosität gerichtet, welche zum »infamen Werkzeug der Politik«, zu »Stützen der öffentlichen Ordnung auf dem sumpfigen Boden der Lüge« gemacht wird sowie die »Vergötterung der Wahnbilder schrankenloser Herrschsucht und Grausamkeit« praktiziert. »Die Menschheit will Freiheit«, schreibt er und fragt anschließend: »Wie könnte aber die Freiheit in einer Welt, die vor den Götzen der Herrschsucht und Knechtseligkeit sich beugt, mehr sein als Trug und Blendwerk? Daran erkennet, dass die, welche Gleichgültigkeit in Sachen der Religion predigen, eure Knechtschaft wollen, oder doch die Wurzel des Übels nicht kennen!«[2] Schmitt verband seine Vorstellung des Anarchismus mit einer weiter entwickelten Form der Gnosis und gab die erste explizit gewaltfrei-anarchistische Zeitschrift *Ohne Staat/*

---

1 Siehe hierzu z. B. Keuchel 1926. // **2** Schmitt 1894, 99 f.

Allam nélkül heraus. Er schrieb auch für eine Reihe anderer libertärer Zeitschriften, unter anderem für Gustav Landauers *Sozialist* oder für Johann Mosts *Freiheit* – teilweise unter dem Pseudonym »Bulla«. Die Anarchie ist für ihn das »wahrhaft menschlich Erhabene«[3], sein Anarchismus zielte auf die »Revolutionierung des Geistes«.[4] Dies war für ihn der essentielle erste Schritt revolutionären Engagements im Sinne des Anarchismus: »Eine edlere Gestaltung der menschlichen Lebensverhältnisse, eine *Lösung der sozialen Frage* ist nur möglich auf der Grundlage einer erhabeneren Gesinnung, einer edleren Sittlichkeit. *Die Revolution der Geister* muss jeder solcher Umgestaltung vorangehen. Jeder Versuch, die Lösung direkt praktisch in gewaltsamer Weise zu vollführen, führt zu Sklavenaufständen, die niedergeschlagen werden, oder im Falle des Sieges unfehlbar den ärgsten Terrorismus und die furchtbarste Reaktion im Gefolge haben.«[5] Den damals schon gerne geäußerten Vorwurf an die AnarchistInnen, sie bedienten sich der Mittel des Terrors, wendet Schmitt gegen den Staat: »Man pflegt

3 Schmitt 1895, 179. // **4** Bauer 2010, 47. // **5** Schmitt zit. n. Keuchel 1926, 16 (Hervorhebung im Original; im Original gesperrt).

Anarchie und Terrorismus für dasselbe zu halten, ausgehend von Verirrungen einzelner Anarchisten, die zu den Mitteln ihrer Gegner greifen. Was ist nun unsere Organisation des Staates und der Gesellschaft und ihren Millionen Bajonetten und Repetiergewehren, Kanonen, ihrer Polizei, ihren Gerichten, ihren Potentaten, Henkern und Bütteln, ihren Kriegen, Hinrichtungen, Gefängnissen, Deportationen anderes, als eine Organisation, die von Unten bis Oben auf dem Schrecken beruht, lateinisch auf dem Terrorismus.« Es sei daher »höchst lächerlich«, so Schmitt weiter, »wenn man unsere Staatsretter gegen den Terrorismus eifern hört. Das Herrschende in der Geschichte, die herrschende Ordnung war bis heute im großen Ganzen eben der Terrorismus und die Anarchie ist in ihrer Wurzel eigentlich nichts anderes als der rückhaltlose Kampf gegen den herrschenden Terrorismus.«[6] Er lehnte folglich die Vorstellung ab, »dass sich ein Idealzustand der Gesellschaft durch ebenso verbrecherische Mittel der Gewalttat vorbereiten und verwirklichen lasse, wie sie die heutige, noch tief barbarische, pseudochristliche Welt heiligt in Kirche und Staat.«[7] Der Weg in die anarchistische Gesellschaft führt laut Schmitt über eine massenhafte, »sittliche« Selbstbefreiung, eben über die individuelle wie kollektive »Revolutionierung des Geistes«.

6 Schmitt 1895, 180. // **7** Schmitt zit. n. Gautsch 2013.

Gustav Landauer
(1870–1919)

■ Ein hierzulande recht bekannter Anarchist, für den Anarchismus und Gewaltfreiheit zusammengehörten, ist **Gustav Landauer** (1870–1919). Er war ab 1893 Herausgeber der Zeitschrift *Der Sozialist*, die unter seiner Ägide zu einem Blatt mit anarchistischer Ausrichtung wurde, sowie Gründer des Sozialistischen Bundes, der ab 1909 auch den *Sozialist* neu herausgab. Bekannt ist er auch für sein Engagement in der Bayerischen Räterepublik, während deren Niederschlagung er von Freikorps-Soldaten brutal ermordet wurde. Er war auch einer jener AnarchistInnen, die den Marxismus seiner Zeit einer unerbitterlichen Kritik unterzogen, indem er für einen »freien, undogmatischen und antimarxistischen Sozialismus«[1] eintrat. Der Marxismus war für ihn nichts weniger als »die Pest unsrer Zeit und der Fluch der sozialistischen Bewegung«. Die sozialistische Bewegung, für die er warb, könne »nur in Todfeindschaft gegen den Marxismus erstehen.«[2] Der Staat war für Landauer »die äußerste, die höchste Form des Ungeistes«. Dieser »Zwangsverband Staat« kann aber nicht durch Gewaltmittel

[1] Link-Salinger 1986, 30. // [2] Landauer 1911.

gestürzt werden.³ Vor dieser Illusion, mittels revolutionärer Gewalt das herrschaftslos-sozialistische Ziel erreichen zu können, warnte er eindrücklich: »Und mindestens ebenso verführerisch ist der Gedanke, der tausendfach variiert in der anarchistischen Literatur wiederkehrt: der autoritären Gewalt die freie Gewalt, die Rebellion des Individuums entgegenzusetzen. Das ist der Grundirrtum der revolutionären Anarchisten, den ich lange genug mit ihnen geteilt habe, dass sie glauben: das Ideal der Gewaltlosigkeit mit Gewalt erreichen zu können. Sie wenden sich mit Heftigkeit gegen die ›revolutionäre Diktatur‹, die Marx und Engels in ihrem kommunistischen Manifest als ein kurzes Übergangsstadium nach der großen Revolution vorgesehen hatten. Das sind Selbsttäuschungen; jede Gewaltausübung ist Diktatur, sofern sie nicht freiwillig ertragen, von den befehligten Massen anerkannt ist. In diesem Fall aber handelt es sich um autoritäre Gewalt. Jede Gewalt ist entweder Despotie oder Autorität.« Er schlussfolgert im Sinne der Ziel-Mittel-Relation: »Die Anarchisten müssten einsehen:

3 Landauer zit. n. Degen/Knoblauch 2006, 57.

ein Ziel lässt sich nur erreichen, wenn das Mittel schon in der Farbe dieses Zieles gefärbt ist. Nie kommt man durch Gewalt zur Gewaltlosigkeit. Die Anarchie ist da, wo Anarchisten sind, wirkliche Anarchisten, solche Menschen, die keine Gewalt mehr üben.«[4] Das anarchistische Credo, den Staat zu »zerschlagen«, verstand er ganz anders als so mancher Revolutionsromantiker, da schon sein Staatsverständnis ein viel differenzierteres war. Dieses Landauersche gewaltfrei-anarchistische Ethos und sein Revolutionsverständnis, das im 21. Jahrhundert keinen Funken seiner Relevanz eingebüßt zu haben scheint, brachte er so auf den Punkt: »Einen Tisch kann man umwerfen und eine Fensterscheibe zertrümmern; aber die sind eitle Wortemacher und gläubige Wortanbeter, die den Staat für so ein Ding oder einen Fetisch halten, den man zertrümmern kann, um ihn zu zerstören. Staat ist ein Verhältnis, ist eine Beziehung zwischen den Menschen, ist eine Art, wie die Menschen sich zueinander verhalten; und man zerstört ihn, indem man andre Beziehungen eingeht, indem man sich anders zueinander verhält.«[5]

---

[4] Landauer 1901. // [5] Landauer 1910.

Benjamin Tucker
(1854–1939)

■ Obwohl er Gewaltanwendung in vereinzelten Fällen nicht immer kategorisch ausschloss, betrachtete der US-amerikanische Individualanarchist **Benjamin Tucker** (1854–1939) den passiven Widerstand, die Verweigerung und Nicht-Zusammenarbeit, als das effektivste unter den revolutionären Mitteln, derer sich AnarchistInnen in ihrem Kampf bedienen sollten. Zwischen 1881 und 1908 war er Herausgeber der in Boston erscheinenden individualanarchistischen Zeitschrift *Liberty,* die laut Tucker stark von den Ideen Pierre-Joseph Proudhons und des Individualanarchisten Josiah Warren (dessen eigene Zeitschrift den bezeichnenden Titel *The Peaceful Revolutionist* trug) geprägt war. Generell tendierten viele IndividualanarchistInnen wie Tucker zu gewaltfreien Revolutionskonzeptionen, auch weil bei gewaltsamen Massenbewegungen ein Untergang des Individuums vermutet wurde. Blutige Aufstände, so Tuckers Überzeugung, könnten von den Herrschenden problemlos zerschlagen werden. Die größte Gefahr für die »Tyrannen« gehe aber vielmehr von Menschen aus, die sich schlicht entschlossen hätten, nicht mehr zu gehorchen. »Weder der Stimmzettel noch das Bajonett werden im kommenden Kampf eine große Rolle spielen«, zeigt sich Tucker überzeugt, sondern der

»passive Widerstand« sei »die revolutionäre Kraft«, welche den Menschen zu ihren Rechten verhelfen werde. »Die Vorstellung, dass sich die Idee der Anarchie durch Gewalt verwirklichen lässt, ist ebenso abwegig wie jene, dass sie mit Gewalt aufrecht erhalten werden kann. Gewalt kann die Anarchie nicht aufrechterhalten, ebensowenig kann sie sie bewirken.« Für Tucker war Gewalt nicht nur ein untaugliches Mittel für die anarchistische Revolution, sondern schlimmer noch, er betrachtete sie als schädlich und hinderlich: »In der Tat ist eine der unvermeidbaren Auswirkungen der Gewaltanwendung das Hinauszögern der Anarchie.«[1]

---

[1] Tucker 1926, 52–55

Ferdinand Domela Nieuwenhuis

(1846-1919)

■ Der niederländische Anarchopazifist und anarchistische Antimilitarist **Ferdinand Domela Nieuwenhuis** (1846-1919) war ein kompromissloser Kämpfer gegen Militarismus und »das furchtbare Ungeheuer Krieg«.[1] Ursprünglich ein sozialistischer Politiker, wandte er sich schließlich dem Anarchismus zu. Er war Gründer der einflussreichen Zeitschriften *Recht voor Allen* (Recht für Alle) und *De Vrije Socialist* (Der freie Sozialist). Seine kompromisslose Ablehnung des – auch sozialistischen – Militarismus war Grund für heftige Dispute mit dem autoritär-sozialistischen Lager. Nieuwenhuis kritisierte die marxistische Position zum Militarismus, welche das Militär nicht abschaffen, sondern lediglich reformieren und der Kriegsgefahr nicht mit dem Generalstreik begegnen wollte. In seiner Auseinandersetzung mit den Angriffen zum Beispiel Karl Liebknechts gegen den anarchistischen Antimilitarismus setzte Nieuwenhius zu dessen Verteidigung an: »Die Anarchisten haben es stets betont, dass der Militarismus nicht ganz beseitigt werden kann, so lange der Kapitalismus ungeschmälert

---

1 Nieuwenhuis 1913, 1.

besteht. Aber der Unterschied zwischen den Sozialdemokraten und uns ist in Wahrheit darin gelegen, dass wir Anarchisten wohl wissen, dass mit der Beseitigung des Kapitalismus, deshalb und damit der Militarismus noch nicht beseitigt ist. Hier liegt die Kernfrage des ganzen Problems, wir wiederholen es. Die Sozialdemokraten wollen den Militarismus nicht an der Wurzel treffen; sie wollen bloß ein Volksheer […]. Sie wollen nur eine Form-, keine Wesensänderung. Was die Sozialdemokraten Antimilitarismus nennen, sind in Wahrheit Reformen im Heere […], kurz, das, was auch radikale Bourgeois wollen. Die Sozialdemokratie ködert während den Wahlen nach der Unterstützung sowohl der Soldaten wie auch des Offiziersstandes; sie greifen den Militarismus nicht als Institution an. Nur wir ›dummen‹ Anarchisten sagen: Selbst wenn alle diese Forderungen ganz hinlänglich und redlich befriedigt werden könnten – selbst dann werden wir noch immer Antimilitaristen sein! Erkennt man nun den Unterschied? Wir sind prinzipielle Gegner des Militarismus in allen seinen Formen, auch in jener eines Volksheeres, selbst im sozialdemokratischen Zukunftsstaat. Sie – die Sozialdemokraten – bemängeln nur die Form des Militarismus, dessen Wesen und Existenzberechtigung überhaupt lassen sie ganz unberührt.«[2] Tatsächlicher Antimilitarismus konnte für ihn daher nur anarchistisch, also insbesondere antistaatlich, sein: »Eine jede Partei der Autorität – und dies ist die sozialdemokratische ganz ebenso wie die konservative [...] – muss, falls siegreich, ein Machtmittel haben, um sich behaupten zu können. Dieses Machtmittel jeder Staatsform bietet sich im Militarismus dar. Somit muss die Sozialdemokratie prinzipiell militaristisch, kann nicht antimilitaristisch sein.«[3] Sein Rezept gegen Krieg und Militarismus waren die Kriegsdienstverweigerung und der Generalstreik. Die ArbeiterInnen, die »niemals irgend ein Interesse am Kriege« haben, hätten »ein entscheidendes Mittel in ihren Händen: *den Generalstreik*. Sie müssen nur den Willen haben, sich dieses Mittels in unnachgiebigster Weise zu bedienen.« Die ArbeiterInnen hätten »das Mittel in ihren Händen, diese Herren Aufrührer und Kriegsschürer, die ein Profitinteresse an der Aufteilung der Menschen haben, niederzuhalten, wenn sie, die Arbeiter, ihre Arbeit ruhen lassen und einstellen durch den Generalstreik. Nur ein Triumph der Sache der Arbeiter in dieser Richtung wird ein Triumph des Friedens sein.« Die Zukunft gehöre »den Revolutionären des Friedens, den dem Kriege gegenüber sich heroisch-sittlich Auflehnenden.« Nicht durch diplomatische Konferenzen könne der »universale Friede« errungen werden, so Nieuwenhuis, sondern durch die Verweigerung, »durch die sittliche Rebellion des Menschen, der dem Militarismus das ihn zermalmende Wort seines Eigenwillens und Bewusstseins entgegenschleudern wird: *Ich werde nicht töten!*«[4] Nieuwenhuis' anarchistische Positionen beeinflussten eine ganze Generation niederländischer AnarchistInnen und PazifistInnen wie Bart de Ligt, Albert de Jong, Kees Boeke und Clara Wichmann.

2 Nieuwenhuis 1908. // **3** Nieuwenhuis 1908. // **4** Nieuwenhuis 1913, 1 (Hervorhebung im Original).

Clara Wichmann
(1885–1922)

■ Anarchismus, Syndikalismus, Gewaltfreiheit, Antimilitarismus und Feminismus – **Clara Wichmann** (1885–1922) stand für all diese Begriffe. In Hamburg geboren verbrachte sie den Großteil ihres Lebens in den Niederlanden und war dort ein prägender Teil der anarchistischen und feministischen Bewegung. Durch ihr Jurastudium war es ihr möglich, als eine der ersten AnarchistInnen eine tiefgehende und kenntnisreiche anarchistische Kritik des staatlichen Rechts- und Strafwesens zu formulieren. Zudem war sie auch eine frühe Tierrechtlerin und Vegetarierin – durchaus nicht unüblich im niederländischen Anarchismus dieser Zeit. Bis zum Ersten Weltkrieg beschäftigte sie sich primär mit Fragen der Frauenunterdrückung und des Feminismus. »Die Frauenbewegung muss sich als gesellschaftliche Bewegung für etwas verstehen, was es noch nicht gibt«[1], meinte sie, und Gernot Jochheim ergänzt, dass bei Wichmann dieses »etwas«, diese »andere Gesellschaft« nur »nicht-kapitalistisch, nicht-autoritär und nicht-gewaltsam«[2] sein könne. Die gewaltfreie Aktion verstand sie als kämpferische und für den Anarchismus adäquate Alternative zu Krieg und gewaltsamen

1 Wichmann zit. n. Jochheim 1989, 13. // **2** Jochheim 1989, 13.

Formen des Widerstands. Mit Gewalt könne man laut Wichmann »sehr wohl einen militärischen Sieg erringen, man kann auch politische Macht brechen, aber man kann durch Gewalt keine wesensmäßige sozialistische Gesellschaft begründen.« Gewalt war für Wichmann eine sich selbst erfüllende Prophezeiung: Je mehr man sich auf sie vorbereite, wenn man persönlich eine Waffe mit sich führe, desto wahrscheinlicher sei, dass Alternativen nicht berücksichtigt werden und die Waffe, weil zur Hand, eingesetzt wird. Die Wendung von Marx, dass »Gewalt die Hebamme der Revolution« sei, mag »empirisch richtig sein«, sie erwidert aber: »Angesichts des Kultus' der Gewalt, den uns der Imperialismus gebracht hat und der zu einer grauenhaften Wechselwirkung zwischen ›schwarzem, rotem und weißem Terror‹ geführt hat, hat der Gebrauch einer Kampfesweise, die wirklich dem höchsten Ziel entspricht, ohne Zweifel zukunftsprägende Bedeutung. Insofern haben wir mit der sogenannten Gewaltlosigkeit als einem historischen Faktor von Bedeutung zu rechnen.«[3] Sie begründete dadurch in Ansätzen eine Geschichtsphilosophie der Gewaltfreiheit.

[3] Wichmann 1923, 59.

Über den genuin revolutionären Charakter der gewaltfreien Aktion hatte sie keine Zweifel und ließ sich auch von vermeintlichem Applaus aus dem gegnerischen Lager nicht beirren: »Wer Gewaltanwendung zugunsten der Revolution missbilligt, hat anfänglich Aussicht, von der Bourgeoisie Beifall zu bekommen. Das beruht jedoch auf einem Missverständnis, wie bereits [Bart] De Ligt ausgeführt hat: ›Entdeckt die Bourgeoisie, dass die sogenannten Gewaltlosen das heutige System aufs heftigste angreifen und rastlos untergraben, dann ist es mit der Sympathie rasch vorbei‹.«[4] Es habe laut Wichmann »seine tiefe Bedeutung, dass die Gewaltlosigkeit heute für uns alle ein Problem ist, denn dies ist ein Zeichen, dass wenigstens unter vielen Revolutionären das soziale Gewissen in diesem Punkt feinfühliger geworden ist.« Die RevolutionärInnen würden »alle [...] ohne Gewalt kämpfen wollen [...]. Aber zweierlei [ist ihnen], meine ich, nicht deutlich: 1. Dass es wohl besser sein kann – obgleich nicht immer ist –, Gewalt gegen Unrecht anzuwenden, als gar nichts dagegen zu tun; aber dass es jedenfalls noch viel besser ist, das Unrecht auf eine andere Weise zu überwinden. 2. Dass Gewalt selbst wieder gewalttätige Kräfte weckt.«[5]

---

[4] Wichmann 1923, 57. // [5] Wichmann 1919, 36. Diese Unterscheidung gibt es explizit auch bei Gandhi, aber Clara Wichmann hat ihre Erkenntnis unabhängig von Gandhi und auf dem Fundus der Erfahrungen der Arbeiterbewegung entwickelt.

Henriëtte Roland Holst
(1896-1952)

■ **Henriëtte Roland Holst** (1896–1952) war zwar keine Anarchistin – sie war eine marxistisch, später ethisch/religiös orientierte Sozialistin –, sie ist aber eine für gewaltfreie AnarchistInnen und gewaltfrei-revolutionäre SozialistInnen interessante Persönlichkeit. Sie stand mit niederländischen AnarchistInnen wie zum Beispiel Clara Wichmann in solidarischem Kontakt und diskutierte mit ihr ausführlich verschiedene Fragen rund um Gewalt(freiheit), Klassenkampf, Sozialismus und Anarchismus. Als Teil der »holländischen marxistischen Schule« betrachtete sie den Bolschewismus stets kritisch, warnte gleichzeitig aber vor der »parlamentarische[n] Illusion« und der »reformistische[n] Verirrung der Arbeiterbewegung«.[1] Es gibt bei ihr eine frühe und eine späte Tolstoi-Rezeption. In den Dreißigerjahren leistete sie in der Gruppe »Vrienden van India« Solidarität mit den antikolonialen Kämpfen Gandhis. Henriëtte Roland Holst war maßgeblich daran beteiligt, Theorien eines gewaltfreien Klassenkampfes und einer gewaltfreien proletarischen Revolution auszuformulieren. In Schriften wie *Die Kampfmittel der sozialen Revolution* verknüpfte sie

[1] Roland Holst 1915, 158 f.

Themen wie Revolution, Gewaltkritik und Klassenkampf. Für sie war der gewaltfreie Kampf etwas genuin proletarisches. Im Sinne der Ziel-Mittel-Relation schrieb sie, dass das Sprichwort, das Ziel heilige die Mittel, »vollkommen wahr [ist] für die Jesuiten, ebenso wie dies heute für die imperialistische Klasse wahr ist. Um schlechte Ziele von Unterdrückung und Ausbeutung zu erreichen und zu festigen, sind alle Mittel recht.« Für die Arbeiterklasse sei dies jedoch keine Option, da das Ziel eines der »Brüderschaft und Freiheit« sei – und zu diesem Ziel gehörten keinesfalls Mittel der »Gewalt und Grausamkeit«.[2] Entgegen den MarxistInnen ihrer Zeit, die die Kriegsdienstverweigerung als bloßen individuellen Akt betrachteten, für den sie kaum Sympathien übrig hatten, war diese Form des antimilitaristischen Widerstands für sie ein unterstützenswerter revolutionärer Akt, der »den Keim zum Ausbrechen von Massenwiderstand gegen den Militarismus« in sich trage.[3] Deshalb unterzeichnete sie auch das sogenannte »Dienstverweigerungsmanifest« von 1915, welches vor allem aus den Reihen der

2 Roland Holst zit. n. Jochheim 1986, 149 f. // **3** Roland Holst 1915, 158.

niederländischen AnarchistInnen, christlich-sozialistischen und christlich-anarchistischen AntimilitaristInnen kam.[4] Zur Frage des Streiks als revolutionäres Kampfmittel schrieb Roland Holst: »Streikende Massen trachten ihren sozialen Gegnern nicht nach dem Leben. Sie wollen diese weder verwunden noch verstümmeln; auch wollen sie nicht – allenfalls als Ausnahme – das Eigentum dieser Gegner beschädigen oder vernichten. Der Angriff richtet sich nicht physisch gegen die Mitglieder der besitzenden Klasse, sondern ausschließlich gegen ihre gesellschaftlichen Einrichtungen, gegen ihre gesellschaftlichen Institutionen.«[5] Beim Streik als revolutionäre Strategie ginge es aber nicht nur um »das passive Kreuzen der Arme«, sondern auch um die Selbstverwaltung der bestreikten Betriebe: »Je mehr es dem Proletariat gelingt, die staatliche und ökonomische Organisation des Kapitals zu lähmen, desto mehr wird es dessen frühere ökonomische und politische Funktionen übernehmen.«[6] Verletzende Gewalt gegen Personen wird im revolutionären Prozess also überflüssig, es geht vielmehr darum, die unterdrückerischen Strukturen zu Fall zu bringen, weshalb das »Vertrauen auf den Sieg« im Bestreben liegt, »die Kapitalisten in ihren ökonomischen und politischen Machtstellungen – das sind die Börsen, die Banken, der Staat selbst – tödlich zu treffen.«[7]

[4] Dieses Manifest ist in deutscher Übersetzung abgedruckt in De Lange 2016, 166–167. Zur Entstehungsgeschichte dieses Dokuments siehe De Lange 2016, 136–138. Für Reflexionen Roland Holsts zu diesem Thema siehe Roland Holst 1915 (inkludiert ebenfalls eine Übersetzung des Manifests). // [5] Roland Holst zit. n. Jochheim 1986, 148. // [6] Roland Holst zit. n. Jochheim 1986, 152. // [7] Roland Holst zit. n. Jochheim 1986, 148.

Pierre Ramus
(1882–1942)

■ **Pierre Ramus** (1882–1942) war ein gewaltfreier Anarchokommunist aus Österreich und einer der herausragenden Theoretiker des gewaltfreien Anarchismus im 20. Jahrhundert. Ramus, der eigentlich Rudolf Großmann hieß, war Herausgeber von anarchistischen Zeitschriften wie *Wohlstand für Alle, Erkenntnis und Befreiung* und *Der Anarchist* und Gründer des Bundes herrschaftsloser Sozialisten, eine der größten anarchistischen Organisationen Österreichs. Für seine kommunistisch-anarchistischen Überzeugungen spielten die Schriften Peter Kropotkins eine große Rolle. Es war wiederum der Anarchismus Leo Tolstois, der für Ramus' Gewaltkritik und seine lebensreformerische Praxis häufig als Bezugspunkt diente. Kropotkin und Tolstoi waren für ihn die »Riesengestalten des Menschengenius«, seine »Lehrmeister« und er forderte »die Arbeiterschaft auf, sich in ihre Werke zu vertiefen, damit in jedem Einzelnen, bei sich selbst, jene Innenrevolution herbeigeführt werde, die ihn dessen bewusst werden lässt, ein neuer Mensch zu sein.«[1] Die AnarchistInnen, das stand für Ramus fest, »sind die einzigen *wirklichen* Sozialisten«.[2] Der Marxismus, den

1 Ramus 1922. // **2** Ramus 1907, 34 (Hervorhebung im Original).

er ohne Unterlass kritisierte, war für ihn nichts weniger als »Irrlehre und Wissenschaftslosigkeit«.[3] Ramus' Gewaltanalyse und -kritik ist auch heute noch in seiner Konsequenz und Kompromisslosigkeit beeindruckend. »Die Gewaltlosigkeit« so ein Kommentar in *Wohlstand für Alle* »ist eine klarere Befreiungstaktik als jede Form der uns geschichtlich bekannten Gewaltbetätigung.«[4] Davon war Ramus zutiefst überzeugt: mit Gewalt ist keine soziale, anarchistische Revolution zu machen. Für ihn waren der Generalstreik, die massenhafte Nicht-Zusammenarbeit mit dem Staat sowie die Schaffung anarchistischer Parallelstrukturen (wie zum Beispiel anarchistische Siedlungen, aber auch die Weiterarbeit in Eigenregie der ArbeiterInnen als revolutionäre Stufe des Generalstreiks) die geeignetsten Mittel für eine gewaltfreie Revolution im Sinne des kommunistischen Anarchismus. Die Untrennbarkeit von Mitteln und Zielen war auch für ihn

3 Im Jahr 1919 erschien von Ramus ein Buch mit eben diesem Titel: »Die Irrlehre und Wissenschaftslosigkeit des Marxismus im Bereich des Sozialismus.« // **4** Das Zitat stammt aus einer vermutlich von Ramus verfassten redaktionellen Anmerkung in »Wohlstand für Alle« zum Artikel »Tolstoi als Revolutionär. Eine Polemik« von Eugen Basaroff. Wohlstand für Alle, 4. Jahrgang, Nr. 3, 8. Feb. 1911. Keine Seitenangabe.

zentral: »Der Anarchismus ist gerade deshalb die einzige vernunftgemäße Betätigung des Menschen, die ersprießlichste Verwertung seiner Energie, weil er Ziel und Mittel miteinander verbindet: das Ziel der Herrschafts- und Gewaltlosigkeit durch das Mittel des Ungehorsames gegenüber den Forderungen und Ansprüchen der Herrschaft, also der Gewalt.« Das anarchistische Revolutionsverständnis war für ihn gerade deshalb ein einzigartiges, weil es für ihn Gewalt ausschloss: »Wir Anarchisten sind die Einzigen, die im Gegensatz zu allen anderen mit Fug und Recht sagen dürfen: Die Revolutionen der Vergangenheit haben sich ausgezeichnet durch die Gewalt, [...] die soziale Revolution der Zukunft wird sich auszeichnen durch ihre Gewaltlosigkeit. Sie hat die Gewalt nicht nötig, denn sie wird getragen von Hunderttausenden und immer mehr werdenden Menschen, die *außerhalb* Lohn- und Staatsabhängigkeit ihr Leben des Friedens und der Freiheit einrichten und alles ausschalten, was sie bisher bedrückte. Sie, die soziale Revolution, hat es nicht notwendig, die Staatsgewalt, gleich den vergangenen Revolutionen, äußerlich und mit Gewaltmitteln des Terrors zu bekämpfen; die soziale Revolution besteht eben darin, dass die Menschen den Staat nicht mehr unterstützen und er dadurch innerlich in seinen Lebenssäften verdorrt und zusammenbricht.«[5] Dem Vorwurf, Anarchismus impliziere Gewalt, begegnete er, mit Verweis auf die inhärente Scheinheiligkeit dieses Arguments, gewohnt wuchtig und leidenschaftlich: »Wer es aber noch einmal wagen sollte, zu behaupten, dass wir Anarchisten Attentäter, Mörder oder sonstige Gewaltsmenschen sind, weil wir Anarchisten sind, dem ätzen wir schon heute das Brandmal der schurkischen Verleumdung in die schamlose Stirn seiner Infamiebehauptung. Denn es steht jenen, die insgesamt für die Gewalt des Staates eintreten, miserabel schlecht an, uns, die wir für die Gewaltlosigkeit der Staatsverneinung – für die Anarchie – kämpfen, mit sich zu identifizieren. Der bloße Schatten ihres Gewaltwesens flößt uns schon tiefsten Ekel und Verachtung ein.«[6]

---

[5] Ramus 1911 (Hervorhebung im Original; im Original gesperrt). // [6] Ramus 1912.

Olga Mísař
(1876–1950)

■ **Olga Mísař** (1876–1950), eine Feministin, libertäre Pazifistin und Antimilitaristin aus Wien, war ab 1919 im gewaltfrei-anarchistischen Bund herrschaftsloser Sozialisten aktiv. Sie wurde zu einer wichtigen Rednerin des Bundes und schrieb regelmäßig für dessen Zeitschrift *Erkenntnis und Befreiung*. Bei der Frauenfriedenskonferenz in Den Haag im Jahre 1915 gehörte sie zu den österreichischen Teilnehmerinnen und sie gilt zudem als eine wichtige Akteurin der Ersten Frauenbewegung in Wien. Mísař engagierte sich in der österreichischen Sektion der War Resisters' International, dem Bund der Kriegsdienstgegner und war die wichtigste Autorin von dessen Organ *Der Kriegsdienstgegner*. Einige Jahre war sie Ratsmitglied der War Resisters' International. Der Bund der Kriegsdienstgegner wurde 1936 während des Austrofaschismus kriminalisiert und zerschlagen. 1939 musste Olga Mísař ins Exil nach England flüchten. Ihr Engagement für den Frieden hatte spätestens ab 1919 eine anarchistische Grundlage. In Abgrenzung zum bürgerlichen Pazifismus könnten laut Mísař KriegsgegnerInnen und PazifistInnen nicht warten, »bis die Diplomaten alten Schlags, die sich so wenig für unsere Ziele interessieren, eines besseren belehrt sind oder bis mit unendlich viel Mühe und Kraftaufwendung

neue Verträge geschlossen sind, die ein anderer Staatsmann vielleicht wieder für einen Fetzen Papier erklären wird.« Man müsse vielmehr durch die Verweigerung des Kriegsdienstes selbst initiativ werden, denn: »Das Volk selbst ist ja der Faktor, der die Kriege wirklich führt, und daher hat es auch die Macht in der Hand, diesen Dienst zu verweigern. Die Diplomaten können nur Kriege beschließen, die militärischen Machthaber können Marschbefehle erteilen – wenn aber das Volk den Gehorsam versagt, so wird nicht gekämpft und die Diplomaten hätten höchstens die Möglichkeit, ihre Kriege untereinander auszukämpfen.« Eine Gesellschaft, »die entschlossen ist, keine Kriege zu führen«, müsse notgedrungen ihre Ziele erreichen, denn es »gibt gar keinen Machtapparat, der sie daran hindern könnte, was immer versucht wird.«[1] Die Ursachen für Kriege tiefgehender analysierend, war ihr Ziel aber gleichzeitig, »die Menschen aufzurütteln aus ihrer Ergebenheit in Knechtschaft, Unterdrückung und Gewalt«, wobei für sie auch außer Zweifel stand, dass »nur eine sozialistische Wirtschafts- und Gesellschaftsordnung die tiefsten Ursachen der Kriege

1 Misař 1922, 247 f.

beseitigen wird.« Der »Volkswille« sei stets stärker als »Maschinengewehre und Kanonen«.[2] Neben der Verweigerung des Kriegsdienstes und der Nicht-Zusammenarbeit mit dem Staat war es auch der Streik, der laut Misař als gewaltfreie Kampfmaßnahme gegen Krieg und Militarismus eingesetzt werden sollte: »Die Arbeiter beherrschen das ganze Wirtschaftsleben, sie produzieren alles, was zum Leben unentbehrlich ist. Wenn sie ihre Arbeit verweigern und zum Generalstreik greifen, wenn sie durch Vernichtung der Waffen den Krieg sabotieren, so sind sie stärker als jeder Gegner.«[3]

2 Misař 1925, 245 f. // **3** Misař 1925, 245.

Franz Prisching
(1864-1919)

■ »Wer [...] glaubt, durch Gewalt zur Freiheit zu gelangen, der muss von Freiheit verdammt niedrige Begriffe haben«[1], so der christliche Anarchopazifist **Franz Prisching** (1864-1919) aus der Steiermark in Österreich. Prisching war ein Vertreter der selbst- und lebensreformerischen Bewegungen, Vegetarier, Alkoholgegner und Anhänger der Lehren Tolstois, obwohl er sich stets dagegen wehrte, als »Tolstoianer« bezeichnet zu werden – er sei höchstens ein »Selberaner«. Seine Ansichten verbreitete er durch die anarchistische Zeitschrift *Der G'rode Michl*, dessen Gründer und Herausgeber er war.[2] Gemäß seines anarchistischen Verständnisses des Christentums waren für ihn das christliche Reich Gottes und die Anarchie identisch: »Weder der Reichtum noch die Armut [ist] von Gott gewollt«, sondern vielmehr »ein Zustand, wo alle arbeiten und auch essen, ein Zustand, wo es weder Reiche noch Arme, sondern Menschen gibt, die in Wohlstand als Brüder und Schwestern eine für alle und alle für einen leben. Auf den Namen kommt es gar nicht an; die einen nennen es das Reich Gottes

---

1 Prisching zit. n. Müller 2006, 210. // **2** Für eine Studie zu der Zeitschrift siehe Lammerhuber 1993. Ausführliche Textauszüge finden sich in Müller 2006, 183-294.

auf Erden, die anderen sagen, es sei die Anarchie.«[3] Die Revolutionierung des Ichs, der eigenen Persönlichkeit, des eigenen Lebens, war für ihn zentral. Die Freiheit käme nicht »von außen angeflogen«, denn wer »die Freiheit nicht in sich selbst findet, der wird sie nie finden. Herdenvieh braucht einen Leithammel.«[4] »Marionetten und Drahtzieher« habe die Welt genug, »schaffen wir selbstständige Charaktere, solche tun dringend Not«[5], um mit dem Anarchismus »die Menschheit zu lichternen Höhen empor[zu]führen, als dies jemals ein Autoritätsprinzip vermocht«[6], so Prisching mit dem für die damalige Zeit üblichen Pathos. Ganz im Sinne gewaltfrei-anarchistischer Theorie verband er Herrschafts- mit Gewaltkritik und betrachtete beides als essenzielle, voneinander untrennbare Aspekte des Anarchismus: »Was die Anarchisten wollen, ja, das ist mit ein paar Worten kaum zu sagen. ›Anarchie‹ heißt ›gegen die Herrschaft‹, besser gesagt, ›Herrschaftslosigkeit‹; der Anarchist will also von jeder wie immer sich nennenden Herrschaft los, frei sein. Da jede Herrschaft die Gewalt zur Grundlage

---

[3] Prisching zit. n. Müller 2006, 184. // [4] Prisching zit. n. Müller 2006, 225. // [5] Prisching zit. n. Müller 2006, 267. // [6] Prisching zit. n. Müller 2006, 268.

hat, das heißt, ohne Gewalt keine Herrschaft möglich ist, so ist der Anarchist ein Gegner der Gewalt; er erstrebt daher die Gewaltlosigkeit, erst dann ist der Bestand der Herrschaftslosigkeit, der vollen Freiheit gesichert.«[7]

[7] Prisching zit. n. Müller 2006, 184.

Margarethe Hardegger
(1882–1963)

■ **Margarethe Hardegger** (1882–1963) war eine Gewerkschafterin, Frauenrechtlerin, Antimilitaristin und Anarchistin aus der Schweiz. 1908 war sie neben Anarchisten wie Gustav Landauer, Erich Mühsam und dem libertären Philosophen Martin Buber ein Gründungsmitglied des Sozialistischen Bundes. Sie war Herausgeberin der Zeitschriften *Die Vorkämpferin* (1906) und *L'Exploitée* (1907). 1904 wurde sie zur Sekretärin des Schweizerischen Gewerkschaftsbundes gewählt, wo sie versuchte, die antimilitaristischen und syndikalistischen Strömungen zu stärken. In ihrer Funktion als Gewerkschaftssekretärin warb sie insbesondere auch für den Eintritt von Frauen in die Gewerkschaft. 1907 war sie aktiv am ersten Frauenstreik der Schweizer Geschichte beteiligt. Neben ihrer Gewerkschaftstätigkeit war sie zudem in der von dem Anarchisten Fritz Brupbacher 1905 in Zürich gegründeten Antimilitaristischen Liga aktiv, die sich für die völlige Abschaffung des Heeres einsetzte. Hardegger schmuggelte auch illegales, antimilitaristisches Material zu Pierre Ramus nach Österreich. Zur gleichen Zeit begann sie im Kreis der anarchistischen Gruppe Weckruf in Zürich aktiv zu sein. Der Schweizer Anarchist James Guillaume, mit dem sie eine Freundschaft verband, schrieb von ihr in den höchsten Tönen.

Er beschrieb sie als »gefühlvolle und enthusiastische Frau«, die das »heilige Feuer« in sich habe und die »Grundideen des revolutionären Syndikalismus« sowohl »mit ihrem Herzen als auch mit ihrem Verstand« erfasst hätte.[1] In München schloss sich Margarethe Hardegger der Gruppe Tat von Erich Mühsam an und versuchte, das sogenannte Lumpenproletariat und Prostituierte für die anarchistische Sache zu gewinnen. 1915 wurde sie wegen »Beihilfe zur Abtreibung« zu 12 Monaten Gefängnis verurteilt. Zudem setzte sie sich für sexuelle Aufklärung und für die Verbreitung von Verhütungsmitteln ein, wofür sie schon vor dieser 12-monatigen Haftstrafe ebenfalls verhaftet wurde. Ab 1918 war sie verstärkt in der SiedlerInnenbewegung aktiv und trat als eine Fürsprecherin der freien Liebe auf. Während des Spanischen Bürgerkriegs und der Herrschaft der Nationalsozialisten unterstützte sie sowohl spanische als auch deutsche Kriegsflüchtlinge und nahm sie teilweise bei sich Zuhause auf. Nach dem Zweiten Weltkrieg war sie vor allem in der Frauen-Friedensbewegung engagiert.

[1] Guillaume zit. n. Bochsler 2004, 68.

Fritz Oerter
(1869–1935)

■ »Es ist eine Dummheit, zu glauben, die Gewalt könne immer nur wieder mit Gewalt überwunden werden«, schrieb der Anarchosyndikalist **Fritz Oerter** (1869–1935). Oerter, der Mitglied der Freien Arbeiter-Union Deutschlands (FAUD) war, hat sich mit der Gewaltfrage aus anarchosyndikalistischer Perspektive ausführlich beschäftigt und gilt deshalb als ein bedeutender gewaltfrei-anarchistischer Theoretiker aus dieser anarchistischen Strömung. Schlüssig legte er dar, welche Mittel mit welcher Begründung im Kampf für den Anarchosyndikalismus und den herrschaftslosen Sozialismus zum Einsatz kommen sollten: »Wer die politische Macht und die Diktatur will, muss auch die Mittel hierzu, Militär und Waffen, wollen, ohne welche sich die politische Macht weder erringen noch behaupten lässt. Wir sind der Überzeugung, dass der Weg der Gewalt der allerungeeignetste ist und dass sich eine Macht nicht dauernd bewahren lässt, die sich statt auf den Geist der Solidarität auf die Gewalt stützt. Der Syndikalismus, der nicht auf die politische Macht versessen ist, weil sie ja doch nur eine Folge der wirtschaftlichen ist, kann auf militärische Machtmittel ohne weiteres verzichten.« Wenn die ArbeiterInnen und (Anarcho)SyndikalistInnen »die Gewalt als das größte Übel unserer

schrecklichen Zeit erkannt haben, werden wir uns nie und nimmer solidarisch erklären können mit solchen, die sie anbeten und verherrlichen, oder gar mit solchen, die sie in menschenunwürdigster Weise ausüben und ausgeübt haben. Aber wir werden uns sofort mit allen zusammenschließen, die den festen Willen haben, aus dem Sumpf und Chaos herauszukommen. Wir können uns sehr wohl eine Gesellschaft denken, wo die Gewalt völlig ausgeschaltet ist.«[1] Ein Proletariat, das sich für die Idee der bewaffneten Revolution begeistern ließ, war für ihn ein Indiz dafür, dass es (noch) von der Staatsidee und von autoritär-sozialistischen Überzeugungen beeinflusst ist, da dieser Kampf primär ein brauchbares Mittel zur Eroberung der politischen Macht darstellt, an welcher AnarchistInnen jedoch absolut nicht interessiert seien. Ein antistaatlicher, herrschaftsloser Sozialismus – also Anarchismus – müsse sich, wie er es nannte, auf gewaltfreie »wirtschaftliche Kampfmittel« wie »den Solidaritätsstreik, den Generalstreik, den Boykott, die Sabotage und die vielen anderen Mittel der direkten Aktion« verlassen, nicht auf gewaltsame, bewaffnet-militärische »politische

1 Oerter zit. n. Münster 1990b.

Kampfmittel«. Daher ist für ihn die Entwicklung einer revolutionären Gewaltkritik in den eigenen (proletarischen/syndikalistischen/sozialistischen/anarchistischen) Reihen unumgänglich, denn »[e]inen Sozialismus, dem durch das Maschinengewehr der Weg bereitet werden könnte, gibt es nicht.«² Es sei »eine Heuchelei und Falschheit sondergleichen, die Anwendung der Gewalt nur zu verurteilen, wenn sie von Oben kommt und mich oder meine Freunde trifft, sie nur dann zu verwerfen, wenn sie von einer fremden Nation, von einer anderen Klasse, von einer anderen Partei verübt wird, – aber sie zu verteidigen, sobald sich meine Partei, Klasse oder Nation irgendeinen Erfolg davon verspricht.« Oerter hoffte auf die Erkenntnis unter den RevolutionärInnen, dass »die Tendenz, der Gewalt stets Gewalt entgegenzusetzen, immer wieder zu den gleichen progressiv ansteigenden Scheußlichkeiten führen muss, wozu sie bisher geführt hat.«³ Er prangerte aber auch zum Beispiel häusliche Gewalt sowie strukturelle Gewaltverhältnisse an und nannte Letzteres »indirekte Gewalt«, welche »nicht minder grausam« sei als die direkte, physische Gewalt. Unter indirekte Gewalt zählte er »Verfolgung, Maßregelung, Freiheitsstrafen, Ächtungen, die Lohndrückerei usw., kurz, Mittel, die den Geist einschüchtern, den Mut herabstimmen und den Menschen gefügig machen sollen.« Auch den Kapitalismus, »der durch den Staat regiert«, reihte er in diese Formen struktureller Gewalt ein und betrachtete ihn als »gewohnheitsmäßigen Massenwürger, als die Verkörperung des Todes und der Gewalt in hässlichster Form.«⁴ Der Vorstellung oder dem Vorwurf, das für SyndikalistInnen zentrale Kampfmittel des Streiks gehe auch mit Gewalt einher, widersprach er leidenschaftlich: »Das ist nicht wahr, das ist Lüge und Entstellung. Er [der Streik] ist geradezu das Gegenteil, die absolute Verhinderung der Gewalt.«⁵

2 Oerter 1920, 4. // **3** Oerter zit. n. Münster 1990b. // **4** Oerter 1920, 3. // **5** Oerter zit. n. Münster 1990c.

Franz Barwich
(1878–1955)

■ **Franz Barwich** (1878–1955) vertrat neben zahlreichen anderen in der anarchosyndikalistischen Freien Arbeiter-Union Deutschlands (FAUD) eine gewaltfreie Linie. »Wir Syndikalisten«, schreibt Barwich im FAUD-Organ *Der Syndikalist,* »sind prinzipielle Gegner jeder Art Militarismus und stehen auf dem Standpunkt, dass nur durch Anwendung wirtschaftlicher und geistiger Kampfmittel, vornehmlich des Generalstreiks, die Macht der herrschenden Klassen und des Staates gebrochen werden kann!« Dieser Generalstreik war für Barwich aber notwendigerweise gewaltfrei. Eine streikende ArbeiterInnenschaft, die sich gleichzeitig bewaffnete und militarisierte, lehnte er entschieden ab. Während des Kapp-Putsches 1920 kritisierte er genau diese Entwicklung, also unter anderem die sich gegen den Putsch organisierende Rote Ruhrarmee: »Der Generalstreik und der sich daran anschließende bewaffnete Aufstand haben […] aufs klarste bewiesen, dass die bewaffnete Aktion kein geeignetes Mittel zur Niederringung der militärischen Gewalt ist, dass im Gegenteil die *Gewaltlosigkeit* das einzige Mittel ist, welches die Gewalt zu überwinden vermag. Der Generalstreik war solange siegreich, als er geschlossen geführt wurde und die Arbeiter rein örtlich das meuternde Militär entwaffneten.« Das Aktivwerden

der Roten Ruhrarmee hätte jedoch »das Schicksal des Generalstreiks besiegelt. […] Nach unseren Grundsätzen hätten überall nach Entwaffnung des Militärs die Waffen vernichtet werden müssen, ebenso durften keine neuen Waffen und keine Munition mehr hergestellt werden. Bis jetzt sind mit den Waffen nur immer die Arbeiter massenhaft hingemordet worden.« Dass sich teilweise dennoch SyndikalistInnen an den bewaffneten Aktionen beteiligten, führt er darauf zurück, dass »die meisten unserer Mitglieder [der FAUD; S. K.] im Ruhrgebiet heute noch gleichzeitig der USPD [Unabhängige Sozialdemokratische Partei Deutschlands; S. K.] oder der KPD [Kommunistische Partei Deutschlands; S. K.] angehören und dass sie von den syndikalistischen Ideen nicht genügend durchdrungen sind.« Die »syndikalistischen Ideen« unterschieden sich für Barwich also auch darin von linker Parteipolitik, dass sich Erstere eben *nicht* gewalttätig-militärischer Mittel bediente, weil diese als hinderlich für die anarchosyndikalistischen Ziele angesehen wurden, als Widerspruch zu den Idealen des revolutionären Syndikalismus und Anarchosyndikalismus.[1]

1 Barwich zit. n. Münster 1990a, 12 f. (Hervorhebung im Original).

Augustin Souchy
(1892–1984)

■ »Der Grundsatz der Gewaltlosigkeit ist dem Anarchismus inhärent, er gehört zum Wesen der Herrschaftslosigkeit.«[1] Von dieser klassischen Sichtweise des gewaltfreien Anarchismus war **Augustin Souchy** (1892–1984) überzeugt. Souchy war im Laufe seines Lebens weltweit (unter anderem Deutschland, Österreich, Schweden, Spanien, Mexiko, Kuba, Israel) speziell in der antimilitaristischen und anarchosyndikalistischen Bewegung aktiv und konnte in seinen Analysen auf einen beeindruckenden Fundus persönlicher Erfahrung zurückgreifen, was revolutionäre Umbrüche und Kämpfe im 20. Jahrhundert anlangte. In seinem Anarchismusverständnis stark beeinflusst wurde er von Peter Kropotkin sowie von Gustav Landauer. Als Jugendlicher trat er dem Sozialistischen Bund bei, später der anarchosyndikalistischen Freien Arbeiter-Union Deutschlands (FAUD). Gemeinsam mit Alexander Schapiro und Rudolf Rocker war er ab 1922 Sekretär der Syndikalistischen Internationale, später Leiter der Abteilung für internationale Information der CNT in Spanien. Wie Landauer unterzog auch er den Marxismus und den autoritären (Staats-)Sozialismus

1 Souchy 1977, 240.

einer harschen anarchistischen Kritik. Dem Leitspruch der Außerparlamentarischen Opposition (APO), »Marx und Bakunin in einer Front«, konnte er nichts abgewinnen; diese beiden sozialistischen Traditionen ließen sich für ihn nicht verbinden oder »in eine Front« stellen. »Alle von der marxistischen Ideologie inspirierten Revolutionen des 20. Jahrhunderts«, so zeigt sich Souchy, nicht zuletzt aufgrund seiner eigenen Erfahrungen zum Beispiel auf Kuba oder in Russland, überzeugt, »endeten in Diktaturen«. Durch »Revolution zur Macht gekommene Herrschaftseliten« seien zwar »neu, aber nicht besser als traditionelle Herrschaftseliten. Wer mit Gewalt die Macht erobert, muss seine Macht mit Gewalt verteidigen«[2] – und in solch einem Revolutionsverständnis sah er einen Grundwiderspruch zum anarchistischen Sozialismus. Ähnlich wie schon Michael Bakunin proklamiert hatte, meinte er: »Freiheit ohne Sozialismus führt zur Ausbeutung. Sozialismus ohne Freiheit zur Unterdrückung.«[3] Seine drei Grundprinzipien lauteten: 1. Wohlstand für alle. 2. Die Freiheit des Einzelnen. 3. Die Achtung der Menschenwürde. Für Souchy war Anarchismus

2 Souchy 1975, 253. // **3** Souchy 1981, 34.

»nur gewaltfrei denkbar«. Anarchie sei, so Souchy, »Gesetz und Ordnung ohne Gewalt. Mit Gewalt kann man eine Ordnung niederschlagen, beseitigen. Mit Gewalt kann man auch eine neue Ordnung aufrichten, aber mit Gewalt kann man keine freie Gesellschaft schaffen.«[4] »Anarchie« so Souchy, sei eine »gewaltlose Ordnung anstelle der organisierten Gewalt«[5], sie sei »nur bei Abwesenheit von Gewalt und Terror möglich«.[6]

4 Souchy 1983. // **5** Souchy 1981, 35. // **6** Souchy zit. n. Degen/Knoblauch 2010, 12.

Ernst Friedrich
(1894–1967)

■ Ein unermüdlicher anarchopazifistischer Aktivist war **Ernst Friedrich** (1894–1967). In seiner Jugend war er noch bei der SPD, nach deren Unterstützung des Ersten Weltkriegs wandte er sich jedoch von ihr ab und bald sollte er im Anarchismus seine politische Heimat finden. Friedrich gründete 1919 eine eigene anarchistische Jugendgruppe namens Freie Jugend. Die dazugehörige Zeitschrift gleichen Namens existierte bis 1926. Neben der *Freien Jugend* war Friedrich Herausgeber der anarchistischen Zeitschrift *Die Schwarze Fahne* (1925–1929). Während des Ersten Weltkriegs wurde er aufgrund seiner Kriegsdienstverweigerung und eines Sabotageaktes inhaftiert und in die Psychiatrie gesteckt. Durch seine politische Tätigkeit handelte er sich immer wieder Gefängnisstrafen ein. In den 1920er-Jahren wurde er »nicht weniger als zwölfmal zu Gefängnisstrafen zwischen einem Monat und einem Jahr verurteilt [...]. Immer wieder ging es dabei um antimilitaristische Aufwiegelung oder Beleidigung.«[1] In seinem Buch *Krieg dem Kriege*, das 1924 erstmals erschienen ist, wollte Friedrich mit erschütternden Bildern und Berichten auf die Grauen des Krieges

[1] Krumreich 2015, XVIII.

aufmerksam machen. Besonders wichtig erschien ihm, bereits Kinder und Jugendliche im Sinne des Friedens und der Gewaltfreiheit zu erziehen – er schrieb hierzu auch ein Kinderbuch. 1925 gründete er das Anti-Kriegs-Museum in Berlin, das 1933 von den Nazis zerstört und in ein SA-Heim umgewandelt wurde. Während der NS-Zeit wurde er von den Nazis in »Schutzhaft« genommen und im KZ-Oranienburg interniert. Ihm gelang schließlich die Flucht und er schloss sich in Frankreich der Résistance an. Friedrich, der »Schauspieler, Buchdrucker, Agitator, Künstler, Schriftsteller, Tolstoianer, Sozialist, Handwerker, Pädagoge, Revolutionär, Anarchist und – Visionär«[2] starb 1967 im französischen Exil. Die Quintessenz des anarchistischen Pazifismus brachte er prägnant auf den Punkt: »Das System ist es, das weg muss, das Staatssystem! Das Wesen jeden Staates (mag es sich monarchistisch, republikanisch oder bolschewistisch gebärden) ist immer Gewalt und Unterdrückung! Und so lange es diese Staaten gibt, so lange wird es auch Kriege geben! Kriege nicht nur zwischen den einzelnen Staaten, sondern auch sogenannte ›Bürgerkriege‹ [...]. Kämpft

2 Oelze/Spree 2015, LXXI.

gegen den Kapitalismus, und ihr kämpft gegen den Krieg! Kämpft gegen den Mörder-Staat, und ihr kämpft für den Frieden! Es lebe der Mensch, der frei schaffende Mensch, aufgebaut auf einer Gesellschaftsordnung, deren Lebensnerv in gegenseitiger Hilfe und Liebe liegt und nicht in gegenseitigem Betrug und Hass!«[3]

---

[3] Friedrich zit. n. Oelze/Spree 2015, XLIX.

Bart de Ligt
(1883-1938)

■ »Je mehr Gewalt, desto weniger Revolution.«[1] Diese zentrale Losung des gewaltfreien Anarchismus stammt von **Bart de Ligt** (1883–1938). De Ligt gilt als eine prägende Figur des niederländischen Anarchismus und für gewaltfrei-anarchistische Theorie und Praxis im Allgemeinen. Zu seinen einflussreichsten Büchern zählen *The Conquest of Violence: an Essay on War and Revolution* sowie *Vrede als Daad* (Friede als Tat), in denen er sich ausführlich mit antimilitaristischer direkter Aktion beschäftigt. Diese »Lehrbücher der gewaltfreien Revolution« führten dazu, dass viele PazifistInnen radikalere, gewaltfrei-anarchistische Positionen übernahmen: »Wir kämpfen für die Beseitigung aller Ursachen des Kriegs; wir kämpfen aber nicht für einen kapitalistischen Frieden«[2], so De Ligt an die Adresse bürgerlicher PazifistInnen. Der »bürgerliche Pazifismus« war für ihn »haltlos« und eine »Absurdität«, da er die ausbeuterischen Klassenverhältnisse durch Gewalt und Krieg aufrechterhalten und gestützt sah. Ohne Krieg oder die Androhung davon würde das kapitalistische System nicht funktionieren. »Krieg, Kapitalismus und Imperialismus« formen laut De

1 De Ligt 1989, 162. **// 2** De Ligt zit. n. Van den Dungen 1989, xxii.

Ligt eine »wahrhafte Dreieinigkeit«.³ Die Kriegsdienstverweigerung und der Generalstreik, diese »pazifistische Waffe«⁴, waren für ihn die besten Mittel gegen Krieg: »Die Kapitalisten machen den Krieg, aber die Proletarier ermöglichen ihn.«⁵ Auf der Konferenz der War Resisters' International des Jahres 1934 stellte er seinen »Kampfplan gegen Krieg und Kriegsvorbereitung« vor.⁶ In diesem Dokument legte er dar, wie durch Boykott, Nicht-Kooperation und Sabotage in den unterschiedlichsten gesellschaftlichen Bereichen die Kriegsmaschinerie ohne den Rückgriff auf Gewalt gegen Menschen gestoppt werden kann. Bart de Ligt kam früh mit dem Anarchismus in Berührung, entdeckte die Schriften von Michael Bakunin, Peter Kropotkin, Pierre-Joseph Proudhon und Étienne de La Boétie. Seine Schwester, Hillegonda de Ligt, übersetzte Étienne de La Boéties *Von der freiwilligen Knechtschaft* ins Niederländische und Bart de Ligt schrieb dafür das Vorwort. Dieser

3 De Ligt 1989, 64. // **4** De Ligt 1989, 112. Er zitiert hier französische SyndikalistInnen aus dem Jahr 1901, die den Generalstreik so bezeichnet haben. // **5** De Ligt zit. n. Van den Dungen 1989, xv. // **6** Für eine deutschsprachige, gekürzte Fassung dieses Dokuments (und mit einer Liste der Publikationen De Ligts in deutscher Sprache versehen) siehe Redaktion Graswurzelrevolution 1986, 38–43.

gewaltfrei-anarchistische Klassiker war für ihn »ein Gegenmittel zum modernen System der Staatssklaverei und dem Gewaltkult, die dieses mit sich bringt, sowie gegen den Aufstieg des Faschismus und gegen die messianischen Erwartungen, die an den Leninismus und Stalinismus geknüpft wurden; in einem Wort, ein Gegenmittel gegen sämtliche Formen inhumaner Sklaverei.« Für De Ligt beinhaltete dieses Buch »bereits die Botschaft, die später von Godwin, Proudhon, Bakunin, Tolstoi und anderen Anarchisten vertreten wurde, dass nämlich die Antwort auf menschliche Herrschaft und Ausbeutung im Grunde genommen innerhalb und nicht außerhalb des Individuums angesiedelt ist: dass es in Wirklichkeit keine Tyrannen, sondern lediglich Sklaven gibt.«[7] Er galt auch als ein Brückenbauer zwischen religiös-anarchistischen, libertär-sozialistischen und revolutionär-antimilitaristischen Strömungen, ohne dabei seine gewaltfrei-anarchistischen und revolutionär-antimilitaristischen Positionen verwässert zu haben. De Ligt stand im – durchaus kritischen – Briefwechsel mit Gandhi und schlug »asiatische« Kampfmittel (so bezeichnete er gewaltfreie Massenaktionen in Indien) als beispielgebend auch für die europäische Arbeiterbewegung vor, wobei er betonte, dass die westliche Arbeiterbewegung durchaus ihre eigenständige Tradition des gewaltfreien Kampfes hat. So verweist er zum Beispiel auf ein Lied, das von französischen SyndikalistInnen um 1900 gesungen wurde. Hier heißt es u. a.:

Ce n'est pas à coup de mitraille
Que le capital tu vaincras.
Non, car pour gagner la bataille,
Tu n'auras qu'à croiser les bras!

Pour la chute fatale
Des exploiteurs tyrans,
La grève générale
Nous fera triomphants![8]

---

7 Van den Dungen 1989, xiv. // **8** De Ligt 1989, 112. Deutsch: Nicht durch Kugelhagel wirst du das Kapital besiegen. Nein, denn um die Schlacht zu gewinnen, musst du nur deine Arme verschränken. Für den Sturz der tyrannischen Ausbeuter! Der Generalstreik wird uns zum Sieg führen!

Was er propagierte, war also der gewaltfreie Klassen*kampf*, den er vom gewaltsamen, militärisch ausgetragenen Klassen*krieg*, den er ablehnte, unterschied: »Wir, Widerständler gegen den Krieg, akzeptieren den Klassenkampf, aber wir akzeptieren keinen Klassenkrieg«, so De Ligt anlässlich einer Diskussion zum Spanischen Bürgerkrieg. »Wenn wir in irgendeinem Fall von Klassenkrieg auf unseren gewaltfreien Kampf verzichten«, so De Ligt weiter, »und ›vorläufig‹ die gewaltsame Aktion akzeptieren, wird das Ergebnis eine andauernde Akzeptanz des Krieges im Namen der Revolution und eine systematische Unterhöhlung der Revolution durch die ungeeignetsten Mittel sein.«[9]

---

9 De Ligt zit. n. Aranburu 1996. Zu De Ligt allgemein siehe auch Lehning 1988; Arnold 2011; Jochheim 1977.

Hem Day
(1902–1969)

■ »Anarchismus ist Ordnung ohne Regierung, ist Friede ohne Gewalt«[1], meinte der gewaltfreie Anarchist **Hem Day** (1902–1969; bürgerlicher Name Marcel Dieu). Schon früh engagierte er sich in der anarchistischen Szene Belgiens, war beteiligt an Solidaritätskampagnen gegen die Hinrichtungen der Anarchisten Sacco und Vanzetti und setzte sich für nach Belgien geflüchtete spanische AnarchistInnen ein. Day war gemeinsam mit dem libertären Pazifisten Léo Campion, der auch Sekretär der belgischen Sektion der War Resisters' International war, 1933 der erste Kriegsdienstverweigerer Belgiens. Der Verhaftung wegen ihrer Kriegsdienstverweigerung folgte ein spektakulärer Prozess, in dem Day sich kämpferisch zeigte. »Ich rede hier zu Ihnen, meine Herren, nicht als Angeklagter, sondern als Ankläger«[2], ließ er das Gericht unverblümt wissen. Er wurde zu zwei Jahren Haft verurteilt. Day und Campion begannen daraufhin einen Hungerstreik, was so hohe Wellen schlug, dass sie tatsächlich vorzeitig entlassen wurden. Day war die treibende Kraft hinter der Zeitschrift *Pensée et Action* (Denken und Aktion) und Inhaber der

1 Day 1951. // **2** Day zit. n. Beckaert 2015.

anarchistischen Buchhandlung Aux Joies de l'Esprit (Die Wonnen des Geistes). In diesem Brüsseler Buchladen trafen sich RevolutionärInnen und AktivistInnen unterschiedlichster Herkunft, sowohl geografisch als auch politisch: »italienische AntifaschistInnen in den Dreißigerjahren, spanische ExilanarchistInnen und französische Deserteure, aus Militärgefängnissen im Jahre 1939 geflohene Deutsche, antinazistische Juden und Deutsche in den Zeiten schlimmster Repression, nach dem Zweiten Weltkrieg französische Fahnenflüchtige aus dem Indochinakrieg und dem Algerienkrieg.«[3] Ein Ereignis war für seine Gewaltfreiheit ausschlaggebend: 1937 ging Hem Day nach Spanien, um sich der Spanischen Revolution anzuschließen. Die Erfahrungen des Bürgerkriegs ernüchterten und schockierten ihn jedoch, sodass er von der »schreckliche[n] Erfahrung gereift« aus Spanien zurückkehrte, »überzeugt davon [...], dass Gewaltanwendung in der Revolution nutzlos war.«[4] Fortan war er ein entschiedener Verfechter der Gewaltfreiheit und der gewaltfreien Revolution. »Das Prinzip der gewaltsamen Revolution«, so Day, »führt zur Diktatur der Sieger«,

[3] Beckaert 2015. // [4] Beckaert 2015.

nichts jedoch »könnte mehr im Widerspruch zum Ideal von uns gewaltfreien AnarchistInnen stehen.«[5] Zu seinen Erfahrungen und Einsichten meinte er später: »Eine Revolution mit den Mitteln extremer Gewalt durchzuführen, erscheint heute auf schreckliche Weise absurd. Genauso absurd wie der Krieg selbst. Die gegenseitige Abhängigkeit der Staaten sowie die monströse Wirksamkeit der Destruktionsmittel machen den Rückgriff auf die extreme kollektive Gewalt zur Katastrophe. Nicht nur, dass sie die Bevölkerung, die sich ihr hingibt, Folterqualen aussetzt, sondern sie bedroht auch den Frieden der anderen Völker. Es erscheint uns daher notwendig, sie nicht nur zu verurteilen, sondern auch die zu großen Risiken, ja die Verrücktheit, die damit verbunden sind, aufzuzeigen. Stattdessen müssen wir eine andere Kampfmethode empfehlen, um den Kapitalismus zu besiegen oder den Faschismus niederzuringen. Diese Kampfmethode muss einzig auf der so umfassend wie möglich durchgeführten Nicht-Zusammenarbeit gegründet sein.«[6] Wenn man die »Klassiker der direkten Aktion, des Syndikalismus, Sozialismus und Anarchismus« lese und diese nach einem halben Jahrhundert sozialer Evolution neu reflektiert, so steht für Day fest, dass diese Strömungen sich der »Schlacke der Politik und der Gewalt« entledigen müssten. Sämtliche »Spuren des Zwangs und der Gewalt« müssten »zugunsten der Solidarität« verschwinden. »Der gewaltfreie Kampf setzt sich mehr und mehr durch, um unsere Feinde zu besiegen und eine Gesellschaft zu schaffen, die der Anarchie entgegenschreitet«, so Day zuversichtlich.[7]

5 Day 1968. // **6** Day zit. n. Beckaert 2015. // **7** Day 1968.

Amparo Poch y Gascón
(1902–1968)

■ Als ab 1936 gegen den Franco-Putsch in Spanien die anarchosyndikalistischen Verbände und anarchistischen Gruppen die soziale Revolution mit Kollektivierungen von Betrieben und einer weitgehenden Umgestaltung des Alltags besonders in Katalonien und anderen Gebieten, in denen diese Gruppen stark waren, einleiteten, in anderen Teilen Spaniens republikanische und sozialistische Gruppen den Abwehrkampf dominierten, auf Seiten der Franco-Truppen auch italienische Faschisten und deutsche Nationalsozialisten intervenierten, in den republikanischen Gebieten der Einfluss der KP und der stalinistischen Beeinflussung wuchs, wurde die sozialrevolutionäre und antifaschistische Bewegung mehr und mehr durch militärstrategische und diktatorische Konzepte deformiert. Aber es gab selbst in diesem mörderischen Kontext pazifistische und gewaltfreie Persönlichkeiten und Kräfte, die gegen den Faschismus und für die republikanische, sozialistische und anarchosyndikalistische Sache eintraten. Eine davon war die Anarchafeministin, Antifaschistin und Pazifistin **Amparo Poch y Gascón** (1902–1968). Sie war in der anarchosyndikalistischen Bewegung aktiv und neben Lucía Sánchez Saornil und Mercedes Comaposada eine der Gründerinnen der anarchistischen Frauenorganisation

Mujeres Libres. Diese Organisation hatte bis zu 30000 Mitglieder und verband in ihrem Kampf die soziale Revolution mit der Befreiung der Frau. Die drei Anarchistinnen wurden zur Gründung dieser Gruppe angespornt durch ihre oftmals negativen »früheren Erfahrungen in männlich dominierten Organisationen der anarchosyndikalistischen Bewegung«.[1] Als anarchistische Feministin trat Amparo Poch y Gascón für die freie Liebe und gegen die männliche Kontrolle weiblicher Sexualität und patriarchale Dominanz im Allgemeinen ein. Von Beruf war sie Ärztin und eine der ersten Frauen in Spanien, die Medizin studiert hatte. Mit diesem beruflichen und politischen Background schrieb sie Artikel und hielt Vorträge zu Sexualität, Verhütung und Schwangerschaftsabbruch, aber auch zu Themen wie Mutterschaft und Kindererziehung in Schulen, Universitäten und anarchistischen Bildungshäusern (sogenannten Ateneos). Zudem half sie als Medizinerin vor allem den ArbeiterInnen, die sich eine adäquate medizinische Behandlung oft nur schwer leisten konnten. 1934 wurde sie Teil des Gesundheitssyndikats der anarchosyndikalistischen Gewerkschaft

[1] Ackelsberg 2005, 123.

CNT in Madrid. In der Revolution von 1936 wurde sie unter Gesundheitsministerin Federica Montseny Leiterin der Sozialhilfe. Als solche war sie auch verantwortlich für die »Liberatorios de prostitución«, Häuser für Prostituierte, in denen diese gesundheitlich betreut wurden, auf Wunsch eine Psychotherapie machen sowie eine Berufsausbildung absolvieren konnten, um zu wirtschaftlicher Unabhängigkeit zu gelangen. Sie war auch Mitglied der antimilitaristischen Organisation Orden del Olivio sowie der Spanischen Liga der Kriegsgegner (Liga Española de Refractarios a la Guerra), die als spanischer Zweig der War Resisters' International (WRI) fungierte und deren Präsidentin sie war. Obwohl die Spanische Liga der Kriegsgegner Gewalt kategorisch und prinzipiell ablehnten, ergriff sie offen Partei für die republikanische Seite und umgekehrt unterstütze auch die CNT die Arbeit dieser Organisation. Im Bürgerkrieg organisierten diese Gruppierungen primär humanitäre Hilfe für die Zivilbevölkerung, Kriegsflüchtlinge und Kriegswaisen. Sie betrachteten dies als »konstruktive Arbeit [...] im Namen des Pazifismus«.[2] Amparo Poch y Gascón half auch dabei, Kinder aus dem Bürgerkriegsgebiet in das sichere Ausland zu schleusen und gründete freie Schulen, welche die repressiven, kirchlich geführten Waisenhäuser ersetzten. Einen Tag nach Kriegsbeginn, am 18. Juli 1936, sollte Amparo Poch y Gascón noch, gemeinsam mit zahlreichen namhaften Persönlichkeiten der anarchistischen Bewegung wie Hem Day, Augustin Souchy, Bart de Ligt und Federica Montseny, als Rednerin – und als spanische Repräsentantin der WRI – an einer Antikriegsdemonstration in Barcelona teilnehmen, die jedoch aufgrund des anrollenden Kriegs nicht mehr stattfinden konnte. Viele wurden durch die Kriegsereignisse und im militärischen Kampf brutalisiert, sie aber blieb »[b]is zum Schluss [...] im blutigen Irrsinn des Kriegs und der keineswegs gewaltfreien Revolution eine überzeugte gewaltfreie Anarchistin«, so Martin Baxmeyer.[3] Für sie war kein Krieg »ehrwürdig« und keine Gewalt »vernünftig« oder »gerecht«, denn all dies hätte lediglich Herrschaft zum Ziel – oder wie es ihre Mujeres-Libres-Mitkämpferin Lucia Sánches Saornil ausdrückte: »[W]enn die Waffen dazu dienen, die Revolution zu machen, dann dienen sie auch dazu, sie zu ersticken oder unmöglich zu machen.«[4]

2 Anonym zit. n. Aranburu 1996 (Hervorhebung im Original). // **3** Baxmeyer 2016, 6. //
4 Sánches Saornil zit. n. Baxmeyer 2016, 6.

José Brocca
(1891–1950)

■ Ein Genosse und Mitkämpfer von Amparo Poch y Gascón war **José Brocca** (1891–1950). Der Lehrer, Antifaschist und libertäre Pazifist war ebenso Mitglied bei der War Resisters' International, Gründungsmitglied sowohl der Spanischen Liga der Kriegsgegner als auch der pazifistischen (und der anarchistischen Bewegung sehr nahe stehenden) Organisation Orden del Olivio. Auch er verschrieb sich während des Spanischen Bürgerkriegs der humanitären Hilfe. So organisierte er in dem katalanisch-französischen Grenzort Prats-de-Mollo-la-Preste eine von der War Resisters' International durch einen Hilfsfonds finanzierte Notunterkunft für Kinder, die in den Kriegswirren alleine flüchten mussten oder zu Waisen wurden. Gemeinsam mit Amparo Poch y Gascón konnten sie auch 500 Kinder in das sichere Mexiko schicken und setzten sich gleichzeitig für die Abschaffung der traditionellen Waisenhäuser ein. Zu dieser Zeit des Bürgerkriegs und seinem Engagement schrieb Brocca: »Das waren Tage bitterer Kämpfe in Barcelona. Vom ersten Augenblick stellte ich mich rückhaltlos in den Dienst der Freiheit, ohne jedoch auf meine Prinzipien absoluten Widerstandes gegen den Krieg zu verzichten; das heißt, ich tue alles, was ich kann, mit Worten und Werken, für die antifaschistische Sache,

aber ohne an gewalttätigen Aktionen teilzunehmen, und innerhalb der proletarischen und demokratischen Organisationen, die im Kampfe stehen, um Spanien von dieser reaktionären Tyrannei zu erretten. Meine Arbeit besteht in Information und Propaganda. In Barcelona, in Valencia, in der Provinz Cáceres und in Madrid war und bin ich weiter tätig in so interessanten Aufgaben wie der Ermutigung, Anleitung und Organisierung von Bauern in der Weise, dass sie, statt ihre Feldarbeit zu verlassen, weiterarbeiten, sogar auf den Feldern, die von den Faschisten bei ihrer Flucht verlassen worden sind, um die Unterbrechung der Produktion und der Versorgung der Städte zu vermeiden; ich richte Schulen und Heime für die Kinder derjenigen Bürger ein, die gefallen sind oder an den verschiedenen Fronten kämpfen, und nehme allgemein jede Gelegenheit wahr, unter den Kämpfern unsere humanitären Ideale und unseren Abscheu vor Unterdrückung und Grausamkeit zu verbreiten.«[1]

[1] Brocca zit. n. Aranburu 1996.

Martin Buber
(1878–1965)

■ Der bekannte Philosoph **Martin Buber** (1878–1965) war persönlich mit gewaltfreien AnarchistInnen (zum Beispiel Gustav Landauer) befreundet, lehnte aber die Bezeichnung für sich selbst ab. Peter Marshall würde Buber, trotz seiner auch von ihm attestierten offensichtlichen Nähe zum Anarchismus, eher als »kommunitären Sozialisten« bezeichnen.[1] Als Mitbegründer des osteuropäisch-kulturpolitischen Flügels der zionistischen Bewegung und Befürworter einer binationalen Föderation in Palästina befand er sich in Opposition zum staatlichen Zionismus Theodor Herzls. Bubers Kulturzionismus war ursprünglich kein staatliches Konzept, sondern zielte auf eine kulturelle Identität innerhalb Europas (Diaspora), mit Jiddisch als Sprache. Erst später, als die Staatsforderung in Palästina Fuß fasste, setzte er sich für eine Föderation bzw. einen binationalen Staat ein. Nach Abkehr vom jüdischen Mystizismus entwickelte er seine Dialogphilosophie *(Ich und Du)*. Die von Buber beeinflussten Kibbuzim suchten den Dialog mit palästinensischen Nachbargemeinden. Er kritisierte Gandhi in einem Briefwechsel vor dem Zweiten Weltkrieg und hielt ihm mangelndes Verständnis für die Situation der Jüdinnen und Juden in Deutschland vor, war

[1] Marshall 2010, 574

ansonsten aber früher und später von Gandhis Kritik einer Politik ohne Moral ebenso beeinflusst wie von seinen sozialen Experimenten und dem zivilen Ungehorsam. Ganz besonders interessierte ihn, ob sich mit »religiöser Tat politischer Erfolg erzielen« lasse, denn das war auch sein Problem. »In der religiösen Lehre bleibt Gewaltlosigkeit der Weg zum Ziel, auch wenn sie als Mittel zum Zweck versagt.«[2] In seinem Werk *Pfade in Utopia* beschäftigte er sich unter anderem mit den Ideen von Anarchisten wie Gustav Landauer, Peter Kropotkin und Pierre-Joseph Proudhon. Vor allem Landauers Anarchismus hatte einen beträchtlichen Einfluss auf die frühe Kibbuz-Bewegung und es war Buber, der dabei half, »in den späten [19]20er-Jahren […] die Schriften Gustav Landauers zionistisch-sozialistischen Gruppen näher zu bringen.«[3] Die von ihm 1942 mitgegründete Gruppe »Ichud« (Einheit) befürwortete 1948 einen binationalen Staat als Alternative zur Staatsgründung Israels. Er verurteilte im Unabhängigkeitskrieg 1948 öffentlich das Massaker von Deir Yassin an 248 PalästinenserInnen und war fortan ein Widersacher der Kriegspolitik David Ben Gurions.[4]

2 Buber 1930, 164, 167. // **3** Gordon 2010, 204. // **4** Siehe zu dem Thema allgemein Marin 2011.

Mahmud Muhammad Taha

(1909–1985)

■ Eine Person, die libertär-gewaltfreie Positionen mit dem Islam in Verbindung brachte, war der sudanesische Sufi **Mahmud Muhammad Taha** (1909–1985). Er und die von ihm gegründete Bewegung der Republikanischen Brüder/Schwestern waren entschiedene GegnerInnen des Kolonialismus und standen für eine föderalistische und gewaltfreie Alternative zu Militärdiktatur und islamistischem Fundamentalismus. Seine libertäre Koran-Interpretation führte dazu, dass er 1985 wegen Apostie (Abfall vom Islam) hingerichtet wurde. Taha stützte

sich bei seiner Interpretation auf Suren aus Mekka, wo Muhammad Outlaw und Verfolgter war und gab ihnen den Vorrang vor Suren aus Medina, wo er zum Staats- und Kriegsherr aufstieg. Er wurde als »Gandhi des Sudan« bezeichnet, wobei für Taha die Bezeichnung »Tolstoi des Sudan« wohl stimmiger wäre, denn der anarchistischen Interpretation des Neuen Testaments durch Tolstoi steht die anarchistische Interpretation des Koran durch Taha in nichts nach.[1]

---

[1] Wallflower 2015.

Simone Weil
(1909-1943)

■ Die Philosophin **Simone Weil** (1909–1943) war schon früh Teil der syndikalistischen und anarchistischen Szene. Ab 1938 interessierte sie sich zunehmend für religiöse Ideen, mystische Erfahrungen in verschiedenen Religionen und besonders für den Katholizismus – eine Phase ihres Lebens übrigens, die weit bekannter ist als ihre syndikalistisch-anarchistische.[1] In den frühen Dreißigerjahren organisierte Simone Weil Arbeitslosendemonstrationen. Als Lehrerin in französischen Provinzstädten schrieb sie für die einflussreiche revolutionärsyndikalistischen Zeitschrift *La Révolution prolétarienne* (Die proletarische Revolution) und war in gewerkschaftlichen Zusammenhängen aktiv. Ihren »theoretischen Zugang zum Anarchismus« fand sie »durch die praktische Auseinandersetzung in den Gewerkschaften«, in denen sie sich »gegen kommunistische Hegemoniebestrebungen und Kritiklosigkeit gegenüber Stalin« wehrte. Sie zählte zu »den vielen AnarchistInnen, die ihre libertäre Position durch Dissidenz und Marxismuskritik am autoritären Auftreten kommunistischer Parteien

---

1 Siehe zu dieser weniger bekannten anarchistisch beeinflussten Lebensphase Jacquier 2006.

und GewerkschafterInnen klärten und festigten.«² In *Gedanken über den Krieg* (1933) kritisierte sie radikal die marxistischen Gewalt- und Kriegskonzeptionen: »Genauso wie ein Unterdrückungsapparat, einmal entstanden, so lange besteht, bis er zerschlagen wird, ist jeder Krieg, der einen Apparat zur Führung strategischer Manöver auf die Massen ansetzt, die man zur Manövriermasse macht, ein Faktor der Reaktion, auch wenn er von Revolutionären geführt wird.«³ 1934/35 beschrieb sie nach einem Jahr selbst erprobter Fabriktätigkeit industrielle Arbeit als Einübung von Fügsamkeit. 1936 reiste sie nach Spanien, um die republikanischen, antifaschistischen Kräfte und die soziale Revolution zu unterstützen. Weil schloss sich als Milizionärin der Internationalen Gruppe der Kolonne Durruti an, wurde aber durch die Brutalisierung in den eigenen Reihen abgeschreckt und verband, wie bereits zuvor, auch hier ihr sozialrevolutionäres Engagement mit einer Kritik der Gewalt. Sie beklagte »Formen des Zwangs« und »Fälle von Unmenschlichkeit« im Bürgerkrieg, welche »dem libertären und humanen Ideal der Anarchisten diametral entgegengesetzt«

2 Marin 2006, 16. // **3** Weil 1933, 13.

seien. Die »Erfordernisse und die Atmosphäre des Bürgerkriegs«, so Weil weiter, »tragen den Sieg über die Ideale davon, die man mit dem Mittel des Bürgerkriegs zu verteidigen sucht.«[4] »Der Revolutionskrieg ist der Tod jeder Revolution«, so ihre Überzeugung und Erfahrung. »Es scheint«, so fügt sie hinzu, »als habe eine im Krieg befindliche Revolution nur die Wahl, den tödlichen Schlägen der Konterrevolution zu erliegen oder durch den Mechanismus des militärischen Kampfes selbst zur Konterrevolution zu werden«. Dies gilt es zu vermeiden, »will man nicht alle Hoffnung verlieren«.[5]

[4] Weil 1936, 118. // [5] Weil 1933, 16.

Jacques Ellul
(1912–1994)

■ »Biblisches Gedankengut führt direkt zum Anarchismus«[1], meinte der französische Soziologe, Philosoph und christliche Anarchist **Jacques Ellul** (1912–1994). Ellul gilt nicht nur als wichtiger Vertreter des christlichen Anarchismus des 20. Jahrhunderts, sondern auch als Vordenker der Ökologiebewegung, der Technik- und Medienkritik. Zudem war er stets ein standhafter Verfechter der – auch theologisch begründeten – Gewaltfreiheit. Während der NS-Zeit und der Besatzung Frankreichs durch die Nationalsozialisten verlor er aus politischen Gründen seine Anstellung an der Universität von Straßburg. Ellul schloss sich der Résistance an. Dort half er unter anderem dabei, Pässe zu fälschen und Jüdinnen und Juden die Flucht zu ermöglichen, wofür er von der Holocaustgedenkstätte Yad Vashem als »Gerechter unter den Völkern« geehrt wurde. Er engagierte sich auch für die republikanischen, antifaschistischen Kräfte im Spanischen Bürgerkrieg und es waren nicht zuletzt »die Kontakte zu den spanischen AnarchistInnen zu dieser Zeit«[2], die ihn selbst zum Anarchisten werden ließen. In seinem Anarchismus sah er sich unter anderem

[1] Ellul 1980, 2. // [2] Ellul 2011, 2.

von der anarchistischen Tradition Spaniens, syndikalistischen Basisgewerkschaften und den SurrealistInnen beeinflusst. Früh las er die Schriften von Karl Marx sowie die Bibel – beides beeinflusste ihn sein gesamtes Leben hindurch stark. Als Universitätsprofessor und Soziologe sollte er später auch regelmäßig Marxismusvorlesungen halten. Den Anarchismus betrachtete er jedoch als die »vollständigste und seriöseste Form des Sozialismus«.[3] Seinen Anarchismus, den er »nahe bei Bakunin« verortete, definierte Ellul wie folgt: »Pazifistisch, antinationalistisch, antikapitalistisch, moralisch, antidemokratisch (d. h. der verfälschten Demokratie des bürgerlichen Staates feindlich gegenüberstehend). Er handelt mit den Mitteln der Überzeugung, durch die Schaffung kleiner Gruppen und Netzwerke, denunziert öffentlich die Lügen und Unterdrückungsformen und hat zum Ziel den realen Sturz der Autoritäten, wo immer sie auch sind; die Wortergreifung durch die Menschen an der Basis und die Selbst-Organisation.«[4]

[3] Ellul zit. n. Marin 2013b, 153. // [4] Ellul 2011, 13 f.

Albert Camus
(1913-1960)

■ Der Schriftsteller und Philosoph **Albert Camus** (1913-1960), Autor von so bekannten Werken wie *Die Pest* oder *Der Mensch in der Revolte,* hatte eine wenig bekannte, starke Bindung zum Anarchismus. Camus verbrachte seine Kindheit im kolonialen Algerien. 1940 traf er vor und während der Nazi-Besatzung Frankreichs mit der Anarchistin Rirette Maîtrejean zusammen, die ihn mit der Geschichte des französischen Anarchismus vertraut machte. Doch erst in der unmittelbaren Nachkriegszeit näherte er sich mehr und mehr zunächst den spanischen AnarchistInnen im Exil, dann Persönlichkeiten des französischen Anarchismus wie Louis Lecoin, Maurice Joyeux, Louis Mercier, Jean-Paul Samson und deren Zeitschriften an. Ab 1951 sprach er vom anarchistischen Milieu als von einem »wir« – er betrachtete sich also als Teil der anarchistischen Bewegung. Von der bewaffneten Résistance ausgehend entwickelte Camus, beeinflusst von Simone Weil, im Dialog mit den AnarchistInnen dieser Zeit (besonders Andrea Caffi und Helmut Rüdiger) eine zunehmende Gewaltkritik, die sich theoretisch in *Der Mensch in der Revolte* und praktisch als Ablehnung sowohl des Kolonialismus als auch des bewaffneten Befreiungskampfes der Front de Libération Nationale (FLN) im Algerienkrieg manifestierte.

Zur Gewaltfrage meint er einmal, dass »die revolutionäre Gewalt, die unvermeidlich ist, sich manchmal von dem scheußlich guten Gewissen [trennen soll], in dem sie sich heute eingerichtet hat.«[1] Politisch fand man Camus vor allem in drei Lagern wieder, nämlich jenem der Kriegsdienstverweigerer, der beinahe vergessenen Anti-KolonialistInnen (hier ist besonders seine Zusammenarbeit mit der Bewegung des Algeriers Messali Hadj herauszustreichen) und jenem der revolutionären SyndikalistInnen und AnarchistInnen. Dies führte auch zu seinen politischen Auseinandersetzungen mit der autoritären, teils stalinistischen Linken rund um Jean-Paul Sartre. Diesem »cäsarischen« Sozialismus, wie er ihn nannte, begegnete er mit konsequenter Ablehnung: »Der Kampf zwischen dem libertären Sozialismus und dem cäsarischen Sozialismus ist nicht beendet, und es kann keinen Kompromiss des einen im Hinblick auf den anderen geben.«[2]

---

1 Camus zit. n. Marin 2013b, 222. **// 2** Camus zit n. Redaktion La Révolution prolétarienne 1958, 323. Vgl. ebenfalls Marin 1998.

Rirette Maîtrejean
(1887–1968)

■ **Rirette Maîtrejean** (1887–1968), geb. Anna Estorges, war eine französische Anarchafeministin. Als Jugendliche riss sie von zu Hause aus, weil sie gegen ihren Willen zu einer Heirat gedrängt wurde und ging nach Paris. Dort schloss sie sich anarchistischen Kreisen an. Sie war vor allem in der individualanarchistischen Szene aktiv und mit prägenden Anarchisten der Zeit wie Albert Libertad, Maurice Vandamme und Victor Serge befreundet. Zwischen 1908 und 1912 leitete sie mit Unterbrechungen die Redaktion von *l'anarchie* (Auflage ca. 6000), einer Zeitung der utopisch-kommunitären und individualistischen Szene. Sie wurde gegen ihren politischen Willen in die Affären um die anarchistischen Attentate und Raubüberfälle der legendären Bonnot-Gruppe verwickelt, stand mit den Angeklagten vor Gericht, wurde jedoch freigesprochen. In ihren im August 1913 erschienenen *Souvenirs d'anarchie* (Erinnerungen an die Anarchie, wobei sich »d'anarchie« auf die Zeitung *l'anarchie* bezieht) rechnete sie mit dem Trend zu bewaffneten Raubüberfällen in der anarchistischen Szene konsequent ab und entwickelte eine anarchistische Gewaltkritik. Auch einen teils gravierenden Anti-Feminismus ihrer männlichen Mitstreiter kritisierte sie schon früh. In den nachfolgenden Jahrzehnten arbeitete sie als Kor-

rekturleserin, organisierte sich in dieser Sparte in anarchosyndikalistischen Gewerkschaften und schrieb für diverse anarchistische Zeitschriften. 1940 lernte sie Albert Camus kennen und es entwickelte sich eine Freundschaft zwischen den beiden. Sie vermittelte ihm ihre Erfahrungen innerhalb der französischen anarchistischen Bewegung und beeinflusste ihn in dieser Hinsicht, sowohl was Camus Sympathien für den Anarchismus als auch seine Kritik des Nihilismus anlangt, nachhaltig.[1]

[1] Marin 2016a.

Han Ryner
(1861–1938)

■ Im französischen Individualanarchismus gab es eine starke gewaltkritische und radikal-pazifistische Tendenz und Tradition. Namen, die man hier nennen könnte, wären beispielsweise E. Armand[1], Charles-Auguste Bontemps und Jean-René Saulière (André Arru). Ein maßgebender und vielen AnarchistInnen als Inspiration dienender individualanarchistischer Theoretiker aus Frankreich war aber **Han Ryner** (1861–1938). Ryner (er hieß eigentlich Henri Ner) war von Beruf Lehrer, politisch kann er grob als »antiklerikaler Pazifist und individueller Anarchist« umschrieben werden. Aufgrund seiner philosophischen Werke wurde er als »der Sokrates seiner Zeit« bezeichnet, hatte »hohe Sprachbegabung und Redetalent«. Publizistisch war er äußerst aktiv und hat »in zahllosen libertären und literarischen Zeitungen geschrieben und

---

[1] E. Armand stellte auch bereits den Link zwischen europäischen AnarchistInnen und Gandhi her, wenn er in einem Artikel zum Spanischen Bürgerkrieg schreibt: »Eine wirkliche Revolution wäre nicht nur anti-kapitalistisch und anti-etatistisch, sondern sie würde sich auch entlang der gewaltfreien Methoden entwickeln, für welche die Gandhi-Bewegung ein unsterbliches Beispiel gegeben hat. Darum: ›Absolute Weigerung, Waffen zu tragen und Gesetzen zu gehorchen, auch nur irgendeine Form des Staates zu verteidigen oder zu schützen. Nur dann kann eine Volksfront entstehen und erfolgreich sein!‹« (Armand zit. n. Marin 2016b, 8).

rund 60 Bücher publiziert, politisch-philosophische Abhandlungen wie Romane, die zum Teil noch während seines Lebens in viele Sprachen übersetzt wurden, ins Deutsche ebenso wie ins Spanische oder ins Esperanto.«² Han Ryner setzte sich aktiv für die Opfer staatlicher Repression ein, darunter unter anderem Alfred Dreyfus während der Dreyfus-Affäre (1894), die Kriegsdienstverweigerer und AntimilitaristInnen während des Ersten Weltkrieges sowie, während der 1920er-Jahre, die in den Vereinigten Staaten zum Tode verurteilten Anarchisten Ferdinando Sacco und Bartolomeo Vanzetti. Zudem unterstützte er antikoloniale Bewegungen und hat sich im Bereich der libertären Erziehung und Pädagogik einen Namen gemacht. Die Lehren Leo Tolstois hatten beträchtlichen Einfluss auf sein Denken und aufgrund seiner Tolstoi-Rezeption wurde er auch als »provençalischer Tolstoi« bezeichnet. Beachtenswert ist sein Einfluss, den er über Frankreich hinaus hatte, insbesondere auf den spanischen Anarchismus und die Kriegsdienstverweigerer unter der Diktatur Primo de Rivera. In beiden Szenen wurden seine Bücher und Schriften viel gelesen und rezipiert.³

2 Wright 2002, 6. // **3** Vgl. Marin Sylvestre 2006a, b.

Marie Kugel
(1872–1906)

■ Historisch und inhaltlich in dieser gewaltfrei-individualanarchistischen Tradition stand eine weitere Frau aus Frankreich: die Anarchistin und Tolstoianerin **Marie Kugel** (1872–1906). Gemeinsam mit E. Armand gab sie die Zeitschrift *L'Ere nouvelle* (Die neue Ära) heraus. Die Zeitschrift war, wie Kugel selbst, stark vom gewaltfreien Anarchismus Leo Tolstois geprägt und hatte den Untertitel »Zeitschrift für integrale Emanzipation und praktischen Kommunismus«, ab 1903 »Organ für ein libertäres Verständnis«. Laut Max Nettlau »hing [sie] an Tolstoi, fühlte sich zu den libertären Ideen und praktischem Sozialismus hingezogen.«[1] Sie schrieb auch zu feministischen Themen und verband diese mit ihrem tolstoianisch-anarchistischen Selbstverständnis und Ideen der Lebensreform. So heißt es in dem Artikel »Un peu de féminisme« (Ein wenig Feminismus) aus dem Jahre 1902: »Wir weisen hier auf die exzellente Schlusspassage eines Aufrufs der Französischen Frauenliga an die Frauen des Volkes hin, der während der Wahlen veröffentlicht wurde: ›Frauen des Volks, es liegt in eurer Hand, eure Lebensgefährten daran zu erinnern, falls diese es vergessen haben, […]

---
1 Nettlau 1934.

dass das Volk drei Feinde hat, die es bekämpfen muss, wenn es nicht durch deren Schläge sterben will: den Klerikalismus, den Militarismus, den Alkoholismus.‹«[2]

[2] Kugel 1902. Bei den am Schluss genannten Schlagworten werden die tolstoianischen Motive in ihrem Feminismus besonders deutlich.

Maria Lacerda de Moura

(1902-1969)

■ Han Ryners (und in diesem Fall auch E. Armands) Einfluss reichte aber nicht nur grenzüberschreitend bis nach Spanien, sondern sogar bis nach Brasilien. Die feministische Individualanarchistin und Pazifistin **Maria Lacerda de Moura** (1887-1945) wurde unter anderem von deren Schriften inspiriert und war eine einflussreiche Persönlichkeit im brasilianischen Individualanarchismus und Feminismus. Sie war in der freidenkerischen Szene São Paulos aktiv, schrieb und hielt Vorträge unter anderem über Themen wie Frauenrechte, freie Liebe, Antiklerikalismus, Antimilitarismus, Pazifismus und Kriegsdienstverweigerung. Ihre berufliche Tätigkeit als Lehrerin brachte es mit sich, dass sie sich auch mit libertärer Pädagogik und somit auch mit den Ideen des anarchistischen Pädagogen Francisco Ferrer beschäftigte, dessen pädagogische Konzepte sie verbreitete. Als Journalistin war sie für unterschiedliche anarchistische und sozialistische Zeitschriften der brasilianischen Arbeiterbewegung tätig und bereiste als Rednerin auch den spanischsprachigen Teil Südamerikas intensiv.

Madeleine Vernet
(1878–1949)

■ **Madeleine Vernet** (1878–1949) war eine pazifistische Anarchistin und Pädagogin. Früh setzte sie sich gegen Kindesmissbrauch ein und verband Themen wie Pazifismus, Feminismus und Mutterschaft miteinander. Sie kritisierte die Ehe als Zwangsverband und hielt dem die Idee der freien Liebe entgegen. Ab 1904 näherte sie sich der anarchistischen Bewegung an und schrieb für anarchistische Zeitungen wie *Le Libertaire* und *Les Temps nouveaux* (Neue Zeiten). 1906 gründete sie ein Waisenhaus namens Soziale Zukunft, das verarmte Kinder aufnahm und eine Alternative zu Strafkolonien für Minderjährige in französischen Kolonialgebieten darstellte. Vernet engagiert sich immer stärker in der pazifistischen Bewegung. Im Ersten Weltkrieg nahm sie Kinder von gefangenen AntimilitaristInnen auf, versteckte aber auch verfolgte KriegsgegnerInnen wie zum Beispiel die pazifistische Sozialistin und Feministin Hélène Brion. Sie verfasste Antikriegsgedichte, die sie, auf Postkarten gedruckt, an die Front schickte. Zudem vertrieb sie pazifistische und antimilitaristische Broschüren und Untergrundliteratur. Einer Verhaftung aufgrund ihres pazifistischen Engagements entging sie nur knapp, weil der Krieg kurz davor geendet hatte. Das von ihr geleitete Waisenhaus wurde vom Staat und von der klerikalen Ortsbevölkerung immer stärker schikaniert,

stand aber mit der Arbeiterbewegung in Verbindung – beispielsweise gab es Kontakte zum revolutionären Syndikalismus der CGT (Confédération Générale du Travail) sowie zu einem libertären Schulexperiment namens »La Ruche« (Der Bienenkorb), das von dem Anarchisten Sébastien Faure ins Leben gerufen wurde. 1922 übernahm jedoch die Kommunistische Partei die Kontrolle, was zur Folge hatte, dass die Anarchistin Vernet ihres Postens enthoben wurde. Im Laufe ihrer politischen Laufbahn schrieb sie verstärkt in von ihr gegründeten Zeitungen wie *La Mére éducatrice* (Die erziehende Mutter) – die sie bis zu ihrem Tod herausgab – und *La Volonté de paix* (Der Wille zum Frieden), dem Organ des Internationalen Aktions- und Propagandakomitees für Frieden und Abrüstung, dessen Generalsekretärin sie ab 1935 war. Als Vernets Lebensgefährte Louis Tribier 1936 wegen »Ungehorsams und Provokation des Militärs« der Prozess gemacht wurde, wurde auch *La Volonté de paix* verboten. Bereits 1921 gründete sie eine andere Friedensorganisation in Paris: die Frauenliga gegen Krieg. Sie war eine der wenigen französischen Intellektuellen, die sich zwischen den Kriegen etwa in Kindergeschichten für die deutsch-französische Aussöhnung einsetzte.[1]

1 Vgl. Lenoir 2015.

Lilian Wolfe
(1875-1974)

■ **Lilian Wolfe** (1875–1974), eine britische Anarchistin, Feministin und Pazifistin, war über mehrere Jahrzehnte hinweg eine prägende Mitarbeiterin der anarchistischen Zeitschrift *Freedom* sowie der anarchosyndikalistischen Zeitschrift *The Voice of Labour*. Früh schon begann sie sich für den Sozialismus zu interessieren und engagierte sich in der 1907 gegründeten Women's Freedom League für Frauenrechte. Ab 1914 verstand sie sich als Anarchosyndikalistin und war eine der UnterzeichnerInnen des »International Anarchist Manifesto on the War« (1915), das sich für eine grundsätzliche anarchistische Opposition gegen jegliche Kriege aussprach. Sie widersprach so offen der Pro-Kriegs-Postion von AnarchistInnen rund um Peter Kropotkin und Jean Grave zu dieser Zeit, die das »Manifest der Sechzehn« unterzeichneten. In diesem damals schwelenden Streit rund um den Ersten Weltkrieg war Wolfe »eine der AktivistInnen der Anti-Kriegs-Mehrheit in der anarchistischen Bewegung«.[1] Während *Freedom* in Großbritannien anfangs noch Pro- und Contra-Meinungen zum Krieg abdruckte (bevor es auch hier zum endgültigen Bruch mit der kleinen

---

1 Walter 1974, 232.

Pro-Kriegs-Fraktion kam), agitierte *The Voice of Labour* mit Wolfe von Anfang an und ohne Kompromisse gegen den Krieg. 1915 war Lilian Wolfe an der Gründung der Anti-Conscription League beteiligt, die sich gegen die Zwangsrekrutierung der Armee engagierte und forderte, Kriegen mit zivilem Ungehorsam und Kriegsdienstverweigerung zu begegnen. Dafür wurde sie 1916 auch für kurze Zeit inhaftiert. Sie war lange Zeit die treibende administrative Kraft hinter *Freedom* und arbeitete auch im Büro der War Resisters' International. In den 1960er-Jahren beteiligte sie sich, bereits in hohem Alter, an Blockaden des Committee of 100 und anderen Aktionen der anarchistischen Antikriegsbewegung.²

2 Siehe hierzu auch einen Nachruf auf Wolfe in der Graswurzelrevolution: Weber/Zucht 1974, 8.

Bertrand Russell
(1872–1970)

■ **Bertrand Russell** (1872–1970) ist vor allem durch seine philosophischen Werke einer breiten Öffentlichkeit bekannt. Politisch jedoch stand er – in verschiedenen Lebensphasen unterschiedlich intensiv – dem Anarchismus, Syndikalismus und dem Gildensozialismus nahe[1] sowie antimilitaristischem und pazifistischem Gedankengut. Der Anarchismus war für Russell das »höchste Ideal, dem sich die Gesellschaft fortwährend annähern sollte«[2], auch wenn er immer wieder Skepsis äußerte, ob dieses Ideal tatsächlich erreichbar sei. Vom Ersten Weltkrieg bis zum Vietnamkrieg war er stets einer jener Intellektuellen, die gegen den Krieg agitierten und Kriegsdienstverweigerung unterstützen.[3] Vor allem der Erste Weltkrieg, wo er mit seiner Anti-Kriegshaltung gegen den intellektuellen Mainstream schwamm, war ausschlaggebend für sein antimilitaristisches und pazifistisches Engagement. »Gewaltige Kräfte nationaler Gier und nationalen Hasses«

---

[1] Siehe z. B. sein 1918 veröffentlichtes Werk »Proposed Roads to Freedom – Socialism, Anarchism and Syndicalism«; für die deutsche Ausgabe: Russell 1973. // [2] Russell zit. n. Marshall 2010, 567. // [3] Der Krieg gegen Nazi-Deutschland war hier eine Ausnahme, diesen unterstützte er. Siehe hierzu auch Anmerkung 8 zu Herbert Read.

PORTRÄT ▶ BERTRAND RUSSELL // 135

veranlassten »›Patrioten‹ in allen Ländern [...], diese brutale Orgie als edle Entschlossenheit [zu begrüßen].« Den Staat sah er als eine Institution, dessen Wesen es sei, »Gewalttaten im Inneren zu unterdrücken und nach außen zu erleichtern«.[4] Für ihn war zudem die »wirtschaftliche Ungerechtigkeit [...] das offensichtlichste Übel unseres gegenwärtigen Systems«. Es sei lebensfeindlich, weil es vom »Gift des Wettkampfes« und hemmungsloser Konkurrenz bestimmt sei. Russell spinnt den Faden weiter zu Gewalt und Militarismus, denn der Kapitalismus liefert »den Kanal [...], durch den Aggressivität ihr Ventil findet«.[5] Russell stand der Idee des Staatssozialismus stets ablehnend gegenüber: »Besser Anarchismus mit all seinen Risiken als ein Staatssozialismus, der alles Regeln unterwirft, was spontan und frei sein muss, wenn es irgendeinen Wert haben soll.«[6] Dem Staatssozialismus und Bolschewismus warf er vor, herrschaftslose und antiautoritäre Sozialismuskonzepte an den Rand gedrängt zu haben. Zur bolschewistischen Machtergreifung in Russland merkte er demnach an, dass vor

[4] Russell zit. n. Von Borries 2006, 20 f. // [5] Russell zit. n. Von Borries 2006, 67. // [6] Russell zit. n. Von Borries 2006, 75.

dieser »der Syndikalismus in Frankreich, die IWW in Amerika und der Guild Socialism in England Bewegungen [waren], die das Misstrauen gegen den Staat und den Wunsch verkörperten, die Ziele des Sozialismus zu verwirklichen, ohne eine allmächtige Bürokratie zu schaffen«, danach jedoch aufgrund der »Bewunderung für die ›russischen Großtaten‹« an Einfluss verloren.[7] Der Anarchismus habe »in der modifizierten Form des Syndikalismus« an Popularität gewonnen, weshalb er den (Anarcho-)Syndikalismus als den »Anarchismus der breiten Massen« betrachtete.[8] Russell versuchte die Vorzüge, die er in den verschiedenen sozialrevolutionären Traditionen sah, stets zu verbinden und so meinte er zum Beispiel in diesem Sinne, dass sich »das beste System [...] nicht wesentlich von dem durch Kropotkin vorgeschlagenen unterscheiden, aber durch Übernahme der Grundsätze des Gildensozialismus [...] besser realisieren lassen wird.«[9] Dieses System sei »eine Form des Gildensozialismus, der sich vielleicht mehr dem Anarchismus zuwendet, als es den offiziellen Gildeleuten im Ganzen recht ist.«[10] In den 1960er-Jahren war Russell das wohl prominenteste Gründungsmitglied des libertär-gewaltfreien Committee of 100 und beteiligte sich an gewaltfreien Aktionen und Blockaden wider die nukleare Aufrüstung. »Die Zeit ist gekommen«, meinte er hierzu einmal, »wo lediglich großangelegter ziviler Ungehorsam, der gewaltfrei sein sollte, die Bevölkerungen vor dem universellen Tod retten kann, den ihre Regierungen für sie vorbereiten.«[11]

---

7 Russell 1973, 7 f. // **8** Russell 1973, 12 f. // **9** Russell 1973, 145. // **10** Russell 1973, 157. // **11** Russell zit. n. Walter 1962a, 161.

George Woodcock
(1912-1995)

■ Beschäftigt man sich mit dem Anarchismus und seiner Geschichte, stößt man unweigerlich auf den Anarchisten und Pazifisten **George Woodcock** (1912-1995). Sein Standardwerk *Anarchism: A History of Libertarian Ideas and Movements* ist ein viel geschätztes Buch. Neben unzähligen anderen Büchern literarischer und politischer Natur schrieb er Biografien unter anderem von Anarchisten wie William Godwin, Peter Kropotkin, Pierre-Joseph Proudhon, Mohandas K. Gandhi sowie von seinen Schriftstellerkollegen und Freunden George Orwell, Aldous Huxely und Herbert Read. Von seiner Kindheit an bis 1949 lebte er in England und war dort bei Freedom Press aktiv. Im Zweiten Weltkrieg verweigerte er den Kriegsdienst, weshalb er nach seiner Rückkehr nach Kanada in einem Arbeitslager für Kriegsdienstverweigerer in Oregon Zwangsdienst verrichten musste. Woodcock war der Gründer der libertären Zeitschrift *NOW* sowie von *Canadian Literature*, die heute noch von der University of British Columbia veröffentlicht wird. Sein Biograf schrieb, dass er »mehr tat als irgendjemand sonst in seiner Zeit, den Anarchismus für gewöhnliche Leute vertraut und sympathisch zu machen.«[1]

1 Fetherling 2003, xv.

Beschrieben wurde er als ein Charakter, der an Kropotkin – dessen Leben und Werk ihn in seinem eigenen politischen Denken am stärksten beeinflusste – erinnerte: »höflich, großzügig, sanftmütig und besorgt«.[2] Woodcock warnte eindringlich vor der Vorstellung, mittels Gewalt zur einer befreiten, anarchistischen Gesellschaft gelangen zu wollen. Er schrieb, dass die »furchtbaren Grausamkeiten« die von »revolutionären IdealistInnen« begangen wurden wie die »Exekutionen des französischen Terrors [im Zuge der Französischen Revolution; S.K.]«, die »Massenerschießungen in der Sowjetunion« oder die »schon fast willkürlichen Massaker während des Spanischen Bürgerkriegs« zeigten, dass sogar »Menschen mit den besten Absichten zu den furchtbarsten Taten fähig sind, wenn sie damit beginnen, Gewalt zu gebrauchen, um ihre Ideale zu erreichen.« Gewaltsame Revolutionen waren für ihn nicht nur »Übel, in deren Natur es liegt, nicht zur Befreiung der Menschheit führen zu können«, sondern vielmehr auch »unnötige Hindernisse, will man revolutionäre Ziele erreichen.«[3] Viele der großen Revolutionen der Geschichte, die für AnarchistInnen

[2] Fetherling 2003, 105. // [3] Woodcock 1947, 93.

von Interesse sind – die Pariser Commune, die Oktoberrevolution und die Spanische Revolution –, wurden seiner Ansicht nach durch deren Militarisierung in falsche Bahnen gelenkt: »Nichts ist so effektiv darin, eine Revolution zu einer Diktatur zu degradieren, wie eine Periode militärischen Abenteuers.«[4] Bei genauer Betrachtung, was bei Woodcock immer auch eine historische war, erkenne man »die großen Nachteile der gewaltsamen, verglichen mit der gewaltfreien revolutionären Aktion.«[5] Die AnarchistInnen neigen laut Woodcock aber ohnehin nicht mehr dazu, »die Zukunft als einen feuerbrünstigen Aufstand zu sehen, der den Staat und all seine autoritären Institutionen zerschlagen und die freie Gesellschaft unmittelbar einleiten wird.« Diese Vorstellung bezeichnet er als den »Mythos der Bewegung«. Vielmehr wird die Notwendigkeit der vorwegnehmenden Politik und des Aufbaus von Parallelstrukturen von Woodcock betont: »Statt sich auf eine apokalyptische Revolution vorzubereiten, geht es den zeitgenössischen Anarchisten darum, in der bestehenden Gesellschaft die Infrastruktur einer besseren und freieren Gesellschaft aufzubauen.«[6] Auch wenn viele AnarchistInnen die von ihnen erträumte Gesellschaft nie erleben werden, so ist für ihn klar, wenn »wir tatsächlich einmal eine Welt schaffen, die gesünder, sauberer und freier ist als die, in der wir heute leben, dann werden die Anarchisten ihren Beitrag dazu geleistet haben, einen Beitrag, der vor allen Dingen in der Entwicklung jener Theorie einer dezentralisierten und organisatorisch integrierten Gesellschaft besteht, die Kropotkin ausführlich in ›Landwirtschaft, Industrie und Handwerk‹ darstellte, dem Buch, dessen Lektüre sowohl Tolstoi und Gandhi als auch [Lewis] Mumford maßgeblich beeinflusste.«[7] AnarchistInnen müssten, um einer freien Gesellschaft näher kommen zu können, laut Woodcock daran arbeiten, »libertären Konzepten wie Dezentralisation, Freiwilligkeit und direkter Partizipation in Entscheidungsfindungen« praktisch Ausdruck zu verleihen, ganz im Sinne der klassischen AnarchistInnen, die dafür einstanden, dass der »Zerstörung einer autoritären Gesellschaft« die »Schaffung ihrer libertären Nachfolge« vorausgehen müsse.[8]

---

4 Woodcock 1947, 96. // **5** Woodcock 1947, 102. // **6** Woodcock 1988, 75. // **7** Woodcock 1988, 75 f. // **8** Woodcock 2009, 420.

Aldous Huxley
(1884-1963)

■ Der englische Schriftsteller **Aldous Huxley** (1884-1963) hat hauptsächlich durch seinen Roman *Schöne neue Welt* Berühmtheit erlangt. In dieser Dystopie beschreibt er einen manipulativen totalitären Staat, der, entgegen dem totalitären Überwachungsstaat in George Orwells *1984*, die Repression gar nicht mehr nötig hat. In seinem Vorwort schreibt er: »Ein wirklich leistungsfähiger totalitärer Staat wäre ein Staat, in dem die allmächtige Exekutive politischer Machthaber und ihre Armeen von Managern eine Bevölkerung von Zwangsarbeitern beherrscht, die zu gar nichts gezwungen zu werden brauchen, weil sie ihre Sklaverei lieben.«[1] Politisch war er pazifistischen und libertären Ideen zugetan – er bezeichnete seine Haltung manchmal in Anlehnung an den kommunistischen Anarchisten Peter Kropotkin als »Kropotkinesque«.[2] Obwohl er sich selbst auch gerne als »Dezentralisten« bezeichnete – für Huxley war die Dezentralisierung einer der Schlüssel für eine gerechtere, friedlichere Gesellschaft sowie für eine funktionierende soziale Ordnung –, so ist seine »Analyse von Macht und Autorität, sein Hass gegen den Krieg und seine Vision einer freien Gesellschaft« unzweifelhaft »im

1 Huxley 2001, 16. // **2** Huxley zit. n. Goodway 2012, 215.

Geiste anarchistisch«.³ Während des Spanischen Bürgerkriegs setzte sich Huxley für die AnarchistInnen ein, da »der Anarchismus [...] eher zu einem wünschenswerten sozialen Wandel führen wird als ein höchst zentralisierter, diktatorischer Kommunismus.«⁴ Huxley war Mitglied der pazifistischen Peace Pledge Union und veröffentlichte neben seinen literarischen Werken auch dementsprechende politische Sachbücher wie *Pacifism and Philosophy, Ends and Means* oder *Encyclopedia of Pacifism*.⁵ In seinen theoretischen Überlegungen zu Pazifismus und Gewaltfreiheit unterschied er unter anderem zwischen einem »präventiven« und einem »kämpferischen Pazifismus«, wobei Letzterer gleichbedeutend mit gewaltfreiem Widerstand ist, den er als Kampfform, speziell auch für (libertäre) SozialistInnen, befürwortete. Inspiriert

---

3 Marshall 2010, 570. // **4** Huxley zit. n. Goodway 2012, 228. // **5** »Ends and Means« ist 1949 in einer deutschen Übersetzung als »Ziele und Wege. Eine Untersuchung des Wesens der Ideale und der Mittel zu ihrer Verwirklichung« erschienen. Die »Encyclopedia of Pacifism« wurde 1984 erstmals ins Deutsche übertragen (siehe Huxley 1984). In Schriften aus den 1930er-Jahren (z. B. in seinem Essay »Plädoyer für den Weltfrieden«) finden sich teils auch Überlegungen, die einem bürgerlich-reformistischen Pazifismusansatz zuzurechnen sind (Appell an Regierungen etc.).

durch Gandhi, Bart de Ligt und Richard B. Gregg *(The Power of Non-Violence)*⁶, betrachtete er den Pazifismus nicht als passives Instrument, sondern als eine Form der Konfliktaustragung, als eine »Methode, ohne Gewalt zu kämpfen«.⁷ Zur englischen Übersetzung von Bart de Ligts *The Conquest of Violence* schrieb er ein Vorwort. Hier heißt es: »Eine gewalttätige Revolution resultiert nicht in einem fundamentalen Wandel menschlicher Beziehungen; sie resultiert lediglich in einer Bekräftigung der alten, schädlichen Beziehungen zwischen Unterdrücker und Unterdrücktem, in verantwortungsloser Tyrannei und verantwortungslosem passivem Gehorsam.«⁸ Für ihn stand außer Zweifel, dass Gewalt in einer sozialen Revolution keine Rolle spielen dürfe, wenn diese nicht in einer militarisierten, autoritären und reaktionären Abwärtsspirale und letztendlich in einer »faschistische[n] Diktatur« enden wolle: »Eine soziale Revolution ist eine Bewegung für die Menschlichkeit und gegen alles, was niedrig und unmenschlich ist. Eine soziale Revolution, die Mord und Zerstörung auf sich nimmt, ist ein Widerspruch in sich. Eine blutige Revolution ist nicht eine Veränderung zum Besseren, sondern eine Wiederholung all dessen, was in der bestehenden Ordnung am schlechtesten und unmenschlichsten ist.«⁹

---

6 Gregg 1938. Greggs 1935 erschienenes Buch war ein wichtiger Beitrag dafür, Gandhis Ideen der gewaltfreien Aktion in die europäische und nordamerikanische pazifistische Bewegung zu tragen, die damals noch von vielen PazifistInnen als »zu radikal« betrachtet wurden. 1965 und 1982 ist es als »Die Macht der Gewaltlosigkeit« in deutscher Übersetzung erschienen. // **7** Huxley zit. n. Brock/Young 1999, 115. // **8** Huxley 1989, xxix. // **9** Huxley 1984, 138 f.

Herbert Read
(1893-1968)

■ »Ich glaube, der Poet ist notwendigerweise ein Anarchist«[1] schrieb der britische Anarchopazifist, Poet, Kunsthistoriker und Literaturkritiker **Herbert Read** (1893–1968) in *Poetry and Anarchism*. Er veröffentlichte unzählige Werke literarischer, philosophischer und politischer Natur und war einer der Mitgründer des noch heute existierenden Institute of Contemporary Arts in London. Kunst war für ihn eine »revolutionäre Art der Bildung«.[2] Mit den »etablierten bürgerlichen Idealen in Literatur, Malerei und Architektur« zu brechen war für ihn genauso wichtig wie der Bruch mit den »etablierten bürgerlichen Idealen in der Ökonomie«.[3] Schon früh inspirierte ihn anarchistisches Gedankengut. »Proudhon, Tolstoi und Kropotkin waren die Vorlieben meiner Jugend«, schrieb er einmal.[4] Auch das 1911 erschienene Buch *Non-Governmental Society* des Sozialisten Edward Carpenter hebt Read für seine frühe libertäre Sozialisation als ausschlaggebend hervor. »Die Tendenz des modernen Sozialismus«, so Read zu staatssozialistischen Ideen, laufe darauf hinaus, »ein geschlossenes System

---

1 Read 1938, 498. // **2** Woodcock 1969, 217. // **3** Marshall 2010, 590. // **4** Read zit. n. Woodcock 1969, 205.

fester Gesetze zu schaffen, gegen das kein Anspruch auf Gerechtigkeit mehr erhoben werden kann. Das Ziel des Anarchismus dagegen ist es, das Prinzip der Rechtmäßigkeit so auszudehnen, dass es das staatliche Gesetz völlig überwindet.«[5] Sein Anarchismus war – in Anlehnung an die »jugendlichen Vorlieben« – stark von Kropotkins Anarchokommunismus, den gewaltfrei-anarchistischen Schriften Tolstois sowie von anarchosyndikalistischen Ideen geprägt, von Prinzipien wie »Gleichheit, individueller Freiheit und Arbeiterselbstverwaltung«.[6] Aber auch die Schriften seines Zeitgenossen Albert Camus beeinflussten ihn stark. Während des Spanischen Bürgerkriegs trat er für die anarchistische Sache ein und er war in den 1960er-Jahren, wie viele andere britische AnarchistInnen, im Committee of 100 und für nukleare Abrüstung aktiv. In diesen Zeiten drohender nuklearer Vernichtung durch die Supermächte war für Read »die Bombe« nicht mehr das (vermeintliche) Symbol der Anarchie, sondern jenes »totalitärer Macht«.[7] Anarchismus und Pazifismus gehörten für Read

---

[5] Read 1982, 16. // [6] Read zit. n. Woodcock 1969, 216. // [7] Read zit. n. Marshall 2010, 593.

zusammen, oder in seinen Worten: »Anarchismus impliziert naturgemäß Pazifismus.«[8] Das Problem von Krieg und Frieden führe, will man es lösen, »unweigerlich zum Anarchismus«. »Friede ist Anarchie«, schrieb er und: »Regierung ist Gewalt. [...] Krieg wird so lange existieren, solange Staaten existieren.«[9] Zur Frage des Widerstands und den Mitteln, derer sich AnarchistInnen bedienen sollten, betrachtete er die gewaltfreie Aktion als emanzipatorischen Gegenpol zu den herrschenden, unterdrückerischen und gewalttätigen Verhältnissen: »Es wird behauptet werden, die Revolte impliziere Gewalt; aber das ist eine überholte, unzulängliche Vorstellung von Revolte. Die effektivste Form der Revolte in dieser gewalttätigen Welt, in der wir leben, ist gewaltfrei.«[10] Und wenn wir »nicht revoltieren«, so Read in seiner Schrift *Anarchy and Order*, »dann sind wir entweder moralisch unsensibel oder kriminell egoistisch«.[11]

---

8 Read zit. n. Goodway 1998, 183. Dennoch unterstützte er, ähnlich wie Bertrand Russell, kriegerische Mittel gegen den Nationalsozialismus. George Woodcock (1969, 202) meint jedoch, dass, ähnlich wie im Ersten Weltkrieg rund um Kropotkin und dem »Manifest der Sechzehn«, auch im Zweiten Weltkrieg nur eine Minderheit der britischen AnarchistInnen den Kriegseintritt unterstützte. // **9** Read zit. n. Goodway 2012, 190. // **10** Read zit. n. Goodway 2012, 190. // **11** Read zit. n. Woodcock 1969, 220.

Nicolas Walter
(1934–2000)

■ Ein wichtiger Vertreter der gewaltfrei-anarchistischen Idee ist der Engländer **Nicolas Walter** (1934–2000). Er schrieb für eine Reihe anarchistischer Zeitschriften wie *Freedom, Peace News* oder Colin Wards *Anarchy*. Freedom Press fühlte er sich besonders verbunden, da sie »für den Anarchismus besser und länger [arbeitete] als irgendjemand und irgendetwas sonst, und sie macht diese Arbeit auch noch nach einem Jahrhundert.«[1] Walter war Gründungsmitglied des Committee of 100 sowie Teil diverser Antikriegsgruppierungen wie den Spies for Peace und der Campaign for Nuclear Disarmament. Seine Einführung in den Anarchismus, *About Anarchism,* ist eines der meistgelesenen Bücher seiner Art. Für Walter war keine Strömung im Anarchismus oder der Anarchismus selbst »die Wahrheit« schlechthin. Wichtig sei es vielmehr anzuerkennen, dass es »unterschiedliche Wege zur Freiheit« gäbe, selbst »verschiedene Pfade auf unserem eigenen Weg«. Worauf es am Ende ankäme, sei »nicht die anarchistische Bewegung, sondern anarchistische Bewegung«.[2] Die Geschichte menschlicher Gesellschaften sah er als die »Geschichte eines Kampfes zwischen

1 Walter 1986, 16. // **2** Walter 1986, 16.

Herrschern und Beherrschten, zwischen Habenden und Habenichtsen, zwischen Menschen, die regieren und regiert werden wollen, und jenen, die sich selbst und ihre Mitmenschen befreien wollen; die Prinzipien von Herrschaft und Freiheit, Regierung und Rebellion, Staat und Gesellschaft stehen zueinander in ewiger Opposition.«[3] Die Anarchie war für ihn im Kern eine Gesellschaft, in der es weder »mächtige noch reiche Menschen [gibt]«. Die Entmachtung der Mächtigen und die Enteignung der Reichen müsse im Anarchismus Hand in Hand gehen, denn »das eine ohne das andere ist stets sinnlos.«[4] Als Fürsprecher des gewaltfreien Widerstands schrieb er im Sinne der Ziel-Mittel-Relation, dass »die Idee der libertären Revolution« jene sei, »dass es keine Unterscheidung zwischen Mitteln und Zielen gibt, denn *Mittel sind Ziele*.«[5] Daraus schlussfolgerte er unter anderem, dass, genauso wie der Staat, auch die Gewalt »keine neutrale Kraft [ist], deren Wirkung davon abhängt, wer sich ihrer bedient […]; sie wird nicht das Richtige tun, nur weil sie in den richtigen Händen ist.«[6] Im Falle des

[3] Walter 2002, 30. // [4] Walter 2002, 37. // [5] Walter 1963, 40 (Hervorhebung im Original). // [6] Walter 1971, 245.

Staates war diese Feststellung für AnarchistInnen jeglicher Couleur interessanterweise immer unumstritten, umso erstaunlicher wirkt es, dass dies nicht auch bei der Gewaltfrage der Fall ist. Gewalt mag notwendig sein, um ein altes System zu zerstören, so Walter, sie sei jedoch »nutzlos und sogar gefährlich«, wenn es darum geht, ein neues System aufzubauen. Eine Volksarmee könne eine herrschende Klasse und eine Regierung (möglicherweise) besiegen, »sie kann aber nicht dazu beitragen, eine freie Gesellschaft zu schaffen«.[7] Er stellt aber klar, dass jene, die sich am exzessivsten der Mittel der Gewalt bedienten, stets die seien, die sich in Herrschaftspositionen befänden, nicht jene, die diese bekämpften. Dennoch oder gerade deshalb stellt er aber fest: »Für AnarchistInnen ist Gewalt ein extremes Beispiel für die Herrschaft des Menschen über den Menschen, die Kulmination von allem, wogegen wir uns aussprechen.«[8] In Anlehnung an Randolph Bourne (»Der Krieg ist die Gesundheit des Staates«) meinte er zum Thema Pazifismus: »Wir können nicht gegen den Krieg ins Feld ziehen, ohne explizit gegen den Staat ins Feld zu ziehen.« Walter schlussfolgert daher in klassischer anarchistisch-pazifistischer Tradition: »Pazifismus ist letztlich Anarchismus genauso wie Anarchismus letztlich Pazifismus ist.«[9]

---

[7] Walter 2002, 44. // **[8]** Walter 2002, 46. // **[9]** Walter 1963, 56.

Ethel Mannin
(1900–1984)

■ *Women and the Revolution, Why I Am Still a Pacifist* und *Red Rose: A Novel based on the Life of Emma Goldman* sind nur einige der Bücher von **Ethel Mannin** (1900–1984). Die englische Schriftstellerin wandte sich, nachdem sie ursprünglich die (Independent) Labour Party unterstützte, in den 1930er-Jahren dem Anarchismus und Anarchosyndikalismus zu. Zu Zeiten des Spanischen Bürgerkriegs war sie in der englischen Sektion der Solidaridad Internacional Antifascista aktiv, um so die republikanischen Kräfte zu unterstützen. Sie arbeitete zu dieser Zeit auch mit Emma Goldman zusammen, als diese vorübergehend in England lebte. Mannin war eine der wenigen Personen, mit denen Goldman in England eine wirkliche Freundschaft aufbauen konnte. Der gewaltfreie Anarchist Bart de Ligt beeinflusste Ethel Mannin stark und für Nicolas Walter war sie eine Person, die exemplarisch für die »Überschneidung von Anarchismus und Pazifismus« zu dieser Zeit stand.[1] In ihren Werken schrieb sie »über Sex und Frauenbefreiung [...] und behandelte anarchistische Ideen in zahlreichen Sachbüchern und Romanen.«[2] Ihr anarchistisches Ideal war für sie »eine Welt, in

1 Walter 1986, 156. // **2** Meltzer 1977.

der alle Dinge im Gemeinbesitz sind, jeder der Gesellschaft nach seinen Möglichkeiten gibt und nach seinen Bedürfnissen nimmt; eine Welt, in der es kein Kaufen und Verkaufen gibt, keine sinnlose Plackerei, keine Ausbeutung der Vielen durch die Privilegien der Wenigen; eine Welt, in der die Menschen gemäß dem natürlichen Gesetz der gegenseitigen Hilfe zusammenleben, in einer staatenlosen, geldlosen, kooperativen Gesellschaft; eine Welt echter Freiheit, Gleichheit und Brüderlichkeit.«[3] All das habe aber »nichts mit Reform zu tun«, sondern erfordere einen revolutionären Wandel. Dieser könne aber nicht durch eine »blutige Revolution« erreicht werden, da »die Geschichte der blutigen Revolutionen« eine »Geschichte des Scheiterns« sei. Eine Revolution ist nichts, wo man »Menschen hineinknüppeln« könne. Was mit Gewalt implementiert wird, »hat keine Wurzeln, hat keinen Bestand«. Die Massen müssten nicht die »Macht an sich reißen«, sondern den bestehenden Herrschaftsstrukturen schlicht die Kooperation entziehen und die »gesamte Maschinerie« würde »aufhören zu funktionieren«.[4] Mannin beschäftigte sich auch mit der Rolle von Frauen

[3] Mannin 1944, 72. // [4] Mannin 1944, 73.

im Krieg und schrieb, Frauen sollten den Krieg als »kapitalistisch-imperialistischen Schwindel« bloßstellen, von dem die Menschen »genau gar nichts« erwarten könnten.[5] Ausschlaggebend für einen revolutionären Wandel im Sinne des Anarchismus war für Mannin eine »Umwertung der Werte in allen Bereichen, den sozialen, moralischen, ökonomischen, industriellen, landwirtschaftlichen«.[6]

---

[5] Mannin 1941, 21. // [6] Mannin 1944, 73.

Alex Comfort
(1920–2000)

■ Als »aggressiven Antimilitaristen«[1] bezeichnete sich der Anarchopazifist **Alex Comfort** (1920–2000). Er schrieb unter anderem für die Zeitschriften *Peace News* und *Freedom* und war Teil des Committee of 100, der Peace Pledge Union und der Campaign for Nuclear Disarmament. In diesem Zusammenhang bezeichnete ihn Nicolas Walter als »die wahre Stimme der nuklearen Abrüstung, viel mehr als Bertrand Russell oder sonst irgendjemand.«[2] Die Verweigerung und Nicht-Zusammenarbeit waren auch für Comfort zentrale anarchistische Mittel des Widerstands. »Man kann Exekutionskommandos nur beseitigen, indem man sich weigert, in ihnen zu dienen, […] nicht, indem man ein Exekutionskommando bildet, um alle anderen Exekutionskommandos zu töten«, so Comfort zum Grundproblem kriegerischer Auseinandersetzungen und wie man sie aus der Welt schafft. PazifistInnen müssten aber den Schritt von der Verweigerung hin zu aktivem Widerstand machen. Erst wenn »genügend Menschen die Einladung zu sterben nicht mit einem Salut, sondern mit einem Klaps auf den Mund beantworten und die Erwähnung des Kriegs die Fabriken leert und die

1 Comfort zit. n. Goodway 2012, 241. // **2** Walter zit. n. Goodway 2012, 5.

Straßen füllt, dann wird es uns vielleicht möglich sein, von Freiheit zu sprechen.« Zur Frage revolutionärer Gewalt und gewaltsamen Umstürzen war seine Meinung klar. Hierzu machte er sich keine Illusionen und er verwarf gewaltsame und bewaffnete Revolutionsstrategien aus anarchistischer Perspektive. Comfort schrieb: »Die bewaffnete Revolution kann erfolgreich sein, aber die bewaffnete Revolution [...] hat noch nie etwas anderes hervorgebracht als Tyrannei.«[3] Den Anarchopazifismus beschreibt er letztendlich als etwas einzigartiges unter den sozialrevolutionären Traditionen, nämlich als »die einzige revolutionäre Bewegung, die nicht die Samen der post-revolutionären Tyrannei in sich trägt«.[4]

3 Comfort zit. n. Walter 1963, 46. // **4** Comfort 1945, 51.

Geoffrey Ostergaard
(1926-1990)

■ Einer, der sich stark für eine anarchistische Gandhi-Interpretation einsetzte und diese in der westlichen libertären Szene bekannt machte, war der gewaltfreie Anarchist und Politikwissenschaftler **Geoffrey Ostergaard** (1926–1990). Für ihn war Gandhi nichts weniger als der »wichtigste intellektuelle Einfluss«, um »den Anarchopazifismus zu formen«.[1] Ostergaard war Professor an der University of Birmingham und schrieb Bücher wie *The Tradition of Workers' Control, Nonviolent Revolution in India, The Gentle Anarchists* und *Resisting the Nation State: The Pacifist and Anarchist Tradition*. Ostergaard war Mitglied der Peace Pledge Union sowie regelmäßiger Autor für Zeitschriften wie *Anarchy, Freedom* und *Peace News*. Der Staat, als »organisierte Gewalt«, sei die »Antithese« zum Anarchismus, weshalb es »logisch erscheinen würde«, dass AnarchistInnen »sämtliche Gewalt ablehnten«.[2] Obwohl einige AnarchistInnen seit Bakunin diese Position nicht übernahmen, hätten dennoch viele eben diese Schlüsse gezogen, so Ostergaard. PazifistInnen und AnarchistInnen bzw. (libertäre) SozialistInnen hätten im Laufe der Geschichte voneinander gelernt

1 Ostergaard 1982, 14. // **2** Ostergaard 1982, 13.

und dabei blinde Stellen in der jeweiligen Theorie und Praxis beseitigt. PazifistInnen kamen so zunehmend zu den selben Schlüssen wie libertäre SozialistInnen, dass nämlich die Gründe für soziale Ungerechtigkeit sowie das Problem der Gewalt und des Kriegs (auch) im Kapitalismus zu suchen seien. Dies zu erkennen und sich von dem Glauben zu verabschieden, dass mit einigen Änderungen der individuellen Einstellung sowie einem Schwenk in der Politik des Staats diese Probleme zu beheben seien, sei maßgebend dafür gewesen, dass PazifistInnen zu »SozialrevolutionärInnen wurden, anstatt die Liberalen zu bleiben, die die meisten von ihnen im 19. Jahrhundert waren.« Die »sozialistische Idee, dass der Kapitalismus eine der Hauptursachen für Krieg und gewalttätige Klassenkonflikte, sowie die anarchistische Überzeugung, dass der Krieg endemisch für die Organisation der Menschheit in Staaten ist, [...] waren zwei grundlegende Überzeugungen, die für PazifistInnen [...] mehr und mehr plausibel wurden.«[3] Die »Anti-Staatlichkeit der AnarchistInnen und SyndikalistInnen« sieht er spätestens mit der nuklearen Aufrüstung der Staaten und der damit

[3] Ostergaard 1985, xii.

einhergehenden drohenden nuklearen Vernichtung klar gerechtfertigt. Der Krieg kann also nur mit dem Staat verschwinden, denn der »Krieg ist eine Funktion des Staates«[4], so bringt Ostergaard seine anarcho-pazifistische Haltung in der Zeitschrift *Anarchy* auf den Punkt.

---

[4] Ostergaard zit. n. Carter 1988, 66.

Dorothy Day
(1897–1980)

■ Eine der bekanntesten libertär-sozialistischen ChristInnen ist die US-Amerikanerin **Dorothy Day** (1897–1980). Sie war eine der MitgründerInnen und bis zu ihrem Tod die treibende Kraft hinter der libertär-pazifistischen Catholic-Worker-Bewegung, die bis heute existiert. Als junge Erwachsene war sie Teil der sozialistischen und anarchistischen Szene und verkehrte in der literarischen Bohème in Greenwich Village/ New York City. Zudem engagierte sie sich in der Suffragetten-Bewegung, obwohl sie später nie wählen ging. Day arbeitete als Journalistin bei unterschiedlichen sozialistischen Zeitschriften wie *The Call*, *The Masses* und *The Liberator* und war von ihrer Jugend bis an ihr Lebensende Mitglied der Gewerkschaft Industrial Workers of the World (IWW). Neben revolutionär-syndikalistischer IWW-Literatur waren auch die Schriften des Anarchokommunisten Peter Kropotkin sehr einflussreich auf ihre frühe politische Sozialisation. Mit der Geburt ihrer Tochter konvertierte sie, nach einem längeren Reflexionsprozess über eine sich verstärkende Religiosität, zum Katholizismus und setzte ihr sozialpolitisches Engagement in der bald darauf gegründeten Catholic-Worker-Bewegung unvermindert fort. Sie blieb dabei gleichzeitig stets in Kontakt mit der säkularen radikalen Linken, in der sie

politisch »groß geworden« war und dessen Ziele sie unvermindert teilte. Dennoch plagten sie anfänglich große Sorgen, dass sie durch ihre Konversion zum Katholizismus »die Klasse verrate«, zu der sie gehörte, jene »der Arbeiter, der Armen dieser Welt, jene Klasse, die Christus am meisten geliebt und mit der er sein Leben verbracht hat.«[1] Bevor die Catholic-Worker-Bewegung formal gegründet wurde, gründete sie 1933 gemeinsam mit Peter Maurin eine Zeitschrift namens *The Catholic Worker*, welche sie auf der traditionellen Erste-Mai-Demonstration am Union Square in New York City unter den anwesenden ArbeiterInnen und RevolutionärInnen verteilte. In dieser Ausgabe fragte Day rhetorisch: »Ist es denn nicht möglich, radikal zu sein und dabei kein Atheist zu sein? Ist es denn nicht möglich, gegen Missstände zu protestieren, diese zu entlarven und aufzuzeigen und Reformen zu verlangen, ohne den Wunsch zu haben, die Religion zu stürzen?«[2] Day war eine unermüdliche Kämpferin gegen Krieg und Militarismus und standhaft in ihrem radikalen Pazifismus und ihrer Gewaltfreiheit. Die ausgebeutete und kämpfende Arbeiterklasse sowie die Ausgestoßenen

1 Day 2006, 143. // **2** Day zit. n. Forest 2011, 3.

und Armen waren stets im Fokus ihres Aktivismus. Sie stemmte sich auch vehement gegen einen weit verbreiteten und akzeptierten Antisemitismus und Rassismus in den USA. Ihre letzte Gefängnisstrafe saß sie in hohem Alter ab, als sie 1972 einen illegalen Streik von kalifornischen FeldarbeiterInnen unterstützte. In einer Kolumne für die noch heute erscheinende Zeitung *The Catholic Worker* schrieb sie einmal einen auch heute noch häufig zitierten Satz: »Wir müssen dieses System verändern. Wir müssen [...] dieses verrottete, dekadente, verdorbene industriekapitalistische System stürzen.«[3]

---

[3] Day 1956, 6 f.

Ammon Hennacy
(1893-1970)

■ **Ammon Hennacy** (1893–1970) war ein christlicher Anarchist und gewaltfreier Aktivist aus den Vereinigten Staaten. Er wurde aufgrund seiner Kriegsdienstverweigerung im Ersten Weltkrieg für zwei Jahre inhaftiert, wo er den ebenfalls inhaftierten Anarchisten Alexander Berkman kennenlernte, der ihn im Sinne des Anarchismus stark beeinflusste. Mit Dorothy Day verband ihn eine tiefe, lebenslange Freundschaft und so wurde er 1952 Teil der Catholic-Worker-Bewegung, bei der er eine Zeit lang aktiv war. Auch nachdem er aus der katholischen Kirche, der er stets kritisch gegenüberstand, ausgetreten war, blieb dieses Näheverhältnis bestehen. »Ich glaubte nicht an die Kirche«, meinte er einmal, »aber ich glaubte an Dorothy [Day].«[1] Hennacy wurde aufgrund seines Aktivismus dutzende Male verhaftet. Als er beispielsweise 1959 mit anderen AktivistInnen vor Gericht stand aufgrund von zivilem Ungehorsam gegen eine jährlich stattfindende Zivilschutzübung, erwiderte er auf die Frage des Richters, wie oft er nun deswegen schon vor Gericht erscheinen musste: »Fünfmal;

__1__ Hennacy zit. n. Forest 2011, 198.

und nächstes Jahr wird es das sechste Mal sein!«² Zudem weigerte er sich sein Leben lang, Steuern zu zahlen und gründete, ganz im Sinne der Catholic Workers, in Utah sein eigenes »Haus der Gastfreundschaft«, das er Joe Hill House (benannt nach dem berühmten Wobbly) nannte. Die persönliche Veränderung und ein alternativer, revolutionärer Lebensstil waren für ihn, wie für so viele christliche AnarchistInnen, ein zentrales Merkmal jeder Revolution und er nannte dies die »One Man Revolution«, die er beabsichtigte zu sein. Er meinte einmal zu seinem Verständnis von Gewaltfreiheit und seiner »One Man Revolution«-Grundhaltung: »Du kamst bis an die Zähne bewaffnet in diese Welt. Mit einem ganzen Arsenal an Waffen, Waffen der Privilegien, ökonomischer Privilegien, sexueller Privilegien, ethnischer Privilegien. Wenn du Pazifist sein willst, musst du dich nicht nur der Schusswaffen entledigen, der Messer, Knüppel, der brutalen und wütenden Worte, du musst dich auch all der Waffen der Privilegien entledigen und völlig entwaffnet in diese Welt gehen.«³ Einem Richter,

2 Cornell 2013, 137. // **3** Hennacy zit. n. Phillips 2008.

der von ihm wissen wollte, was ein Anarchist sei, antwortete er unverblümt: »Ein Anarchist ist jemand, der keinen Polizisten braucht, um sich gut zu benehmen.«[4] Hennacy starb, nachdem er einen Herzinfarkt erlitten hatte, als er gegen die Todesstrafe vor einem Gefängnis in Utah demonstrierte.

---

[4] Hennacy 1959, 119.

A. J. Muste
(1885–1967)

■ **A. J. Muste** (1885–1967) bezeichnete sich selbst zwar nicht als Anarchist, er ist aber als undogmatischer Sozialist, Basisgewerkschafter, antirassistischer Aktivist, Pazifist und gewaltfreier Revolutionär für viele gewaltfreie AnarchistInnen und anarchistische PazifistInnen eine wichtige und inspirierende Person. Der als Kind aus den Niederlanden in die USA emigrierte Abraham Johannes »A. J.« Muste war schon während seines Theologiestudiums von sozialistischen Ideen beeinflusst und war ein Vertreter des sogenannten »Social Gospel« – einer sozialkritischen und progressiven protestantisch-theologischen Strömung. Als überzeugter Pazifist wurde er Teil der Fellowship of Reconciliation sowie der War Resisters League und engagierte sich, gemäß seiner sozialistischen Ideale, bei diversen Gewerkschaften, Arbeitskämpfen und Streiks. 1921 wurde er Vorsitzender des Brookwood Labor College, einer von Gewerkschaften finanzierten Bildungseinrichtung für ArbeiterInnen. Kurz darauf gründete Muste die Conference for Progressive Labor Action (CPLA), eine progressive Plattform von kämpferischen GewerkschafterInnen, mit der dazugehörigen Zeitschrift *Labor Age*. Die CPLA versuchte, die Basis existierender Gewerkschaften zu radikalisieren und Gruppen wie Frauen und African

Americans, für die sich kaum eine Gewerkschaft damals interessierte, zu organisieren. Vor parlamentarischen und parteipolitischen Ambitionen wurde gewarnt und die direkte Aktion stattdessen propagiert. Nach einem kurzen – und für ihn schmerzlichen, aber lehrreichen – Ausflug in die marxistisch-leninistische und trotzkistische Szene kehrte er diesen autoritären Spielarten des Sozialismus wieder den Rücken und bekannte sich erneut zu seinen undogmatisch-sozialistischen und gewaltfrei-revolutionären Wurzeln. Er war nun vor allem im radikaleren Flügel der Antikriegsbewegung aktiv und setzte sich, inspiriert durch die Diskussionen einer jüngeren Generation gewaltfreier RevolutionärInnen (zum Beispiel David Dellinger), für konfrontativere Formen gewaltfreien Widerstands, wie zum Beispiel direkte gewaltfreie Aktionen und zivilen Ungehorsam, ein. Auch in der aufkommenden Bürgerrechtsbewegung spielte er eine wichtige Rolle und der bekannte Bürgerrechtler Bayard Rustin war einer seiner engsten Freunde und Weggefährten. Muste wollte eine revolutionäre pazifistische Bewegung aufbauen, die sich mit den Kämpfen der ArbeiterInnen und der Bürgerrechtsbewegung solidarisieren müsse. Engagement gegen Krieg war für ihn ohne ein Eintreten für soziale Gerechtigkeit nicht denkbar.

Für Muste waren die Probleme der kapitalistischen Ausbeutung, der rassistischen Diskriminierung (speziell, aber nicht nur von African Americans in den USA) sowie die Frage des Friedens untrennbar miteinander verbunden. Muste sprach hier von einer »Dreifachrevolution«, die notwendig sei. Die Gesellschaft, die ihm vorschwebte, war eine »klassenlose [...], in welcher der bewaffnete, nationalistische, höchst zentralisierte Staat verschwunden ist«; eine, in der »jedes Individuum seine eigenen Talente und Persönlichkeit« entwickeln könne. Diese Gesellschaft sei »genuin internationalistisch und nicht nationalistisch« und basiere auf Prinzipien wie »verantwortungsbewusster Freiheit, Gegenseitigkeit und Frieden«.[1] Muste meinte einmal, die Forderung den Krieg abzuschaffen, sei schlicht nicht genug. Der Krieg sei so sehr »Teil unserer Kultur und unseres ökonomischen und politischen und spirituellen Daseins«, dass die Forderung nach einem Ende des Krieges gleichbedeutend sei mit der Forderung nach einer »Revolution [...] in uns selbst und in unserer Welt«.[2]

---

1 Muste zit. n. Danielson 2014, 270. // **2** Muste zit. n. Danielson 2014, 230.

David Dellinger
(1915–2004)

■ Einer der radikalsten und umtriebigsten gewaltfreien Revolutionäre der Vereinigten Staaten seiner Zeit (und darüber hinaus) war ohne Zweifel **David Dellinger** (1915–2004). 1936 fuhr Dellinger in das Bürgerkriegsgebiet nach Spanien und war tief beeindruckt von den dort kämpfenden SozialistInnen und AnarchistInnen. Er überlegte, selbst mit der Waffe in der Hand auf republikanischer Seite gegen die Faschisten zu kämpfen, entschied sich aber aufgrund seiner gewaltfreien Grundhaltung dagegen. In Spanien wurde ihm aber klar, dass er »immer ein Revolutionär sein werde, […] jedoch ein gewaltfreier Revolutionär«, denn der bewaffnete Weg sei zwar »verlockend, funktioniert aber nicht«.[1] Als im Jahr 1940 zum ersten Mal in der Geschichte der USA ein Gesetz zur Militärdienstpflicht in Friedenszeiten in Kraft trat, weigerten sich acht junge Theologiestudenten des Union Theological Seminary, dem nachzukommen, nannten das Gesetz »totalitär« und wurden für ein Jahr in Danbury inhaftiert. Diese Kriegsdienstverweigerer (KDVer) wurden fortan als die »Union Eight« bezeichnet – und David Dellinger war einer davon. Der bekannte

---

1 Dellinger zit. n. Tracy 1996, 4.

Theologe Reinhold Niebuhr bezeichnete diese konsequente Gehorsamsverweigerung gegenüber dem Staat schon damals richtigerweise, obwohl abwertend gemeint, als eine »im Grunde anarchistische Philosophie«.² 1943 befand sich Dellinger aufgrund seiner Kriegsdienstverweigerung in Lewisburg erneut in Haft und wurde eine treibende Kraft hinter dem sogenannten Lewisburg Hunger Strike. Dieser begann als Arbeitsstreik gegen die rassistische Segregation von weißen und schwarzen Inhaftierten im Speisesaal und wurde später zu einem Hungerstreik gegen die Zensurpraktiken im Gefängnis sowie gegen das Gefängnissystem an sich. Widerstand dieser Art wurde von Dellinger und anderen KDVern bereits in Danbury praktiziert. In Lewisburg entwickelte sich Dellinger aber laut seinem Biografen vom »christlichen Sozialisten [...] zum säkularen Anarchisten«.³ Dellinger war in der Folge in der libertär-sozialistischen, anarchistischen und radikalpazifistischen Szene aktiv, die sich in unterschiedlichen sozialen Bewegungen gegen Krieg, Rassismus und für soziale Gerechtigkeit engagierte. In ihrem Widerstand orientierten sich diese AktivistInnen stark

2 Niebuhr zit. n. Tracy 1996, 2. **// 3** Hunt 2006, 86.

an Gandhis Kampfformen, was damals noch als eine Art radikales aktivistisches Novum galt. Er war Gründungsmitglied des gewaltfrei-revolutionären, libertär-sozialistischen Committee for Nonviolent Revolution, war Mitglied der War Resisters League und arbeitete unter anderem mit A.J. Muste bei der libertär-pazifistischen Zeitschrift *Liberation*. 1968 war Dellinger Teil der berühmten »Chicago Seven«, einer Gruppe von AktivistInnen, die in einem aufsehenerregenden Prozess unter anderem der Verschwörung beschuldigt sowie für Ausschreitungen beim Konvent der Demokratischen Partei verantwortlich gemacht wurden. Noch in hohem Alter, im Jahr 2001, begab er sich auf einen Protestmarsch von Vermont nach Québec, um gegen das NAFTA-Freihandelsabkommen zu demonstrieren. »Es muss Streiks geben, Sabotage, die Inbesitznahme von öffentlichem Eigentum, das jetzt in den Händen privater Eigentümer ist. Es muss zivilen Ungehorsam geben gegen Gesetze, die dem menschlichen Wohl zuwiderlaufen«, schrieb Dellinger kämpferisch, forderte aber – wider die Enthumanisierung des Gegners – gleichzeitig ein, dass allen, »selbst unseren schlimmsten Widersachern«, mit »Respekt und Anstand« begegnet werden solle, die »jeder Mitmensch verdient«.[4] Gewaltfreiheit war für ihn »die Waffe der Enteigneten, der Unterprivilegierten und der Egalitären, nicht die jener, die noch immer von privatem Profit, kommerziellen Werten und großem Reichtum abhängig sind.«[5]

---

[4] Dellinger zit. n. Hunt 2006, 85. // [5] Dellinger 1965, 403.

Dwight Macdonald
(1906-1982)

■ Eine Entwicklung vom Trotzkismus hin zum anarchistischen Pazifismus vollzog der Philosoph, Aktivist, Literatur- und Filmkritiker **Dwight Macdonald** (1906–1982).[1] Ursprünglich als Redakteur der kommunistisch orientierten *Partisan Review* aktiv, gründete er schließlich 1944 seine eigenes, stark anarchistisch und pazifistisch inspiriertes Polit- und Kultur-Magazin *politics*, als dessen Herausgeber er fungierte. Entsprechend seiner politischen Ausrichtung war *politics* »Teil eines breiten anti-totalitären, anarchistischen, pazifistischen und unabhängig-marxistischen Milieus, das in den 1940er-Jahren existierte«[2] und andere anarchistische Publikationen dieser Zeit wie *Resistance, Retort* oder *NOW* inspirierte. In *politics* kamen unter anderem AnarchistInnen wie George Woodcock, Alex Comfort und Paul Goodman zu Wort und es wurden Texte von Leo Tolstoi, William Godwin und Pierre-Joseph Proudhon nachgedruckt. Auch die europäische Linke lud Macdonald verstärkt ein, für das Magazin zu schreiben und so

1 Macdonald vertrat nicht sein gesamtes politisches Leben hindurch eine absolut-pazifistische Haltung, in der Phase, in der er es tat, war er jedoch ein wichtiger und origineller Akteur im gewaltfrei-anarchistischen Spektrum, gewissermaßen auch »ein Kind seiner Zeit«, weshalb diese Phase hier dargestellt wird. // **2** Coogan 1946, 12.

170 // GEWALTFREIER ANARCHISMUS & ANARCHISTISCHER PAZIFISMUS

erschienen Texte von AutorInnen wie Albert Camus, Simone Weil und George Orwell. Mit Hannah Arendt verband ihn eine enge Freundschaft. Spätestens nach den Atombombenangriffen auf Hiroshima und Nagasaki war für Macdonald klar, dass man sich über die Natur des (auch nicht-totalitären, demokratischen) Staates keine Illusionen mehr machen kann: »Wir müssen den modernen Nationalstaat ›erwischen‹, bevor er uns ›erwischt‹«[3], schrieb er hierzu. Bei aller Kritik am »kapitalistischen Westen« war er gleichzeitig auch ein verbissener Anti-Stalinist, Kritiker der Sowjetunion und der trotzkistischen Linken, mit der er gebrochen hatte. Er vertrat, wie auch andere Linke und AnarchistInnen dieser Zeit in den Vereinigten Staaten, einen »Dritten-Weg«-Ansatz, der sowohl den westlich-kapitalistischen als auch den sowjetischen Machtblock ablehnte und dieser vermeintlichen Dichotomie eine dritte politische Vision entgegenstellte, die radikal pazifistisch, progressiv, egalitär und libertär-sozialistisch war. Macdonald gehörte auch der gewaltfrei-revolutionären Aktionsgruppe Peacemakers an, die man als eine aktivistische Entsprechung jener Prinzipien

[3] Macdonald zit. n. Tracy 1996, 48.

betrachten kann, die er als Herausgeber von *politics* vertreten hatte. Die Kriegsdienstverweigerer seiner Zeit verglich er einmal wohlwollend mit den »europäischen AnarchistInnen und unseren eigenen Wobblies aus alten Zeiten«[4], die spontan und ohne Verzögerung Widerstand gegen Ungerechtigkeiten geleistet hätten. Pazifismus war für ihn »primär ein Mittel, um aktiv gegen Unrecht und Unmenschlichkeit zu kämpfen«, weshalb er schlussfolgert: »Meine Art Pazifismus kann ›gewaltfreier Widerstand‹ genannt werden.«[5]

---

[4] Macdonald zit. n. Tracy 1996, 41. // [5] Macdonald zit. n. Bennett 2003, 179.

Paul Goodman
(1911–1972)

■ Für den US-amerikanischen anarchistischen Pazifisten und Schriftsteller **Paul Goodman** (1911–1972) war Pazifismus »notwendigerweise revolutionär«, die Logik eines pazifistischen Staates hielt er aufgrund ihrer Widersprüchlichkeit für »absurd«.[1] Von allen politischen Denkrichtungen des vergangenen Jahrhunderts hätte »nur der Anarchismus, oder besser, der Anarchopazifismus – die Philosophie von Institutionen ohne Staat und zentralistisch organisierter Gewalt – beständig die widerlichen Gefahren der gegenwärtigen fortgeschrittenen Gesellschaften, deren Polizei, Bürokratie, exzessive Zentralisierung der Entscheidungsfindung, Social Engineering, Abfertigung, Schulbildung und deren unvermeidbare Militarisierung vorhergesehen.«[2] Der Militarismus und das Autoritätsprinzip, das die Menschen daran hindert, ihre Leben selbstbestimmt führen zu können, müssten beseitigt werden, erst dann könnte man eine »anständige Gesellschaft« schaffen, denn: »Es obliegt nicht Regierungen oder Staaten, irgendjemanden glücklich zu machen. Die können das nicht machen.«[3]

1 Goodman 1962, 115. // **2** Goodman 1970, 62. // **3** Goodman zit. n. Marshall 2010, 601.

Seine politischen und sozialen Ansichten spiegeln recht gut die Ansichten jener sozialen Bewegung wider, in der er aktiv war, nämlich der New Left in den Vereinigten Staaten der 1960er- und 1970er-Jahre, in der, zumindest in ihren frühen Jahren, gewaltfrei-revolutionäre und anarchistische Positionen weit verbreitet, ja maßgebend waren. Goodman ist aber auch bekannt als einer der Begründer der Gestalttherapie und als Pionier der Bi- und Homosexuellenbewegung (siehe sein Essay *The Politics of Being Queer*). Als heftiger Kritiker des Vietnamkriegs unterzeichnete er 1968, wie viele andere AktivistInnen aus der libertär-pazifistischen Linken auch, den »Writers and Editors War Tax Protest«, in dem zur Steuerverweigerung aufgrund des Krieges aufgerufen wurde. Eine echte Befreiung erfordert laut Goodman nichts weniger als die völlige Veränderung der Verhältnisse, wobei AnarchistInnen »die Schönheit der Gewaltfreiheit« erkannt hätten, da »jegliche Mittel der Gewalt dazu tendieren, Zentralismus und Autoritarismus« zu stärken.[4]

---

[4] Goodman 1966, 55.

Howard Clark
(1950–2013)

■ Ein Theoretiker und Aktivist der gewaltfreien Revolution und des anarchistischen Pazifismus war **Howard Clark** (1950–2013). Er war vor allem im Umfeld der War Resisters' International aktiv. Der Ausgangspunkt für eine gewaltfrei-anarchistische Revolution war für ihn, »dass Menschen lernen, gemeinsam anders zu leben, zu kooperieren, die etablierten Institutionen zu umgehen oder zu bekämpfen und Alternativen zu entwickeln.«[1] Eine gewaltfreie Revolution war für ihn »nicht die Fortsetzung des traditionellen Klassenkampfes mit gewaltfreien Mitteln. Ich lehne die Vorstellung von einer Revolution ab, die das männliche Industrieproletariat als Hauptakteur sieht, als treibende Kraft, deren historische Aufgabe es sei, den Kapitalismus abzuschaffen. Es gibt gesellschaftliche Gruppen, deren Unterdrückung Gründe hat, die jede orthodoxe Klassenanalyse sprengen, und innerhalb dieser Gruppe der Unterdrückten gibt es stets Menschen, die doppelt unterdrückt sind – Frauen, Kinder, Schwule.«[2] Die Basis der gewaltfreien Revolution war für Clark auch keine »einheitliche Massenbewegung«;

1 Clark 2014, 30. // **2** Clark 2014, 20.

PORTRÄT ▸ **HOWARD CLARK //** 175

sie beginnt vielmehr, wenn »Menschen in ihren jeweiligen Situationen ihr Leben in die eigene Hand nehmen und dabei anderen Werten Geltung verschaffen – Werten, die zuvor systematisch unterdrückt wurden in der Herausbildung einer Gesellschaft, die auf Herrschaft, Konkurrenz und der Missachtung des Lebens gegründet ist.«[3] Die Basis sozialer Macht fußt für ihn auf dem »Gehorsam von Menschen, egal ob dieser Gehorsam freiwillig, aus Gewohnheit oder erzwungenermaßen geleistet wird.« Daher erfordert die »Zerstörung einer Tyrannei [...] nicht die physische Zerstörung oder Demütigung des Tyrannen.«[4] Gewaltfreiheit bedeutet deshalb auch, sich in »Konflikte einzumischen, um Herrschaftsverhältnisse zu beenden«, damit die Menschen sich in diesem Prozess befähigen, »ihr eigenes Leben führen zu können«.[5] Gewaltfreiheit ist also keineswegs um die Vermeidung von Konflikten bemüht. Den gewaltfreien Anarchismus betrachtete Clark nicht als »Politik, bei der man einfach nur Halt macht, kurz bevor es zur Gewaltanwendung kommt. Er verlangt vielmehr eine Revolution anderer

3 Clark 2014, 17. **// 4** Clark 2014, 42. **// 5** Clark 2014, 40.

Art und anderen Stils: indem man sich jeglicher Macht widersetzt und sie untergräbt, indem man sich jeglichen Machtverhältnissen verweigert und entzieht und indem man Verantwortung für sein Handeln im Zusammenwirken mit anderen übernimmt.«[6]

---

[6] Clark 2014, 52.

Judi Bari
(1949–1997)

■ Eine Aktivistin, die radikale Ökologie, gewaltfreie Aktion und revolutionären Syndikalismus vereinte, war **Judi Bari** (1949–1997). Als junge Erwachsene war sie in der Antikriegsbewegung und in radikalen gewerkschaftlichen Zusammenhängen aktiv und wurde schließlich Mitglied der Industrial Workers of the World (IWW). In den 1980er-Jahren begann sie sich bei der radikal-ökologischen Organisation Earth First! (EF!) zu engagieren. Als EF! die »Redwood Summer«-Kampagne in den 1980er- und 1990er-Jahren zum Schutz der Mammutbäume (engl. Redwoods) in Nord-Kalifornien initiierte, war sie eine wichtige Organisatorin des großangelegten Widerstands gegen die massive Abholzung dort. Bari und EF! bekannten sich dabei immer dezidiert zur Gewaltfreiheit im Widerstand, zur direkten gewaltfreien Aktion. Als Wobbly und radikal-ökologische Aktivistin versuchte sie im Redwood Summer, die ArbeiterInnen der Holzindustrie und die EF!-AktivistInnen für eine gemeinsame Kampagne zusammenzubringen. Bari betrachtete die ArbeiterInnen in diesem Konflikt nicht als GegnerInnen, sondern als potentielle Verbündete in dem Kampf gegen die zerstörerischen und kapitalistischen Interessen der Holzindustrie und versuchte verstärkt, sie in der IWW zu organisieren. Judi Bari

178 // GEWALTFREIER ANARCHISMUS & ANARCHISTISCHER PAZIFISMUS

war federführend dabei, eine dezidiert gewaltfrei-feministische Strömung in Earth First! zu etablieren und setzte sich dafür ein, mehr Frauen in EF!-Aktivitäten einzubinden. Dass sich explizit auf die gewaltfreie Aktion berufen wurde, war für Bari gerade eines der feministischen Kennzeichen dieses Kampfes und ein Statement gegen »Mackertum« in der Bewegung. Obwohl Earth First! seit jeher dezentral, nicht-hierarchisch und progressiv war, so war es auch stark männlich dominiert. Das Narrativ »Großer Mann geht in große Wildnis, um große Bäume zu retten« störte sie ebenso wie das Bild des »machistischen, Bier trinkenden Öko-Typen«, dem sie ein öko-feministisches Selbstverständnis entgegensetzte.[1] Für Bari hingen Kämpfe für soziale Gerechtigkeit unweigerlich mit ökologischen Fragen zusammen. Wolle man »den Planeten retten«, so müsse man »auch die eigentlichen Ursachen« der Probleme, vor denen man steht, zum Thema machen, »inklusive des Patriarchats und einer zerstörerischen, ausbeuterischen Gesellschaft.«[2] Man könne »die Zerstörung unberührter Naturlandschaften nicht ernsthaft zum Thema machen, ohne auch die Gesellschaft, die

1 Bari 1992. // **2** Bari 1991.

sie zerstört, in den Blick zu nehmen.« Klassenfragen bezog sie in ihren Analysen ebenso mit ein. Eine revolutionäre Ökologiebewegung müsse sich »auch unter Armen und den ArbeiterInnen organisieren«. Zudem seien weite Teile der amerikanischen Ökologiebewegung »weiß und privilegiert«, was sie für den Status quo weit weniger gefährlich mache – der Brückenschlag zur Arbeiterklasse müsste forciert werden. »Eine revolutionäre Ideenlehre, die sich in den Händen der Privilegierten befindet, kann bis zu einem gewissen Grad das System stören und verändern«, so Bari, »aber eine revolutionäre Ideenlehre in den Händen der ArbeiterInnen kann ein System zum Stillstand bringen. Es sind nämlich die ArbeiterInnen, die ihre Hände auf der Maschine haben. Und nur wenn wir diese Maschinerie der Zerstörung stoppen, können wir auf ein Ende dieses Wahnsinns hoffen.«[3] Judi Bari bezahlte für ihren Aktivismus einen hohen Preis, denn auf sie wurde 1990, nachdem sie bereits mehrere Todesdrohungen erhalten hatte, ein bis heute ungeklärter Sprengstoffanschlag verübt, den sie nur knapp überlebte.

[3] Bari 1995.

Howard Zinn
(1922–2009)

■ **Howard Zinn** (1922–2009) war ein US-amerikanischer Antikriegsaktivist, Anarchist und Historiker. Er lehrte Politikwissenschaft an der Boston University und ist der Autor des bekannten Buches *A People's History of the United States* (dt. *Eine Geschichte des amerikanischen Volkes*). In den 1950er- und 1960er-Jahren war er beim Student Nonviolent Coordinating Committee (SNCC), das gegen die Diskriminierung von African Americans kämpfte, aktiv. Dieses Engagement beim SNCC, dem er übrigens eine anarchistische Dimension zusprach, war für ihn prägend in Sachen gewaltfreier Widerstand.[1] Er war begeistert von »gewaltfreier, direkter Aktion. Nicht einfach nur passive Gewaltfreiheit und gewiss keine Kapitulation, keine Hinnahme oder Beschwichtigung, sondern Aktion, Widerstand, Engagement.«[2] Nicht zuletzt aufgrund dieser Erfahrungen betrachtete er die direkte gewaltfreie Aktion als ausschlaggebend für den Anarchismus: »Es gibt ein zentrales Charakteristikum des Anarchismus in Bezug auf die Mittel, und dieses zentrale Prinzip ist [...] die direkte Aktion.« Umwege über die »repräsentative Regierung, Wahlen, Gesetzgebung« müssten

1 Siehe Zinn 2013. // **2** Zinn 2010, 139.

vermieden und das Problem direkt angegangen werden.«Im Falle von Gewerkschaften, im Fall des Anarchosyndikalismus, bedeutet das, dass die ArbeiterInnen in den Streik treten; und nicht nur das, sondern auch, dass sie die Industrien übernehmen, in denen sie arbeiten und diese selbst verwalten. Als sich Schwarze in den Südstaaten gegen die Segregation organisierten, warteten sie nicht darauf, dass ihnen die Regierung ein Signal gab, sie wandten sich auch nicht an die Gerichte, um Klagen einzureichen und warteten nicht, bis der Kongress dementsprechende Gesetze verabschiedete. Sie führten direkte Aktionen durch: Sie gingen in Restaurants und setzten sich hin [wo nur Weiße sitzen durften; S.K.] und bewegten sich nicht vom Fleck. Sie gingen in diese Busse und schafften eine Situation, wie sie sie haben wollten.«[3] In den Widerstandsstrategien, die Zinn ausformuliert, gibt er zentrale Punkte gewaltfrei-anarchistischer Theorie und Praxis wieder: »Ich denke, der erste Schritt ist jener, uns zu organisieren und gegen die existierende Ordnung zu protestieren – gegen Krieg, gegen ökonomische und sexuelle Ausbeutung, gegen Rassismus etc. Wir müssen uns

---

3 Zinn 2008.

aber in einer Art und Weise organisieren, in der die Mittel mit unseren Zielen übereinstimmen, in einer Art, in der wir menschliche Beziehungen schaffen, wie sie in der zukünftigen Gesellschaft existieren sollen. Das bedeutet: uns ohne zentralisierte Autorität, ohne charismatischen Führer zu organisieren, in einer Art, die im Kleinen das Ideal der zukünftigen egalitären Gesellschaft vorwegnimmt. Selbst wenn man dann nicht gleich morgen oder im nächsten Jahr einen Sieg erringt, hat man in der Zwischenzeit eine Struktur geschaffen. Man hat gelebt, wie die zukünftigen Gesellschaft aussehen soll und unmittelbare Befriedigung geschaffen, selbst wenn man das ultimative Ziel noch nicht erreicht hat.«[4] Zu häufig wiederkehrenden und altbekannten Denunziationen des Anarchismus meinte er: »Es steht außer Zweifel, dass anarchistische Ideen für jene, die an der Macht sind, angsteinflößend sind. Die Mächtigen können liberale Ideen tolerieren. Sie können Ideen tolerieren, die Reformen fordern, sie können aber nicht die Idee tolerieren, dass es keinen Staat, keine Zentralgewalt mehr geben soll. Daher ist es so wichtig für sie, die Idee des Anarchismus lächerlich zu machen und die Vorstellung zu kreieren, der Anarchismus sei gewalttätig und chaotisch.«[5]

---

4 Zinn 2008. // **5** Zinn 2008.

Kurt Vonnegut
(1922–2007)

■ **Kurt Vonnegut** (1922–2007) war ein US-amerikanischer Schriftsteller. Er ist Autor bekannter Werke wie *Slaughterhouse-Five, Cat's Cradle* oder *Breakfast for Champions* und zeichnet sich durch seinen trockenen, schwarzen Humor und lakonischen Schreibstil aus. Seine Erfahrungen als US-Soldat während des Zweiten Weltkriegs, insbesondere seine Zeit als Kriegsgefangener der Deutschen während der alliierten Luftangriffe auf Dresden 1945 (verarbeitet in dem Buch *Slaughterhouse-Five*), machten aus ihm einen radikalen Pazifisten und Humanisten. Die American Humanist Association wählte ihn 1992 zum »Humanisten des Jahres« und ernannte Vonnegut, der sich zeit seines Lebens als Atheist verstand und aus einer Familie von FreidenkerInnen kam, zum Ehrenpräsidenten. 2006 erschien sein letztes zu Lebzeiten veröffentlichtes Buch. Es ist eine Sammlung politischer Essays, geprägt von dem politischen Klima und den Realitäten unter der Präsidentschaft George W. Bushs, und trägt den Titel *A Man Without a Country*. Kurt Vonnegut war, neben seinen pazifistischen und humanistischen Idealen, bereits recht früh von sozialistischen Ideen geprägt. Vor allem Eugene V. Debs, Sozialist, Gewerkschafter und Gründungsmitglied der Industrial Workers of the World (IWW), war einer seiner

»Lieblingsmenschen«, der ihn beeinflusste und dessen Leben und Werk er wertschätzte. In Anlehnung an das wohl berühmteste Debs-Zitat schrieb Kurt Vonnegut: »Wenn du jeden morgen in der Früh aufstehst, mit dem krähenden Hahn, würdest du nicht gern sagen: ›Solange es eine Unterschicht gibt, bin ich Teil davon. Solange es kriminelle Elemente gibt, bin ich eines davon, und solange auch nur eine Seele im Gefängnis ist, kann ich nicht frei sein‹[?]«[1] Zu seinen politischen Ansichten meinte er einmal, nachdem ihm während einer Rede ein erboster Gast vorwarf, die Jugend Amerikas zynisch und pessimistisch zu machen, in seiner gewohnten Art: »Die Überzeugungen, die ich zu verteidigen habe, sind so sanft und kompliziert [...]. Ich bin ein Pazifist, ich bin ein Anarchist, ich bin ein Erdenbürger, und so weiter.«[2]

1 Vonnegut 2007, 96 f. // **2** Vonnegut zit. n. Baker 2007.

Utah Phillips
(1935–2008)

■ »Ich bin hier, um die Welt zu verändern, und wenn dem nicht so ist, verschwende ich vermutlich meine Zeit«, meinte der Anarchopazifist, IWW-Aktivist und Musiker **Utah Phillips** (1935–2008). Phillips' Eltern waren bereits GewerkschafterInnen und er selbst wurde vor allem als kämpferischer, klassenbewusster Folksänger bekannt, der mittels Musik seine revolutionären, sozialkritischen Ansichten verbreitete. Johnny Cash erteilte er eine Absage, als dieser seine Songs interpretieren wollte. »Niemand besitzt die Folkmusik«, sagte er und mied stets die kapitalistische Unterhaltungs- und Musikindustrie. »Ich brauche keinen Ruhm. Ich brauche keine Macht. Ich brauche kein Geld. Ich brauche Freunde.« Seine Erfahrungen als Soldat im Korea-Krieg warfen ihn völlig aus der Bahn, er begann zu trinken und in Güterzügen herumzureisen. Diese traumatischen Kriegserfahrungen waren aber auch maßgebend für seinen späteren Pazifismus. Zu dieser Zeit begegnete er dem christlichen Anarchisten Ammon Hennacy. Seine Freundschaft zu Hennacy, mit dem er acht Jahre lang gemeinsam in dessen Joe Hill House (Joe Hill war wie Phillips sowohl Wobbly als auch Folkmusiker) in Utah lebte und der ihn maßgeblich beeinflusste, machte ihn zum anarchistischen Pazifisten.[1] 2005 gründete er, ähnlich

wie Hennacy und die AktivistInnen der Catholic-Worker-Bewegung, sein eigenes »Hospitality House«, in dem er und seine MitstreiterInnen Obdachlose unterstützten und ihnen eine Schlafmöglichkeit boten.

1 Phillips 2008.

Judith Malina
(1926–2015)

■ **Judith Malina** (1926–2015) war eine gewaltfreie Anarchistin und Schauspielerin, die 1947 das sozialkritische Theaterkollektiv The Living Theatre gemeinsam mit dem Poeten, Maler und Regisseur Julian Beck (1925–1985) in New York City gründete. Malina kam aus einer jüdischen Familie aus Kiel. Ihre Mutter, Rosel Zamora, war Schauspielerin, ihr Vater, Max Malina, Rabbiner. Die Familie wanderte 1928 in die Vereinigten Staaten aus. Von dort aus engagierten sie sich gegen den aufstrebenden Nationalsozialismus in Deutschland. Das Living Theatre und Malina waren stets ein einflussreicher Faktor rebellischer Subkulturen und sozialer Bewegungen – nicht nur in den USA – und sie war stolz darauf, aufgrund von zivilem Ungehorsam in 12 unterschiedlichen Ländern dieser Welt verhaftet worden zu sein. Sie engagierte sich in der Antikriegsbewegung und war Mitglied bei Gruppen wie War Resisters League, Women Strike for Peace, General Strike for Peace, U.S. Committee for Latin American Political Prisoners und der Industrial Workers of the World (IWW). Gemäß den anarchistisch-pazifistischen Überzeugungen von Malina hat auch das Living Theatre bis heute eine derartige politische Ausrichtung.[1] Unermüdlich agitierte sie

1 Vgl. Living Theatre 1977.

für die »wunderschöne gewaltfrei-anarchistischen Revolution«[2] und wich von ihren konsequent gewaltfreien und anarchistischen Prinzipien, die für sie untrennbar waren, nie ab. In Stücken wie *The History of the World* brachte Malina diese Vision einer gewaltfreien, anarchistischen Revolution auf die Bühne, wobei, wie sie selbst stets betonte, im Grunde jedes ihrer Stücke dies in der einen oder anderen Form zum Inhalt hatte. Das Living Theatre, das sich als antihierarchisches Ensemble organisiert, war eine der ersten Theatergruppen, die sich »derart spektakulär und weltweit beachtet in den Dienst einer politischen Utopie« stellte. Das Kollektiv sieht »die Funktion des Theaters nicht in der Unterhaltung und Aufarbeitung bürgerlicher Probleme […], sondern in der Agitation.«[3] Die Produktionen des Living Theatre haben, neben ihren politischen Inhalten, oft auch einen experimentellen Charakter. Die Grenzen zwischen Bühne und Publikum werden häufig aufgelöst und das Living Theatre versuchte stets, auf unterschiedlichen Ebenen eine radikale Alternative zu den kommerziellen Broadway-Produktionen zu sein. Dies wurde auch einmal passend

2 Malina zit. n. Solomon 2015. // **3** Linde 1998, 145 f.

als »anarchistischer, revolutionärer, Off-Off-Off-Broadway, der Nein sagt zu allem, was kapitalistisch ist«, beschrieben.[4] Neben Theaterbühnen trat die Gruppe in den verschiedensten Regionen der Welt unter anderem auf Straßen, in Gefängnissen, Slums und Flüchtlingslagern auf. »Ich fordere *alles*«, meinte Malina einmal, »totale Liebe, ein Ende aller Formen von Gewalt und Grausamkeit wie Geld, Hunger, Gefängnisse, Menschen, die Arbeit verrichten müssen, die sie hassen, […] wir können Traktoren voller Essen und Freude haben. Ich verlange es *jetzt*!«[5]

---

[4] Zitiert aus »Theater und Revolution – Judith Malina« von Grace Yoon, Deutschlandfunk, 2013. // [5] Malina zit. n. Weber 2015 (Hervorhebung im Original).

3. Gewaltfreier Anarchismus und anarchistischer Pazifismus als libertäre Strömung und ihr Einfluss auf anarchistische, soziale und widerständige Bewegungen, Gruppen und Projekte

Vor und während des Ersten Weltkriegs entwickelten sich in der anarchistischen Bewegung verstärkt Gruppen, die sich für Kriegsdienstverweigerung wider die Zwangsrekrutierung einsetzten und gegen den nationalistisch angeheizten Militarismus – und gegen den Krieg selbst – agitierten. In der damaligen sozialistischen Arbeiterbewegung wurde die Frage des Antimilitarismus, und wie sich dieser konkret manifestieren soll, heftig debattiert. Hier wurde klar, dass der anarchistische und anarchosyndikalistische Antimilitarismus ganz andere Implikationen hatte und viel weitreichender war als jener der marxistisch beeinflussten SozialistInnen. Es war dann auch die anarchistische Fraktion in der Arbeiterbewegung, die einen Generalstreik im Kriegsfall propagierte, wobei diese Konzeption aufgrund des Widerstands anderer sozialistischer Fraktionen scheiterte. Die Mischung aus (individueller) Kriegsdienstverweigerung und (kollektivem) Generalstreik als antimilitaristische Taktik war eine, die für die anarchistische Bewegung damals charakteristisch war. Viele AnarchistInnen entwickelten im Zuge dieser Debatten auch eine grundsätzliche Gewaltkritik. Einige Organisationen, die sich in diesem antimilitaristischen Kampf besonders engagierten, waren zum Beispiel die **Antimilitaristische Liga** (Schweiz), **No Conscription League** (USA), **Anti-Conscription League** (Großbritannien), **Passive Resisters' Union** (Neuseeland), **Internationale Anti-Militaristische Vereniging** (Niederlande), **Internationale Antimilitaristische Kommission** (transnational) und noch viele andere. Der Anarchosyndikalist Rudolf Rocker meinte beispielsweise 1919, dass »der systematische Völkermord und die gewaltsame Unterdrückung der besitzlosen Volksklassen nur durch die Mithilfe der Arbeiter« möglich sei und forderte deshalb von den ArbeiterInnen, die »Erzeugung von Kriegsmaterial abzulehnen und eine Umstellung der Betriebe für Friedensarbeit zu erwirken«.[1] Zwar gab es im Ersten Weltkrieg eine kleine Minderheit von AnarchistInnen rund um Peter Kropotkin, die mit dem »Manifest der Sechzehn« den Krieg auf Seiten der Entente unterstützen (was eine bittere Spaltung der anarchistischen Bewegung zur Folge hatte), das ändert aber nichts an der Tatsache, dass die überwiegende Mehrheit der anarchistischen Bewegung ihrem antimilitaristischen Ideal treu blieb und Krieg, Militarismus und Nationalismus entschieden entgegentrat.

Im **Anarchosyndikalismus** – im Kontext Deutschlands bei der **Freien Arbeiter-Union Deutschlands** (FAUD) – stößt man immer wieder auf stark gewaltkritische und gewaltfreie Tendenzen, die heute kaum noch bekannt sind.[2] Diskussionen im Anarchosyndikalismus zur Gewaltfrage spiegelten auch häufig einen »pragmatischen Ansatz« zur Gewaltfreiheit wider. Dabei wurde der Gewalt zwar nicht notwendigerweise prinzipiell abgeschworen (wobei auch dies immer wieder zu finden ist), sie wurde aber als kontraproduktiv, taktisch falsch und im Widerspruch zum syndikalistischen Ziel stehend betrachtet und deshalb verworfen.[3] Das ist nicht überraschend, ist doch die Hauptwaffe der anarcho- und revolutionär-syndikalistischen Bewegung seit jeher der Generalstreik, eine klassische Taktik aus dem Repertoire der gewaltfreien Aktion. Der Generalstreik wurde oftmals als genau das, nämlich eine Form der *gewaltfreien Verweigerung und Nicht-Zusammenarbeit,* betrachtet und dezidiert so benannt, nicht als etwas, das gewaltfrei sein kann oder eben auch nicht, sondern dessen

---

1 Rocker zit. n. Beyer 2012, 35. // **2** Siehe dazu allgemein Redaktion Graswurzelrevolution 1977 sowie die Porträts von Oerter, Barwich, Souchy, Wichmann etc. // **3** Vgl. Jochheim 1984, 82 f.

Wesensmerkmal es ist, eine gewaltfreie Kampftechnik zu sein. In Diskussionen in der anarchosyndikalistischen Bewegung wurden Gewaltmittel häufig als Widerspruch zu den (wirtschaftlichen) Kampfmitteln wie Streik, direkte Aktion und Sabotage, die den ArbeiterInnen offenstehen, betrachtet. Zudem wurden Gewaltmittel im Bereich der Partei- und Machtpolitik verortet, gegen die sich AnarchosyndikalistInnen gerade wandten. Speziell nach dem Ersten Weltkrieg »war das Reden und Schreiben der AnarchosyndikalistInnen gegen die Gewalt als reaktionäre Macht gerichtet. Der Kampf gegen die Waffe war ausdrückliches Programm, die Kampfformen wurden als ökonomische und soziale bestimmt, nicht als solche eines Krieges, nicht als politisch-militärische. Nicht die Fortsetzung des Krieges mit anderen Mitteln, sondern der Bruch mit genau diesen Mitteln wurde in vielen Texten gefordert. Praktisch wurde diese Kritik im Aufruf zum Kampf gegen jede politische Partei!«[4] Entwicklungen in Richtung einer Militarisierung von Streiks und der ArbeiterInnenschaft (zum Beispiel im Zuge einer bewaffneten Verteidigung) wurden als fatale Schritte in die falsche Richtung angesehen. »Die Syndikalisten lehnen jede Gewalt und jede Diktatur, die von oben sowohl wie die von unten, ab«[5], meinte etwa der Anarchosyndikalist Fritz Kater. Der Anarchosyndikalist Fritz Köster äußerte sich ebenfalls recht deutlich in diese Richtung: »Es gehört zum syndikalistischen Erziehungsprogramm, die Instinkte der Brutalität in der Menschennatur auszumerzen und durch das humanitäre Selbstbewusstsein der starken Persönlichkeit zu ersetzen.« Köster wollte eine Brücke schlagen zu den »Pazifisten und Antimilitaristen aller Länder und zu der Organisation der Kriegsdienstverweigerer«. Er war bestrebt, sich »auch im ethischen Sinne« von allen »Parteien und Politikern, die sich ohne Waffen und Waffengewalt keine Revolution vorzustellen vermögen«, zu unterscheiden. Die »Angriffsstärke und sittliche Erneuerungskraft des internationalen Syndikalismus« sah er in folgender Losung: »Todfeind der kapitalistischen Gesellschaftsordnung und brutaler Waffengewalt!«[6]

»Auf die Gewalt als Mittel zur Befreiung darf sich die Arbeiterschaft nie und nimmer verlassen! Die Anwendung der Gewalt würde ihr nicht die Freiheit bringen, sondern lediglich eine neue Form der Tyrannei.

---

4 Münster 1990b. // **5** Kater zit. n. Münster 1990b. // **6** Köster zit. n. Münster 1990b.

Stattet irgendeinen mit Gewalt aus, und ihr werdet erleben, dass er sie binnen kurzem missbraucht.«[7] Im FAUD-Organ *Der Syndikalist* – erschienen zwischen 1918 und 1932 – waren häufig gewaltkritische Positionen wie diese zu lesen. »Vollkommen klar ist aber auch, dass Gewalt niemals Freiheit und Gleichheit, sondern nur wieder Gewalt, Unrecht, Unterdrückung, Ungleichheit herbeiführen kann. Politische Macht wird aufgerichtet mit Gewalt und ist untrennbar mit Gewalt verbunden«, heißt es in einer anderen Ausgabe. Die Analyse, dass gewaltsame Mittel für (partei)politische Machtbestrebungen, nicht aber für den Anarchosyndikalismus und seine Ziele brauchbar sind, ist in diesen Artikeln und Debattenbeiträgen zentral: »Wenn wir die politische Gewalt beseitigen wollen, so müssen wir auch die Anwendung der Gewalt aufgeben. [...] Da wir Freiheit und Herrschaftslosigkeit für alle erstreben, müssen wir die Gewalt verwerfen, sie ist der höchste Ausdruck der Beherrschung und Unfreiheit.«[8] Im *Syndikalist* Nr. 14 wurden diese eindringlichen Worte abgedruckt: »Die Freiheit flieht noch jedes Mal vor der Gewalt! [...] Wollt Ihr mit Flammenwerfern Sozialismus machen? [...] Generalstreik heißt die Waffe, die, mit Geist geführt, die stärkste Minenwerfermacht zu Boden ringt und doch nicht mordet. [...] Und einmal muss ein Anfang gemacht sein, der *ohne* Mord beginnt. Wohlan, beginnen wir! Und schaffen wir der Freiheit einen Hort in der Gewaltlosigkeit!«[9]

Auch im 1921 gegründeten **Syndikalistischen Frauenbund,** der Frauenorganisation innerhalb der FAUD, finden wir pazifistische, gewaltkritische und gewaltfreie Stimmen. So bezog sich Martha Steinitz, diese »radikale Kriegsgegnerin der WRI [War Resisters' International]-Richtung«[10], in Artikeln, die in anarchosyndikalistischen Frauen-Zeitungen wie *Der Frauen-Bund* (eine Beilage zum *Syndikalist;* herausgegeben von Milly Witkop) oder *Die schaffende Frau* (herausgegeben von Aimée Köster) erschienen, positiv auf Gandhi und die antikoloniale, indische Unabhängigkeitsbewegung. Sie war beeindruckt von diesem »nahezu einheitlich organisierten Kampf gegen die englische Fremdherrschaft oder besser gesagt, gegen diese Form des europäischen Kapitalismus«[11] und lobte Gandhi für dessen progressive

---

7 Anonym zit. n. Münster 1990c. // **8** Münster 1990c. // **9** Frigor zit. n. Münster 1990a (Hervorhebung im Original). // **10** D'Hericourt 1984, 179. // **11** Steinitz 1926, 139.

Ansätze in der »Frauenfrage«. Gleichzeitig verwies sie auf eine »ganze Reihe kluger und tapferer Frauen«[12], die in der gandhianischen Unabhängigkeitsbewegung aktiv waren. Auch die bereits erwähnte Aimée Köster ist in dieser Hinsicht interessant. Die anarchistisch-pazifistische Zeitschrift *Die schaffende Frau* wurde von ihr von 1919 bis 1924 herausgegeben, sie arbeitete aber auch für anarchistische Zeitungen wie *Die Schöpfung* oder *Der Syndikalist* und war eine wichtige Persönlichkeit im Syndikalistischen Frauenbund in Dresden. In dem Artikel »Nie wieder Krieg!«, in dem sie beispielsweise auch auf die Schrift *Friedenskrieger des Hinterlandes* von Pierre Ramus verweist[13], tritt sie für die konsequente Kriegsdienstverweigerung im Kriegsfall ein. Auch der Gebärstreik der Frauen als gewaltfreie Aktionsform gegen Krieg wurde immer wieder propagiert. »Wer also in den letzten Wochen und Tagen in den Ruf: Nie wieder Krieg! gedankenlos oder überzeugungsvoll eingestimmt hat«, so Köster, »dem erwächst die Menschenpflicht, im Kriegsfalle diesen Schwur auch mit seiner Freiheit zu betätigen. Und den Frauen erwächst die Pflicht, darauf zu wachen, dass ihre Söhne von Kindheit an begreifen und erfassen, wie viel daran liegt, die Worte: Nie wieder Krieg! auch wirklich zu leben!«[14]

In Chicago wurde 1905 die revolutionär-syndikalistische, unionistische Gewerkschaft **Industrial Workers of the World** (IWW; Mitglieder werden »Wobblies« genannt) gegründet, die noch heute existiert. In ihr waren und sind neben SozialistInnen unterschiedlicher Couleur auch viele AnarchistInnen und AnarchosyndikalistInnen aktiv. Obwohl es in der IWW des beginnenden 20. Jahrhunderts keine einheitliche Linie zur Frage der Gewalt im Arbeitskampf gab, so lassen sich auch hier viele Stimmen finden, die für eine gewaltfreie Strategie im Arbeits- und Klassenkampf eintraten. Die Geschichte zeigt deutlich, dass dieser Ansatz die Praxis der Wobblies prägt. Die IWW trat stets gegen jene AnarchistInnen und MarxistInnen auf, die »den bewaffneten Kampf, die Eroberung der Staatsmacht oder andere Formen organisierter oder individueller Gewalt als Weg zur Revolution in den USA propagierten.« Die von ihr befürworteten Taktiken wie Streik, direkte Aktion und Sabotage befinden sich »dezidiert im Bereich der

---

12 Steinitz 1926, 142. // **13** Diese Schrift von Ramus ist auszugsweise nachgedruckt in Senft 2014, 138–268. // **14** Köster 1924, 15.

Gewaltfreiheit«.[15] Der legendäre Wobbly William »Big Bill« Haywood meinte beispielsweise während des für die IWW maßgebenden Streiks der TextilarbeiterInnen in Lawrence 1912: »Ich würde nie daran denken, einen Streik nach alter Manier durchzuführen [...]. Ich zum Beispiel habe mich von der Gewalt abgewandt. Sie gewinnt nichts. Wenn wir streiken, dann streiken wir mit unseren Händen in den Hosentaschen.«[16] Der Wobbly Vincent St. John meinte, er wolle nicht, dass die IWW so verstanden werde, als würde sie tatsächlich erwarten, »dass wir unsere Ziele mittels Gewalt und mittels der Zerstörung menschlichen Lebens erreichen könnten«, denn das sei, so der Aktivist

15 Salerno 2014, 1. // **16** Haywood zit. n. Dubofsky 2000, 91.

weiter, »meiner Einschätzung nach unmöglich«.[17] In IWW-Publikationen wie *Solidarity* oder *Industrial Worker* waren häufig Artikel zu lesen, die in der Frage nach der richtigen Taktik im Arbeitskampf ganz explizit und unmissverständlich Stellung bezogen: »Wir treten nicht für die Gewalt ein; davon muss abgeraten werden.«[18] In einem Leitartikel von *Solidarity* heißt es zudem, dass passiver Widerstand »einen enormen moralischen Effekt« hätte, da er »die Polizei und die Stadtbehörden als einen Haufen Gesetzesbrecher« bloßstelle und er die Absichten und Funktionsweisen kapitalistischen Denkens offenlege. Passiver Widerstand sei auch ein Ausdruck für die »Selbstkontrolle, die Standhaftigkeit, den Mut« sowie den »inhärenten Sinn für Ordnung im Denken der ArbeiterInnen«, weshalb diese Form des Widerstands von »immensem erzieherischem Wert« sei.[19] Im *Industrial Worker* (Seattle) wurde ein einstimmiger Beschluss des 12. Kongresses der IWW vom Juni 1919 abgedruckt, in dem es unter anderem heißt: »Damit unsere Stellung [...] klar und zweideutig festgelegt sei, erklären wir hiermit, dass unsere Organisation weder jetzt noch je geglaubt hat an die Zweckdienlichkeit von Zerstörung und Gewalt, oder zu ihnen angeeifert hätte als Mittel zur Vollbringung der sozialen Umgestaltung.«[20] Daher werde sich, so der IWW-Historiker Melvyn Dubofsky, trotz der manchmal martialischen Sprache, »der genaue Beobachter der IWW schnell dessen bewusst, dass die Organisation regelmäßig die Überlegenheit des passiven Widerstands gegenüber Dynamit und Gewehren proklamierte« und diese Formen des Widerstands auch viel häufiger praktizierte als andere.[21]

---

17 St. John zit. n. Dubofsky 2000, 91. // **18** Dubofsky 2000, 92. // **19** Dubofsky 2000, 92. // **20** Münster 1990d, 12. Dieser IWW-Beschluss wurde im FAUD-Organ »Der Syndikalist« (2/1929, Nr. 39) nachgedruckt mit der redaktionellen Anmerkung »Deutsche Syndikalisten und Anarchisten könnten von den Genossen der I.W.W. lernen [...]; trotz der blutigen Opfer – die Geschichte der I.W.W. ist buchstäblich mit Blut geschrieben – hat sich die amerikanische syndikalistische Bewegung frei gehalten von der Gewaltphrase und vom Terror.« // **21** Dubofsky 2000, 91. Clifford Harper beispielsweise behandelt die IWW in seiner Anarchismuseinführung explizit auch in dem Kapitel, das sich der Verbindung von Anarchismus und Pazifismus/Gewaltfreiheit widmet (Harper 1987, 184–187); Staughton und Alice Lynd beschäftigen sich mit den Wobblies in ihrem Buch »Nonviolence in America« an unterschiedlichen Stellen (Lynd/Lynd 1995).

Nachdem nun einige anarchosyndikalistische und revolutionär-syndikalistische Beispiele diskutiert wurden, soll abschließend noch Folgendes festgehalten werden: Gewaltfreier Widerstand und gewaltfreie Aktion, bzw. auch passiver Widerstand im Sinne einer »vorsätzliche[n] [...] Einschränkung der Arbeitsleistung«[22], waren in der Arbeiterbewegung und im Arbeitskampf schon immer Faktoren, denen oftmals – auch von heutigen HistorikerInnen dieser – wenig Beachtung geschenkt wurde. Tatsächlich gab es, schreibt Gernot Jochheim, »in Randgruppen der Arbeiterbewegung – oder besser: in Gruppen der Arbeiterbewegung, die zu Randgruppen wurden – schon im Zeitraum bis zum Ende des Ersten Weltkriegs Konzepte eines *gewaltlosen revolutionären* (und eben *nicht-parlamentarischen*) Klassenkampfes. [...] Schon bei einer rein quantitativen Betrachtungsweise fällt der verschwindend geringe Anteil gewaltsamer Auseinandersetzungen in der Geschichte der Arbeiterbewegung auf. Die erfolgreichen gewaltsamen Aktionen sind schon an den Fingern einer Hand abzuzählen. Und hier lässt sich noch legitimerweise die Frage stellen, ob nicht mit einer besonderen Kombination gewaltloser Aktionsmuster die gleichen Ziele hätten erreicht werden können. Die Feststellung, dass wir die Ursprünge für die Theorie der gewaltfreien Konfliktaustragung in der Arbeiterbewegung zu suchen haben, schließt mit punktuellen Einschränkungen auch das anarchistische Lager ein.«[23]

Der **Bund herrschaftsloser Sozialisten** (BhS oder B. h. S.) war eine gewaltfrei-anarchistische Organisation, die 1920 in Wien gegründet wurde und föderativ in autonomen Gruppen organisiert war. Aufgerufen dem Bund beizutreten waren alle, »die einen konstruktiven Begriff des Sozialismus vertreten und letzteren durch Geistesklarheit und praktische Aktion im Sinne der Verwirklichung schaffen wollen; alle, die sich befreien wollen von den Irrtümern jeglicher autoritär-, oder staatssozialistischen Richtung und deren diktatorischen Herrschaftszielen und Gewaltlehren; alle, die das Prinzip des Antimilitarismus in Gesinnung und Lebensführung vertreten; alle, die das Staatsprinzip der Herrschaft verneinen und statt dessen die solidarische Gemeinschaft freier Individualitäten erstreben – sie alle sind herzlichst

---

22 Jochheim 1984, 152. // **23** Jochheim 1986, 139 f. (Hervorhebung im Original). Hier besonders wichtig Jochheim 1977, wo diese Analyse breit begründet wird.

eingeladen, Mitglieder des Bundes herrschaftsloser Sozialisten zu werden.« Der Bund stand für das »Prinzip individueller Freiheit in sozialer Gemeinschaft«, also für »soziale Herrschaftslosigkeit«. Um eine herrschaftslose Gesellschaft schaffen zu können, erstrebte der Bund »die Abschaffung von Staat und Regierung innerhalb der Gesellschaft. Das Prinzip sozialer Gemeinschaft erblickt der B. h. S. auf wirtschaftlichem Gebiet verwirklicht durch die Einführung eines Kommunismus zwangloser Assoziation, für den grundlegend ist das Nichtvorhandensein irgend eines Monopolprivilegiums. Wir wollen somit die Gesellschaft der Anarchie (Herrschaftslosigkeit) [...].« Anstelle des Staates und des »bestehenden Zustandes des vom Staat gewaltsam aufrechterhaltenen Monopoles und Kapitalismus« solle eine »freie Gemeinschaft, innerhalb welcher eine föderativ geregelte Bedarfswirtschaft jedem Individuum die wirtschaftliche Sicherung seiner Existenz gewährleistet«, treten, in welcher »der freie Mensch in freier (staatsloser) Gesellschaft« leben könne. Die soziale Revolution, die der Bund herrschaftsloser Sozialisten anstrebte, verstand er explizit als eine, die unbedingt mit gewaltfreien Mitteln erkämpft werden müsse. Gewalt wird hier als für die soziale Revolution völlig unbrauchbares und schädliches Mittel und dem Anarchismus gänzlich wesensfremd beschrieben: »Sowohl Demokratie als auch Diktatur des Staates bedürfen der Gewalt. Da wir Anarchisten beide verneinen, weil wir das Selbstbestimmungsrecht des freien Menschen wollen, müssen wir die Todfeindin desselben, die Gewalt als solche, verneinen.« Als AnarchistInnen, die »die vollständige Vernichtung jeder Macht als politisch-soziales Zentrum innerhalb der Gesellschaft« anstreben, könnten sie sich »nicht der Gewalt bedienen, sondern müssen sie zur Auflösung bringen, was nur die Gewaltlosigkeit erreichen kann.« Nur die Gewaltlosigkeit, die »in ihrem Wesen völlig identisch ist in Kampf wie Ziel«, trägt zur Verwirklichung dessen bei, »was der Anarchismus als Ideal erstrebt: die Gesellschaft ohne Staat, ohne Militarismus, ohne Justiz – also; ohne Gewalt: den sozialen Zustand der Gewaltlosigkeit.«[24]

Die anarchistische Zeitschrift *Erkenntnis und Befreiung* war das Organ des Bundes herrschaftsloser Sozialisten und erschien von 1918 bis 1933. *Erkenntnis und Befreiung* war eine Zeitschrift »für soziale und

---

24 Sämtliche Zitate: Ramus 1922.

geistige Neukultur im Sinne des Friedens, der Gewaltlosigkeit und Individuellen Selbstbestimmung für freie Menschen und solche, die es werden wollen«. Die inhaltliche und politische Ausrichtung der Zeitschrift wurde des Weiteren beschrieben mit der »Ablehnung der sogenannten ›Diktatur des Proletariats‹, des ›revolutionären Militarismus‹ und jeglicher, dem letzteren entlehnten Gewaltmethodik [...], [der] Geißelung jeglicher staatlichen, bürgerlichen und bolschewistischen Tyrannei, Reaktion und Verfolgung von Revolutionären aller Richtungen.«[25]

Die Vorgängerzeitschrift von *Erkenntnis und Befreiung* hieß **Wohlstand für Alle** und erschien zwischen 1907 und 1914. In *Wohlstand für Alle* wurden gewaltfrei-anarchistische Revolutionsstrategien ausführlich diskutiert und dargelegt. So war in der Ausgabe des Oktober 1911 zu lesen: »Der Anarchismus bietet eine neue, eine andere Taktik und Aktion dar. Die Taktik und Aktion des Anarchismus ist einerseits die große massenhafte Ignorierung, Verneinung und Nichtbegehung jedweder durch den Staat oder Kapitalismus geforderten Gewalt, anderseits aber die selbständige direkte Aktion der Volksmassen [...], durch wirtschaftliche, soziale Umänderung der Lebensbedingungen der Menschen nicht länger die Gewalt der bestehenden Ausbeutung und Unterdrückung zu beachten. Das bedeutet nicht Terrorismus, sondern einfach den Entzug der Persönlichkeit des Menschen gegenüber dem bestehenden System. Es geschieht dieses durch die Weigerung der Massen, noch länger unter den bestehenden Lohnsklaven- und Monopoleigentumsbedingungen zu arbeiten, und in der sozialen Erkenntnis, wie die Gesellschaft nach neuen kommunistisch-anarchistischen Lebens- und Arbeitsbedingungen einzurichten ist. Durch unermüdliche Propagierung von diesen Ideen wird auch der Erfolg nicht ausbleiben; nur durch die Heranbildung der Massen des Proletariats zu dieser Erkenntnis ihrer Aufgabe, nicht durch Propaganda von Terrorismus oder Gewalt, wird das Volk eine Gewaltsmacht ungeheuerster Ausdehnung zuerst in die kolossalsten Kalamitäten stoßen, endlich sogar den Sturz jeder Gewaltsmacht herbeiführen und die freie Gesellschaft der Anarchie begründen.«[26]

25 Ramus 1922. // **26** Hagen 1911.

Der **Tolstoianismus** (oder Tolstojanismus) war eine politische, soziale und religiöse Bewegung die sich an den christlich-anarchistischen Ideen Leo Tolstois orientierte. TolstoianerInnen gibt es zwar auch heute noch, die Bewegung hatte ihre Hochzeit jedoch zwischen 1890 und 1930 und war in dieser Zeit ein Phänomen, das man in vielen Teilen der Welt wiederfand. TolstoianerInnen versuchten häufig, in christlich-anarchistischen Siedlungen (vorwiegend auf dem Land) ein Leben zu führen, das von christlicher Nächstenliebe, Gewaltfreiheit und Autarkie geprägt war. Ein asketischer Lebensstil, Verzicht auf Alkohol und eine vegetarische/vegane Lebensweise waren in solchen Gemeinschaften zumeist Standard. Zentral waren die Idee der vorwegnehmenden Politik und, durch persönliche Veränderung und Vorbildwirkung zu einem radikalen gesellschaftlichen Wandel beizutragen. Oft waren TolstoianerInnen in Bereichen wie Antimilitarismus und Kriegsdienstverweigerung aktiv. Libertäre Pädagogik spielte ebenso eine Rolle wie Tierrechtsfragen. Eine beeindruckende und vitale Tradition des christlich-gewaltfreien Anarchismus und Tolstoianismus brachte zum Beispiel der niederländische Anarchismus hervor. In den Niederlanden gab es neben Persönlichkeiten wie Année Rinzes de Jong, Lodewijk van Mierop, Felix Ortt, Louis Adrien Bähler und Jacob van Rees auch die christlich-anarchistisch-tolstoianische Zeitschrift *Vrede*. Zudem entstand die christlich-anarchistische Organisation Vereeniging Internationale Broederschap (Internationale Bruderschaft) sowie die Blaricum-Kolonie, in der versucht wurde, das christlich-anarchistische Ideal zu leben.[27] In der Sowjetunion wurden die TolstoianerInnen, wie die säkularen AnarchistInnen auch, heftiger Repression ausgesetzt und als Bewegung in den 1920er-Jahren von den BolschewistInnen zerschlagen. Als Kriegsdienstverweigerer wandten sie sich gegen die Rote Armee und die Wiedereinführung der Todesstrafe. Der wichtigste Vertreter der russischen tolstoianischen Kommune-Bewegung war W. G. Tschertkow. Auch in der frühen israelischen Kibbuz-Bewegung hatten tolstoianische Ideen eine gewichtige Stellung. Tolstois Ansichten waren neben jenen von Proudhon, Landauer und Kropotkin maßgebend für den Einfluss anarchistischer Ideen in den Kibbuzim.[28] Zudem beeinflussten laut George Woodcock tolstoianische Ideen radikal-pazifistische und gewaltfrei-anarchistische Kreise vor allem

27 Vgl. De Lange 2016. // **28** Horrox 2009.

in den Niederlanden, Großbritannien und den Vereinigten Staaten, wobei von britischen AktivistInnen um den Zweiten Weltkrieg »neotolstoianische« Gemeinschaften gegründet wurden. Auch die Catholic-Worker-Bewegung wurde – trotz ihres Katholizismus – vom Tolstoianismus bis zu einem bestimmten Grad beeinflusst.[29]

Der christlich-gewaltfreie Anarchismus hat aber fernab des Tolstoianismus eine lange Tradition. Eine anarchistische Dimension lässt sich in vielen historischen Ketzer- und HäretikerInnenbewegungen erkennen, die die Macht der Kirche anprangerten und versuchten, egalitäre religiöse Gemeinschaften, abseits von staatlicher Unterdrückung und wirtschaftlicher Ausbeutung, zu gründen. Ein Beispiel wäre zum Beispiel die Frühphase der von **Gerrard Winstanley** (1609–1676) gegründeten und im 17. Jahrhundert aktiven **Diggers** in England. In ihren Schriften attackierten sie »die soziale und politische Ordnung« ihrer Zeit – das Privateigentum und die ökonomische Schieflage sowie die damit verbundenen weltlichen wie kirchlichen Autoritäten – und plädierten »für eine anarchistische Form einer kommunistischen Gesellschaft, ohne Staat, Armee und Gesetz.«[30] Eine Person, die man heute klar dem christlich-anarchistischen Spektrum zuordnen kann, ist **Peter Chelčický** (1390–1460). Chelčický, dieser »hussitische Tolstoj« (Landauer), der – zumindest ideell – der Bewegung der WaldenserInnen nahestand und von der Kirche als »Ketzer« verfolgt wurde, predigte zu Zeiten von Ketzerverfolgung und Hussitenkriegen für Gewaltfreiheit, gegen Papst und Kirche, gegen die Macht der weltlichen Herrscher und gegen die ausbeuterischen ökonomischen Verhältnisse. Der Staat fußte für ihn auf »Gewalt und Plünderung« und Papst, Priester sowie die mit ihnen verbündeten weltlichen Herrscher waren für ihn die Zerstörer des »Netz des Glaubens« (der Titel seines wichtigsten Buchs).[31]

Die **New England Non-Resistance Society** war eine libertär-gewaltfreie Organisation, die 1838 in Boston gegründet wurde. Politisch befand sie sich an der Schnittstelle von radikaler Gewaltfreiheit und Pazifismus, libertärem, anti-staatlichem Sozialismus, Frauenbefreiung

---

29 Vgl. Woodcock 2009, 194 f. // **30** Marshall 2010, 98. Siehe auch Lennert 1986. // **31** Kalicha/Wagner 2013.

und Abolitionismus. »Die grundlegende Perspektive der New England Non-Resistance Society war die des philosophischen Anarchismus«[32], heißt es demnach in einer Studie zur Frage der politischen Ausrichtung der Organisation. Federführend waren der Abolitionist und Frauenrechtler **William Lloyd Garrison** (1805–1879), der 1831 auch die bekannte Anti-Sklaverei-Zeitschrift *The Liberator* gründete, sowie der Sozialist und christliche Anarchist **Adin Ballou** (1803–1890). Weitere Aktive in diesem Umfeld waren zum Beispiel AbolitionistInnen und FrauenrechtlerInnen – zwei politische Bereiche, die sich in der Society übrigens generell stark überschnitten – wie Abby Kelley, Maria Weston Chapman, Henry C. Wright und Stephen Symonds Foster. Gegründet wurde die New England Non-Resistance Society aus Protest gegen frauenfeindliche Positionen und aufgrund unterschiedlicher Auffassungen zum Thema Gewaltfreiheit bei einem Treffen der American Anti-Slavery Society und der American Peace Society. In der Grundsatzerklärung der Organisation werden die politischen Standpunkte auf den Punkt gebracht: »Wir können keiner menschlichen Regierung gegenüber Loyalität bekunden; genauso wenig können wir eine derartige Regierung mit physischer Gewalt bekämpfen [...]. Unser Land ist die Welt, unser Landsmann ist die Menschheit.«[33] Das »Non-Resistance«, also wörtlich »Nicht-Widerstand«, das im Namen der Gruppe aufscheint, ist hier im Sinne von passiv-gewaltfreiem Widerstand und Nicht-Zusammenarbeit zu verstehen und bedeutete nicht Inaktivität oder »Nichtstun«. Es ist eine Absage an gewalttätige Formen des Widerstands. Garrison hierzu: »Nicht-Widerstand ist kein Zustand der Passivität. Ganz im Gegenteil, er ist ein Zustand der Aktivität, stets den guten Kampf oder Glauben kämpfend, stets führend darin, ungerechte Macht anzugreifen, stets für Freiheit, Gleichheit, Brüderlichkeit kämpfend, jedoch nicht im nationalen, sondern im weltweiten Sinne. Er bedeutet lediglich in einer Hinsicht Passivität – er wird weder Böses mit Bösem, einen Schlag mit einem Schlag vergelten, noch sich auf mörderische Waffen [...] verlassen.«[34] Hier finden wir Parallelen zum christlichen Anarchismus Tolstois, der Schriften von Adin Ballou ins Russische übersetzen ließ und über diesen auch wohlwollend in *Das Reich Gottes ist in Euch* schrieb.

---

32 Reichert 1964, 359. // **33** »Declaration of Principle« der New England Non-Resistance Society zit. n. Ostergaard 1982, 14. // **34** Garrison zit. n. Bennett 2003, 9.

Als libertär-gewaltfreie Bewegung gilt die von Gandhi gegründete und von dem indischen Freiheitskämpfer Vinoba Bhave fortgeführte **Sarvodaya-Bewegung**. Diese »indischen Apostel des gewaltfreien Anarchismus«[35] beriefen sich auf gandhianische Selbstverwaltungskonzepte mit ihrer »grundsätzlich antikapitalistischen und antistaatlichen Konsequenz«[36], traten für eine dezentrale, egalitäre, staaten- und herrschaftslose Gesellschaftsordnung ein, lehnten Parteipolitik und koloniale Fremdherrschaft ab und versuchten vor allem mittels der Schaffung von Parallelstrukturen auf ihnen zur Verfügung gestelltem Land und einer revolutionären »Umwertung der Werte« auf individueller und kollektiver Ebene einen Zustand der »reinen Anarchie« zu erreichen. Sie hatte zum Ziel »den Wohlstand aller und die Verwirklichung einer kastenlosen, klassenlosen, staatlosen, freien Gesellschaft von Gleichen«.[37] Dabei unterschätzte sie jedoch die Beharrlichkeit der gesellschaftlichen Strukturen, insbesondere die Landreform (»Landschenkungsbewegung«) blieb symbolisch. Bhave fasst den anarchistischen Gehalt der Bewegung so zusammen: »Wenn ich unter dem Befehl einer anderen Person stehe, wo ist meine Selbstbestimmung? [...] Es ist ein Kennzeichen von *swaraj* [Selbstregierung/Selbstbestimmung; S. K.], es keiner außenstehenden Macht zu erlauben, Herrschaft über einen auszuüben. Und das zweite Kennzeichen von *swaraj* ist, selbst keine Macht über andere auszuüben. Diese beiden Dinge zeichnen *swaraj* aus – keine Unterwerfung und keine Ausbeutung.«[38] Während des Ausnahmezustands in Indien 1975–1977 hat Vinoba Bhave jedoch Premierministerin Indira Gandhi unterstützt und fungierte als deren spiritueller Berater. Die Opposition wurde deshalb von einem anderen Gandhianer, Jayaprakash Narayan, geführt, der sich vom Marxisten hin zu den libertären Sarvodaya-Ideen entwickelt hatte. Sein Programm: »Total revolution«. Bhave war eher spiritueller Anarchist, in seiner aktiven Praxis aber zu regierungsnah, sein Verständnis von gewaltfreier Aktion nicht konfrontativ und seine Freundschaft zu Indira Gandhi ein Rückschritt für die Sarvodaya-Bewegung. Diesen machte Narayan letztlich aber wieder gut, indem er gegen Bhave den Widerstand gegen das Notstandsregime organisierte. Narayans libertärer Sozialismus und Gandhianismus stand für die Überzeugung, dass »die

---

35 Ostergaard 1972, 171. // **36** Treu 1984, 75. // **37** B. N. Juyal zit. n. Treu 1984, 87. // **38** Bhave zit. n. Ostergaard 1972, 176.

menschliche Freiheit nur in einer staatenlosen Gesellschaft voll und ganz realisiert werden kann« und dass unter einer Parteiherrschaft kein Sozialismus möglich sei, sondern nur dessen »Unterdrückung, keine Revolution, sondern Reaktion«.[39]

Das **Committee of 100** war eine im Jahr 1960 in Großbritannien gegründete libertär-pazifistische Gruppe, die mittels direkter gewaltfreier Aktion und massenhaftem zivilen Ungehorsam gegen Krieg und nukleare Aufrüstung und für einen tiefgreifenden sozialen Wandel protestierte. Laut David Goodway war es »die wichtigste anarchistische – oder zumindest Anarchismus-nahe – politische Organisation im modernen Großbritannien«.[40] Das Committee ging aus der Campaign for Nuclear Disarmament (CND) hervor, das sich ebenfalls für nukleare Abrüstung im Kalten Krieg einsetzte. Im CND gab es aber Unstimmigkeiten, was die Taktiken anlangte (manchen waren direkte Aktionen und ziviler Ungehorsam zu radikal), und so sammelte sich der Direkte-Aktions-Flügel des CND im Direct Action Committee (DAC), das zwischen 1957 und 1961 existierte. Als das Committee of 100 dann 1961 gegründet wurde, kamen die InitiatorInnen hauptsächlich aus dem DAC und das Committee-of-100-Gründungsmitglied Bertrand Russell trat in der Folge als Vorsitzender des CND zurück. In den Folgejahren wurden sogenannte »Sit-down-demonstrations« (also Sitzblockaden) sowie Blockaden von Regierungsgebäuden und Militärstützpunkten, die für die nukleare Aufrüstung verantwortlich waren, von den Committee-AktivistInnen organisiert. Zu Beginn lag der aktivistische Fokus auf Aktionen des zivilen Ungehorsams im urbanen Bereich, zum Beispiel gegen Regierungsgebäude in London. Später verlagerte sich das Augenmerk auf direkte Aktionen gegen Militärbasen auf dem Land. Während Committee-of-100-Aktionen wurde jegliche Kooperation mit Polizei und Behörden verweigert und es kam immer wieder zu Massenverhaftungen – fallweise lag die Anzahl der inhaftierten AktivistInnen im vierstelligen Bereich! In der Gruppe waren neben SozialistInnen, gewaltfreien AktivistInnen, PazifistInnen und SyndikalistInnen auch viele AnarchistInnen aktiv, was der Gruppe von Anfang an einen stark libertären Charakter verlieh. Auch inhaltlich radikalisierte sich die Bewegung zusehends, was nicht zuletzt

---

39 Narayan zit. n. Ramnath 2011, 195–197. // **40** Goodway 2012, 261.

auf den Einfluss der AnarchistInnen zurückzuführen ist. War man ursprünglich auf Fragen der nuklearen Abrüstung konzentriert, so entwickelten sich mit der Zeit verstärkt Ideen in Richtung »einer gewaltfreien, politischen Revolution, welche die Atomwaffen zusammen mit der sozialen Ordnung, die diese hervorbringen, beseitigen wird«.[41] In einem Statement des Committees aus dem Jahr 1964 hieß es dementsprechend: »Wir sind zu dem Schluss gekommen, dass wir uns nicht gegen den nuklearen Krieg wenden können, ohne uns die Ursachen des Kriegs bewusst zu machen; dass wir nicht für Gewaltfreiheit eintreten können, ohne allen Gründen für Gewalt Beachtung zu schenken; dass wir nicht gegen die ›Verteidigungs‹-Politik der Regierung Widerstand leisten können, ohne auf das Problem der Machtaufteilung in unserer Gesellschaft zu stoßen.«[42] Nicolas Walter beschrieb die personelle und politische Zusammensetzung in der Organisation so: »Nur sehr wenige unter uns sind KommunistInnen und wir verurteilen die Politik in Fragen der Kernenergie der russischen Regierung ebenso heftig wie jene unserer eigenen. [...] Eine kleine, aber steigende Anzahl sind AnarchistInnen, die uns gelehrt haben, dass der Krieg die Gesundheit des Staates und der Staat die Krankheit der Gesellschaft ist. Eine große Anzahl [...] sind PazifistInnen, die uns gelehrt haben, wie man protestiert und Widerstand leistet. Manche unter uns sind religiös und andere sind es nicht – und niemanden kümmert es, wer nun was ist. Die große Mehrheit unter uns sind SozialistInnen mit libertären und syndikalistischen Tendenzen, die zum Committe of 100 gestoßen sind aufgrund einer wachsenden Ungeduld mit den konventionellen politischen Methoden [...].«[43] Geoffrey Ostergaard bestätigt diese Einschätzung des Zusammenfindens – personeller wie inhaltlicher Natur – von Anarchismus und Pazifismus in dieser Bewegung, wenn er schreibt, dass »PazifistInnen und AnarchistInnen« sich im Committee of 100 »gegenseitig gebildet« hätten.[44]

Aus dem Committee of 100 ging eine Untergrund-Antikriegsgruppe namens **Spies for Peace** hervor, die 1963 in den geheimen Regierungsbunker RSG-6 im englischen Warren Row eindrang, Geheimdokumente wie beispielsweise Regierungsdokumente, die sich mit

---

41 Brock/Young 1999, 257. // **42** Committee of 100 zit. n. Stafford 1972, 116. // **43** Walter 1962b, 80. // **44** Ostergaard 1982, 14.

einem Post-Atombombenangriffsszenario in Großbritannien beschäftigten, entwendete und an die Öffentlichkeit brachte. Ein veritabler Medienskandal über diese Pläne war die Folge. Obwohl es mehrere Verhaftungen gab, ist bis heute weitestgehend unbekannt, wer die Spies for Peace waren. Nur zwei sind bekannt geworden: Nicolas und Ruth Walter. Nach seinem Tod im Jahr 2000 wurde der gewaltfreie Anarchist als Teil der Gruppe geoutet. Nach über 50 Jahren bekannte sich auch Ruth zu ihrer Mitgliedschaft.[45]

Eine libertär-gewaltfreie Organisation, die seit 1921 aktiv ist, ist die **War Resisters' International** (WRI). Die WRI initiiert Kampagnen gegen Militarismus und Krieg, unterstützt KriegsdienstverweigerInnen, organisiert Trainings und Workshops zu Themen rund um Pazifismus, Kriegsdienstverweigerung und Gewaltfreiheit und vernetzt und unterstützt global Menschen, die sich für diese Belange einsetzen. Seit ihrer Gründung ist die WRI vor allem, aber nicht nur, ein Sammelbecken für säkulare AntimilitaristInnen und PazifistInnen – mit ihrem religiösen Pendant des Internationalen Versöhnungsbundes/International Fellowship of Reconciliation (IFOR). Die WRI war Ende des 20. Jahrhunderts meist zweigeteilt in einen Flügel, der sich auf Kriegsdienstverweigerung als von der UN zu garantierendes und einzuforderndes Recht reduzierte, sowie einen gewaltfrei-anarchistischen Flügel. Bis Ende der 80er-Jahre gab es immer wieder interne Auseinandersetzungen mit staatssozialistisch beeinflussten oder finanzierten Mitgliedsorganisationen, die Kriegsdienstverweigerung im kapitalistischen Westen unterstützen, aber im Osten Europas bekämpften.

Treffend und prägnant beschrieb Fenner Brockway, WRI-Vorsitzender von 1926–1934, die Organisation: »Jene unter uns, die die War Resisters' International gegründet hatten, beharrten von Anfang an darauf, dass sie sowohl antikapitalistisch als auch pazifistisch sein müsse. Wir lehnten den ›bourgeoisen‹ Pazifismus ab, strebten danach, individuellen Widerstand auf einen Generalstreik gegen den Krieg auszuweiten und standen für ›Revolution durch Gewaltfreiheit‹.« Die Mitgliedschaft beschrieb er als »sowohl anarchistisch als auch sozialistisch«.[46] Wie bereits hier klar wird, impliziert Widerstand gegen Krieg und Militarismus für die WRI stets mehr, als eben »nur« gegen

---

45 Vgl. Walter 2013. // **46** Brockway zit. n. Bennett 2004, xi.

den Krieg aufzutreten. Wem es, wie der WRI, auch um die Ursachen des Krieges geht, muss diese ausfindig machen und bekämpfen. Als Ursachen die Krieges werden unter anderem »Kolonialismus und wirtschaftlicher Imperialismus, Intoleranz, wirtschaftliche Ungerechtigkeit, ständige militärische Kampfbereitschaft, Nationalismus und der Staat als oberste Autorität« angeführt.[47] Diese Analyse führt die WRI zu einer revolutionären Perspektive: »Der Mensch ist nicht frei, wenn er der Gewalt unterworfen ist. Darum muss der Kampf gegen die Gewalt im Zusammenhang mit einer revolutionären Anstrengung zur Befreiung der Menschheit gesehen werden.«[48] Der frühere WRI-Vorsitzende Devi Prasad unterstreicht dies, wenn er schreibt, dass die Geschichte der WRI klar zeige, dass »die grundlegende Inspiration für die Gründung der WRI nicht der Antimilitarismus allein war. Letztendlich war es das Streben nach grundsätzlicher Veränderung unserer sozio-politischen Ordnung, sodass daraus schließlich eine Welt ohne Krieg entstehen kann.«[49] Dementsprechend heißt es auch in den 1921 formulierten, noch heute gültigen WRI-Grundsätzen: »Krieg ist ein Verbrechen gegen die Menschheit. Ich bin daher entschlossen, keine Art von Krieg zu unterstützen und für die Beseitigung aller seiner Ursachen zu kämpfen.«[50]

Eines der langlebigsten Zeitungsprojekte mit gewaltfrei-revolutionärer und anarchistischer Ausrichtung ist *Peace News*. Die 1936 in London gegründete Zeitschrift war ursprünglich das Organ der pazifistischen Organisation Peace Pledge Union – aus der im Übrigen auch eine radikal-pazifistische, gewaltfrei-revolutionäre Gruppierung namens Forward Movement hervorging, die stark in anarchistischen Zusammenhängen aktiv war.[51] *Peace News* wurde später jedoch unabhängig und

---

47 WRI zit. n. Prasad 1996. // **48** WRI zit. n. Beyer 2012, 120. // **49** Prasad 1996. // **50** Für eine umfangreiche Geschichte der WRI siehe Prasad 2005. // **51** Die Peace Pledge Union (PPU) wurde 1934 gegründet und existiert noch heute. Zu Beginn des Zweiten Weltkriegs entwickelte sich in der PPU ein militanter (anarchistisch-)pazifistischer Flügel namens Forward Movement, der bestrebt war, eine »revolutionäre Bewegung auf gewaltfreier Grundlage« zu schaffen. Die AktivistInnen des Forward Movement (z. B. John Hewetson, Tony Gibson, Laurie Hilsam und Frederick Lohr) engagierten sich verstärkt in der anarchistischen Szene, insbesondere bei Freedom Press, und trugen dazu bei, dass in diesen Zusammenhängen vermehrt Konzeptionen einer gewaltfreien Revolution diskutiert und vorherrschende Vorstellungen von der Notwendigkeit einer bewaffneten Revolution kritisch hinterfragt wurden (Vgl. Goodway 2012, 207; Walter 1986a, 154; Woodcock 1989b, ix; Woodcock 2009, 383). Die Gruppe selbst dürfte jedoch nur eher kurz bestanden haben (Brock/Young 1999, 152).

hat heute ein Näheverhältnis zur War Resisters' International. Die Zeitung steht in der Tradition des »Pazifismus, Feminismus, Anarchismus, Sozialismus, der Menschenrechte, Tierrechte und grüner Politik«. *Peace News* opponiert nicht nur gegen die offensichtlichsten Formen der Gewalt wie Krieg, sondern prangert auch strukturelle Gewalt an wie zum Beispiel »Sexismus, Rassismus, Homophobie, Hunger, Ungleichheit, Repression von Regierungen, Konzernherrschaft, Ausbeutung von Mensch, Tier und Natur.« *Peace News* lehnt »alle Formen der Gewalt ab und ist darin bestrebt, einen positiven Wandel zu schaffen, der auf Kooperation und Verantwortung beruht. Um eine gewaltfreie Welt gestalten zu können, müssen wir Gewalt in unserem Kampf für Veränderung vermeiden.«[52]

Der US-amerikanische Zweig der WRI ist die **War Resisters League** (WRL) mit Sitz in New York City. Die WRL betrachtet sämtliche Kriege als ein Verbrechen gegen die Menschheit und versucht, »gewaltfrei alle Kriegsgründe, wie Rassismus, Sexismus und alle Formen von Ausbeutung zu beseitigen«. Ebenso wie die WRI ist sie auch heute noch aktiv und wurde von und für KriegsdienstverweigerInnen gegründet, die ihren Widerstand gegen Krieg und Militarismus primär nicht-religiös bzw. nicht-christlich begründeten. Säkulare KriegsdienstverweigerInnen und AntimilitaristInnen wurden noch stärkerer staatlicher Repression ausgesetzt als die religiösen Verweigerer. So sammelten sich in der WRL viele SozialistInnen, AnarchistInnen, SyndikalistInnen und Feministinnen. Die Organisation war in den USA federführend dabei, Sozialismus und Gewaltfreiheit zusammenzuführen. Gegründet wurde die WRL 1923 in New York City von der Sozialistin, Feministin und radikalen Pazifistin Jessie Wallace Hughan. Ihre 1939 verfasste Schrift *If We Should Be Invaded* kann als ein frühes Werk der sozialen Verteidigung angesehen werden. Bis 1945 war die WRL darauf bedacht, eine »single-issue«-Organisation zu sein, sich also auf ein Themenfeld, nämlich jenes des Pazifismus, Antimilitarismus und der Kriegsdienstverweigerung, zu beschränken. Die Gründungsgeneration

---

52 Zitate aus: »About Peace News«, online abrufbar unter: http://peacenews.info/about-peace-news. Bei »Peace News« waren übrigens nicht wenige Leute engagiert, die später weltweit als Theoretiker der Gegenkultur bekannt wurden, etwa Theodore Roszak.

der WRL wollte so die Einheit des pazifistischen Lagers garantieren. Das änderte sich zusehends ab 1945, als eine neue Generation von gewaltfreien RevolutionärInnen das Ruder bei der WRL übernahm. Sie traten sowohl für ein radikaleres, an Gandhi orientiertes Konzept des gewaltfreien Widerstands ein als auch dafür, die »single-issue«-Ausrichtung zu hinterfragen und das Problem des Kriegs verstärkt mit der Frage sozialer Gerechtigkeit und mit anderen Kämpfen zu verbinden. Das führte unter anderem dazu, dass viele WRL-AktivistInnen sich stark in der aufkommenden Bürgerrechtsbewegung engagierten. Gemeinsam mit der amerikanischen Fellowship of Reconciliation (FOR) spielte die WRL hier keine zu unterschätzende Rolle. Ähnlich wie in Großbritannien formierte sich verständlicherweise auch in den Vereinigten Staaten Widerstand gegen nukleare Aufrüstung und Atombombentests und so wurde in den späten 1950er-Jahren das WRL-nahe Committee for Nonviolent Action gegründet, das sich speziell auf diese Frage konzentrierte. Im Laufe ihrer Geschichte waren bekannte AktivistInnen wie A. J. Muste, Anna Strunsky, Upton Sinclair, Barbara Deming, David McReynolds, David Dellinger und Bayard Rustin in der WRL aktiv. In jüngerer Vergangenheit organisierte die WRL Kampagnen gegen die Kriege im Irak und in Afghanistan, unterstützt Kriegsdienstverweigerung und ist in unterschiedlichen sozialen Bewegungen aktiv. Im Zeitungskopf des WIN-Magazins (von 1983– 2006 hieß es Nonviolent Activist)[53], das von der WRL bis Frühling 2015 herausgegeben wurde, steht das maßgebende Motto: »revolutionary nonviolence«.[54]

Viele jener AktivistInnen, die radikale gewaltfrei-revolutionäre Gruppen wie das Committee for Nonviolent Revolution gründen sollten, kamen aus der sich im Zweiten Weltkrieg radikalisierenden **US-amerikanischen Kriegsdienstverweigerungsbewegung,** welche wiederum stark mit der WRL verbunden war. Kriegsdienstverweigerer (KDVer) wurden damals zumeist in sogenannten Civilian Public Service (CPS) Camps, das waren Strafarbeitslager für KDVer, oder schlicht in

---

53 Von 1966 bis 1983 gab es noch ein anderes Magazin namens »WIN.« Es wurde von der New Yorker direkten Aktionsgruppe Workshop in Nonviolence (WIN) herausgegeben. Es war ebenfalls WRL-nahe und anarchistisch inspiriert. // **54** Mahoney Pasternak/ Meyer 2013. Für die Geschichte der WRL zwischen 1915 und 1963 siehe Bennett 2004.

Gefängnissen interniert. Durch die Konzentration so vieler radikaler AktivistInnen in diesen Camps bzw. Gefängnissen wurden diese, wohl unbeabsichtigt, zu Brutstätten der gewalfrei-revolutionären, sozialistischen und anarchistischen KDV-Bewegung in den USA. Dort konnten sie sich vernetzen, austauschen und auch Widerstand im Lager- und Gefängnissystem – und gegen dieses – leisten. Es wurden, inspiriert durch Gandhis Kampfformen, diverse Arten gewaltfreien Widerstands wie zum Beispiel Hungerstreiks, Bummelstreiks, Arbeitsverweigerung durch »Dummstellen«, generelle Arbeitsverweigerung und Nicht-Kooperation praktiziert. Gerichtet war der Widerstand beispielsweise gegen die Zensur durch die Lagerverwaltung, gegen untragbare Arbeitsbedingungen, unzulängliche Verpflegung, aber auch verstärkt gegen die Separation von weißen und schwarzen Internierten. Dieser Kampf gegen die rassistische Segregation in den Lagern und Gefängnissen war eines der ersten, häufig vergessenen und für die weiteren Entwicklungen ausschlaggebenden Ereignisse der Bürgerrechtsbewegung. Personen, die sich im Widerstand gegen die CPS-Camps bzw. Gefängnisse engagierten und sich auch in den folgenden Jahrzehnten in der gewaltfrei-revolutionären, antiautoritär-sozialistischen Szene sowie in der Bürgerrechtsbewegung aktiv engagierten, waren zum Beispiel Bayard Rustin, David Dellinger oder Ralph DiGia.[55]

Im Februar 1946 wurde in Chicago die »Conference of Non-Violent Revolutionary Socialism« abgehalten, aus der eine der radikalsten gewaltfrei-revolutionären Gruppen dieser Zeit hervorging: das **Committee for Nonviolent Revolution**. Die AktivistInnen dieser Gruppe kamen aus unterschiedlichen politischen Lagern, sie alle waren aber mit den etablierten Organisationen des pazifistischen und sozialistischen Lagers unzufrieden. Im Committee waren unter anderem PazifstInnen, Kriegsdienstverweigerer, linke ChristInnen, SozialistInnen, AnarchistInnen und (Anarcho)SyndikalistInnen aktiv. Ihnen war gemein, dass sie auf der Basis direkter gewaltfreier Aktionen aktiv sein und die radikalen und aktivistischen Elemente dieser unterschiedlichen Strömungen in einer neuen Gruppe vereinen wollten. Das Committee trat auch dezidiert für eine »multi-issue«-Agenda ein

---

[55] Vgl. Bennett 2004, 98–133; Tracy 1996, 1–46.

und verband Themen wie Kriegsdienstverweigerung und Pazifismus, gewaltfreie Revolution, Antirassismus (vor allem in Bezug auf die Diskriminierung von African Americans), Antiimperialismus (sowohl gegen die USA als auch gegen die Sowjetunion gerichtet), Arbeitskampf, anarchosyndikalistische Organisierung, Sozialismus etc. Dementsprechend machte sich das Committee keine Illusionen über den Status quo und wie man ihn verändern kann. In einem Flugblatt, das Imperialismus, Aufrüstung, Militarismus, Wehrpflicht und Kapitalismus als Fundamente jeglichen Kriegs anprangerte, liest man, dass die (damals gerade neu gegründeten und als Hoffnung vieler bürgerlicher PazifistInnen geltenden) Vereinten Nationen den Krieg nicht verhindern könnten, weil die UNO eben »diese Kriegsgründe beschützt«. Es sollte vielmehr ein »gemeinsames Programm für revolutionäre Aktion« geschaffen werden: »Wir wissen, *Revolution* bedeutet [...] Generalstreik, Sitzstreik, massenhaften zivilen Ungehorsam [...].«[56] Weiters forderte das Committee »Gruppenwiderstand wie Demonstrationen, Steiks, organisierten zivilen Ungehorsam und Untergrundorganisation, wo es notwendig erscheint. Als Individuen weigern wir uns, dem Militär beizutreten, in der Kriegsindustrie zu arbeiten oder Staatsanleihen zu kaufen, und wir glauben an Kampagnen, die andere dazu bewegen, es uns nachzumachen. Wir betrachten Gewaltfreiheit sowohl als Prinzip als auch als Taktik. Wir verzichten in all unseren Aktionen darauf, andere Menschen zu bestrafen, zu hassen oder zu töten. Wir sind der Meinung, dass Gewaltfreiheit Methoden wie Sitzstreik oder die Übernahme von Betrieben beinhaltet. Wir sind der Meinung, dass revolutionäre Wandel nur mittels der direkten Aktion der Basis stattfinden können, nicht durch Abkommen oder reformistische Vorschläge in Richtung der gegenwärtigen politischen oder gewerkschaftlichen Führung.« Ziel war ein »dezentralisierter, demokratischer Sozialismus« in dem das kapitalistische Wirtschaftssystem durch die Selbstverwaltung von Betrieben ersetzt werden sollte.[57] Die Gruppe wollte »den Unternehmern, Staatsbürokraten und korrupten Gewerkschaftsbossen die Macht entreißen« und strebte mit gewaltfreien Kampfmitteln eine »egalitäre, sozialistische Revolution« an.[58]

---

56 Committee for Nonviolent Revolution zit. n. Bennett 2004, 147 (Hervorhebung im Original). // **57** Committee for Nonviolent Revolution zit. n. Ostergaard 1985, xiii. // **58** Committee for Nonviolent Revolution zit. n. Bennett 2004, 147.

Aus den Kreisen der WRL und des Committee for Nonviolent Revolution entstand 1948 eine Gruppe namens **Peacemakers**. Auch an deren Beginn stand eine Konferenz, die in Chicago abgehalten wurde und zu der sich rund 250 radikale PazifistInnen einfanden: die »Conference on More Disciplined and Revolutionary Pacifism«. Die Peacemakers standen in der Tradition der anarchistischen und Gandhianischen direkten Aktion und des zivilen Ungehorsams Thoreaus, was vielen PazifistInnen (auch in der WRL) damals zu radikal war. Peacemakers-AktivistInnen organisierten sich dezentral und nicht-hierarchisch in autonomen Bezugsgruppen und bekundeten »die Notwendigkeit eines revolutionäreren pazifistischen Programms und die Anwendung von effektiveren und revolutionären Aktionsmethoden.«[59] So war die Gruppe beispielsweise an den berühmt gewordenen öffentlichen Verbrennungen von Einberufungsbescheiden für den Vietnamkrieg maßgeblich beteiligt. Auch eine »marxistische Kritik der kapitalistischen Gesellschaft«[60] wurde bei den Peacemakers formuliert. Gemeinsam mit dem Tax Refusal Committee lancierten die Peacemakers eine Kampagne zur Steuerverweigerung, um so dem Staat die finanziellen Mittel zum Kriegführen zu entziehen. Dies wurde als eine Erweiterung der Kriegsdienstverweigerung verstanden (wo dem Staat die personellen Mittel für das Kriegführen entzogen werden sollen), die den Peacemakers im nuklearen Zeitalter als ergänzungsbedürftig erschien. Gegen die Wehrpflicht engagierten sich die Peacemakers mit dem Resist Conscription Committee.

Das hier überblicksmäßig dargestellte gewaltfrei-revolutionäre, radikal-pazifistische, antiautoritär-sozialistische und anarchistische Milieu in den Vereinigten Staaten nach dem Zweiten Weltkrieg hatte auch sein dazugehöriges und recht einflussreiches Printmedium: *Liberation*. Die Zeitung wurde 1956 von A. J. Muste und David Dellinger gegründet und mit herausgegeben. Erschienen ist sie bis 1977 und avancierte auch zu einem wichtigen Diskussionsforum der New Left. *Liberation* wollte ein Katalysator sein für »revolutionär-gewaltfreie Aktion, die Individuen von allen Herrschaftsformen befreien und eine radikalpazifistische Bewegung aufbauen« solle. All das basierte auf dem Erbe und den Werten »der libertären, demokratischen, Antikriegs-,

---

59 »Call for a Conference on More Disciplined and Revolutionary Pacifism« zit. n. Tracy 1996, 61. // **60** Brock/Young 1999, 259.

sozialistischen, anarchistischen und Arbeiter-Bewegungen in Europa und den Vereinigten Staaten der zweiten Hälfte des 19. und der Anfangsjahre des 20. Jahrhunderts.«[61] Das Magazin galt, anknüpfend an all diese Referenzpunkte, als das Organ der »Direkten-Aktions-Spielart des Pazifismus«, welches weder »liberal-demokratisch« war, da es für »die soziale Revolution« eintrat, noch »marxistisch, da es sowohl für Antiautoritarismus als auch für gewaltfreie Mittel zur Erlangung der Revolution« stand.[62]

1933 wurde in New York City von Dorothy Day und Peter Maurin die **Catholic-Worker-Bewegung** gegründet. Obwohl die Verbindung zwischen dem Anarchismus und der Bewegung nicht immer unumstritten ist (schon alleine des Katholizismus wegen), so kann sie zweifelsohne als eine der vitalsten und interessantesten Phänomene im christlich-anarchistischen Spektrum des 20. und 21. Jahrhunderts betrachtet werden. Das politische und soziale Engagement der Catholic-Worker-Bewegung war und ist vielfältig, hatte aber stets bestimmte thematische Schwerpunkte. Der erste Punkt lässt sich schon vom Namen der Bewegung ableiten: die Solidarität mit den ausgebeuteten und kämpfenden ArbeiterInnen, ihren Streiks und Arbeitskämpfen. Hier anknüpfend nehmen sich die Catholic Workers der Marginalisierten, Armen und Ausgestoßenen der Gesellschaft an. In ihren »Houses of Hospitality« wird sich um Obdachlose und Flüchtlinge gekümmert, es gibt Suppenküchen und Hilfe für Menschen in Not. Daneben waren und sind diese Häuser aber auch immer Orte des Gebets und der politischen Bildung. In Vorträgen und Diskussionen werden die politischen und sozialen Schieflagen und (strukturellen) Gewaltverhältnisse analysiert, die für Armut, Obdachlosigkeit und Diskriminierung verantwortlich sind. In diesem Sinne sind für sie die Werke der Barmherzigkeit auch politische und soziale Interventionen, direkte Aktionen gegen einen ungerechten Status quo. Catholic Workers waren auch in der US-Bürgerrechtsbewegung aktiv. Seit Gründung der Zeitschrift *The Catholic Worker*, also mehrere Jahrzehnte vor Beginn der Bürgerrechtsbewegung, reichten sich am Zeitungskopf bereits ein schwarzer und ein weißer Arbeiter vor Jesus die Hände. Zudem sprachen sich die Catholic Workers stets gegen Antisemitismus aus, selbst in Zeiten, wo

61 Bennett 2003, 206. // **62** Brock/Young 1999, 259.

derartige Positionen im amerikanischen Mainstream und den christlichen Kirchen durchaus anzutreffen und akzeptiert waren. Doch eines der wichtigsten Themen der Catholic Workers war und ist die Frage der Gewaltfreiheit, des Antimilitarismus und des Pazifismus. Viele Catholic Workers riskieren für ihren gewaltfreien Widerstand Repressalien bis hin zur Gefängnisstrafe. Ob es nun Dorothy Day selbst war, als sie in den 1950er-Jahren gegen die Zivilschutzübungen protestierte oder 1972 einen illegalen Streik unterstützte, oder die neuseeländischen Catholic Workers, die 2008 als Protest gegen die Kriege im Irak und in Afghanistan einen militärischen Fernmeldesatelliten des Geheimdienstes beschädigten – die Catholic-Worker-Bewegung verharrt nicht in Lethargie. Mit Hunderten Häusern, Projekten und Farmen auf der ganzen Welt und einer immer noch erscheinenden Zeitschrift führen die Catholic Workers des 21. Jahrhunderts das revolutionäre Werk fort, das von zwei rebellischen Gläubigen in den 1930er-Jahren in New York City geschaffen wurde.[63] Neben der bereits behandelten Dorothy Day hat die Bewegung noch einen zweiten Gründer: **Peter Maurin** (1877–1949). Der aus Frankreich in die USA emigrierte Sozialaktivist vermengte den französischen Linkskatholizismus und Personalismus mit Ideen der englischen DistributistInnen und diverser AnarchistInnen (hier vor allem Kropotkin und Proudhon). Er war darin bestrebt, neben urbanen »Häusern der Gastfreundschaft« und »Runde-Tisch-Diskussionen« egalitäre und autarke Landkommunen zu schaffen, wo »Arbeiter zu Wissenschaftlern und Wissenschaftler zu Arbeitern« werden. Er nannte das die »Grüne Revolution«. In einem seiner sogenannten »Easy Essays« schrieb er: »Ich will einen Wandel, einen radikalen Wandel. Ich will einen Wandel von einer habgierigen Gesellschaft zu einer funktionierenden Gesellschaft, von einer Gesellschaft der Draufgänger *(go-getters)* zu einer Gesellschaft der Draufgeber *(go-givers)*.«[64] Obwohl er für sich und seine politischen und sozialen Ansichten stets das Wort »Personalismus« vorzog, so scheute er sich, laut Dorothy Day, nie davor, das Wort Anarchismus zu gebrauchen. »Peter Maurin kam zu mir mit Kropotkin in der einen und dem Heiligen Franziskus in der anderen Tasche!«[65], so Day über Maurin.

---

63 Kalicha 2015b, 25. Für eine generelle Diskussion zum Anarchismus der Catholic-Worker-Bewegung siehe Cornell 2013; Segers 1978. // **64** Maurin 1949, 46. // **65** Day 1974.

BEWEGUNGEN // GRUPPEN // PROJEKTE // 217

Das **Student Nonviolent Coordinating Committee** (SNCC) bestand von 1960 bis 1969 und war die wichtigste Basisorganisation schwarzer StudentInnen in der Bürgerrechtsbewegung gegen die sogenannte »Rassentrennung« (Segregation) in den Südstaaten der USA. Sie entstand aus einer spontanen Massenaktionswelle von Sit-ins und Go-ins schwarzer StudentInnen in segregierte Cafés, Restaurants und öffentliche Einrichtungen, ausgehend von Greensboro/North Carolina am 1. Februar 1960. Die durch Sozialarbeit in Harlem politisierte Ella Baker, die die Organisation Martin Luther Kings in den 1950er-Jahren als zu »leader-centered« kritisierte, lud im April 1960 zur Gründung einer »group-centered«-Organisation ein, des SNCC. Deren örtliche Basisgruppen, die NAGs (Nonviolent Action-Groups), von denen besonders die NAG Nashville prägend wurde, waren autonom, das SNCC sollte deren selbstbestimmte Aktionen lediglich auf überregionaler Ebene koordinieren. Das auf Gewaltfreiheit basierende Programm der Gründungskonferenz wurde vom christlichen gewaltfreien Anarchisten James Lawson geprägt und propagierte anfangs ausschließlich direkte gewaltfreie Aktion und keine Beteiligung an Wahlen. Lawson war auch prägend für die damalige »Drittwelt«-Rezeption der African Americans: Er besuchte in den 1950er-Jahren GandhianerInnen in Indien und der Gandhianer Lohia kam daraufhin in die USA, um an Universitäten der African Americans Kurse für gewaltfreie Aktion zu geben, an denen unter anderem die Bürgerrechtlerin und Initiatorin des Busboykotts von Montgomery, Rosa Parks, teilnahm. Ein Höhepunkt der Kampagnen für direkte gewaltfreie Aktion des SNCC waren die Freedom Rides 1961 zur Desegregation der US-amerikanischen Überlandbusse (Greyhound-Busse). Durch den stark von Camus beeinflussten Libertären Bob Moses wurde der religiöse Einfluss zurückgedrängt und das SNCC zu einem »Katalysator« schwarzer Organisierung. Moses prägte eine Generation von AktivistInnen, die in Dörfer und Städte des Südens gingen, um dort den von der Gewalt der Weißen und der rassistischen, oft vom faschistischen Ku-Klux-Klan unterwanderten Bundesstaatenpolizei betroffenen schwarzen Gemeinden vor allem zuzuhören, sie dann zu organisieren und in Trainings Kenntnisse in gewaltfreier Aktion zu vermitteln. Große Reden zu schwingen war dabei irrelevant. Wenn in den Gemeinden genügend AktivistInnen Selbstbestimmung und Selbstorganisation erlernt hatten, zogen sich die SNCC-OrganisatorInnen von dort wieder zurück. Weil auf fast allen Treffen der Black Community das Wahlrecht für Schwarze verlangt wurde, fühlte sich auch Moses verpflichtet, dem nachzukommen. So übernahm das SNCC ab 1962 die Strategie, Kampagnen für die Eintragung von African Americans in die Wahllisten durchzuführen. Innerhalb des SNCC gab es gewaltfreie AnarchistInnen, insgesamt war es jedoch keine anarchistische Organisation. Das SNCC verfolgte bei seinen gewaltfreien Aktionen oft erfolgreich die Taktik, die vor allem rassistische Polizei der einzelnen Bundesstaaten im Süden gegen von Washington aus zu entsendende Bundespolizei auszuspielen. Durch diese Taktik wurden die großen Erfolge der ersten Phase der Bürgerrechtsbewegung erreicht: 1964 das Gesetz zur Abschaffung der Segregation, 1965 das Wahlrechtsgesetz für African Americans.

In der Folge verhärteten sich schwelende Konflikte im SNCC: Ein separatistischer Nationalismus mit der Forderung nach einem eigenen Nationalstaat auf US-Territorium setzte sich durch, die Minderheit weißer AktivistInnen wurde aus dem SNCC ausgeschlossen und in der Phase der »Black Power« setzte sich eine Taktik der bewaffneten

Selbstverteidigung durch. Abgeschlossen wurde diese Entwicklung durch die Namensumbenennung in Student National Coordinating Committee. Von Koordination konnte jedoch keine Rede mehr sein: Das überregionale SNCC-Gremium legte den Kurs fest, die Basisgruppen und die Katalysatoren-Arbeit hatten sich aufgelöst und das SNCC bestand am Ende fast nur noch aus verbalradikalen großen Rednern, die wie etwa Rap Brown die Atombombe für Schwarze forderten. Das COINTELPRO-Programm des FBI tat ein Übriges, um interne Konflikte in gewaltsame Auseinandersetzungen zu verwandeln und das SNCC überlebte als Organisation die Repressionswelle von 1969 nicht. Insofern kann das SNCC in zwei sehr unterschiedliche Phasen eingeteilt werden: eine (für gewaltfreie AnarchistInnen interessante und lehrreiche) gewaltfrei-basisorientierte und eine gewaltsam-militante, autoritäre Phase.[66]

Eine libertär-gewaltfreie Gruppe, die auch heute noch als wichtige Impulsgeberin für anarchistische und gewaltfrei-revolutionäre Bewegungen gilt, ist das **Movement for a New Society** (MNS). Die Gruppe, die in den 1970er- und 1980er-Jahren in den Vereinigten Staaten aktiv war, organisierte sich entlang von Prinzipien wie konsensuale Entscheidungsfindung, direkte Aktion, revolutionäre Gewaltfreiheit, kommunales Zusammenleben, vorwegnehmende Politik sowie feministische/antisexistische Praxis und Bewusstseinsbildung. MNS-AktivistInnen gründeten sogenannte »Life Centers«, in denen man gemeinsam leben und politisch aktiv sein konnte, und organisierten sich zusätzlich in kleineren »Nonviolent Revolutionary Groups«. Das MNS war in zahlreichen Kampagnen aktiv, beispielsweise bei der Besetzung des Baugeländes des geplanten Atomkraftwerks in Seabrook Ende der 1970er-Jahre, das eines der wichtigsten Ereignisse der US-amerikanischen Anti-AKW-Bewegung war. Obwohl der Name der Organisation

---

66 Für eine umfassende Geschichte des SNCC siehe Carson 2004. Die erste, gewaltfreie und basisorientierte Phase des SNCC beeinflusste in vielerlei Hinsicht die deutschsprachige StudentInnenbewegung und die Frühphase der gewaltfreien Aktionsgruppen in der BRD. Sit-ins und Go-ins wurden als Aktionsformen anfangs sogar in ihrer englischen Begrifflichkeit übernommen, die Graswurzelwerkstatt gab in den Siebzigerjahren ein »Info für gewaltfreie Organisatoren« für die interne Diskussion im Netzwerk gewaltfreier Aktionsgruppen heraus, deren Benennung sich an die Katalysatoren-Funktion schwarzer OrganisatorInnen des SNCC anlehnte.

heute vielen nicht mehr bekannt ist, sind die »vielen neue Wege [des MNS], radikale Politik zu betreiben, in gegenwärtigen antiautoritären sozialen Bewegungen zentral geworden. Das MNS machte die konsensuale Entscheidungsfindung populär, führte Plena als Organisationsform für AktivistInnen in den Vereinigten Staaten ein und war ein federführender Fürsprecher diverser Praxen – wie gemeinschaftliches Zusammenleben, das Ablegen unterdrückerischen Verhaltens und das Schaffen kooperativ geführter Betriebe –, die heute oft unter der Rubrik präfigurative Politik subsumiert werden.«[67] Betsy Raasch-Gilman, die über zehn Jahre lang Teil des MNS war, streicht auch die feministische Arbeit der Gruppe heraus: »Ein wichtiger Aspekt war, wie wir an Fragen von Unterdrückung [...] arbeiteten. Der Feminismus hat das MNS von Anfang an beeinflusst, da er Themen aufwarf wie: Wer bekommt wofür Anerkennung; was ist Leadership; was politische Arbeit? Der Feminismus forderte alle heraus, sich mit ihren sexistischen Verhaltensmustern, ihrem internalisierten Sexismus und ihrer internalisierten Homophobie auseinanderzusetzen.«[68] In ähnlicher Weise beschäftigten sich die MNS-AktivistInnen mit Fragen des Klassismus und Rassismus. Die gewaltfreie Aktion war für das MNS eine sozialrevolutionäre Praxis: »Revolutionäre Gewaltfreiheit war die Grundlage der politischen Analyse und Strategie des MNS. Die Gruppe glaubte, dass Krieg dem Kapitalismus inhärent ist und soziale Ungleichheit selbst eine Form der Gewalt darstellt, aufrechterhalten durch die Androhung direkter staatlicher Gewalt; dies verlangt von jenen, die Gewalt aus moralischen Gründen ablehnen, dass sie zu SozialrevolutionärInnen werden.«[69] In ihrer Analyse unterschieden sie auch zwischen PazifistInnen und gewaltfreien RevolutionärInnen. Die Trennlinien machte das MNS in Fragen der widerständigen Praxis und in der Haltung zu Staat und Kapitalismus ausfindig: »Pazifismus ist vor allem durch Konfliktvermeidung beeinflusst«, so George Lakey, damals ein Mitglied der Gruppe, »auf der anderen Seite heißen gewaltfreie Revolutionärinnen den Konflikt willkommen«. Vielen PazifistInnen sei »der Kapitalismus recht, gewaltfreien RevolutionärInnen aber nicht«. Diese seien vielmehr »stark antikapitalistisch und oft antistaatlich«.[70] Das MNS kann als ein wichtiger und nachhaltiger Impulsgeber für anar-

67 Cornell 2011, 14. **// 68** Raasch-Gilman 2011, 87. **// 69** Cornell 2011, 21. **// 70** Lakey 2011, 64.

chistische und antiautoritäre Organisierung und Aktion angesehen werden und ist für ForscherInnen wie AktivistInnen heute »eine Erinnerung daran, dass die radikale pazifistische Philosophie den Anarchismus des 20. Jahrhunderts grundlegend geprägt hat«.⁷¹

1965 wurde in Amsterdam die anarchistische **Provo-Bewegung** gegründet. Die Provos – der Name war Programm – waren eine Mischung aus »künstlerischer [...] Spielerei und ernsthaftem Anarchismus«⁷² und führten kreative, konfrontative, gewaltfreie Protestaktionen und künstlerische »Happenings« durch, die das Ziel hatten, staatliche Behörden, PolitikerInnen, konservative Gesellschaftsschichten und die Polizei aus der Reserve zu locken. Diese sollten zu Reaktionen provoziert werden, die sie öffentlich bloßstellten und demaskierten. Vor allem die Polizei war hier ein einfaches Ziel. Diese ließ sich immer wieder zu völligen Überreaktionen hinreißen, sodass sie mehr und mehr Ziel öffentlicher Kritik wurde und die Strategie der Provos somit aufging. Die Provos warfen zum Beispiel Rauchbomben während

---

71 Cornell 2011, 169. Zur Rezeption des MNS in Deutschland siehe Zucht 1974/75. Die Zeitung des Göttinger Alternativplenums wurde beispielsweise »Löwenzahn« nach der MNS-Zeitschrift »Dandelion« genannt. // **72** Tasman 2001a, 10.

222 // GEWALTFREIER ANARCHISMUS & ANARCHISTISCHER PAZIFISMUS

der Hochzeit von Prinzessin Beatrix der Niederlande mit Claus von Amsberg, der eine Nazi-Vergangenheit hatte. Eine völlig überforderte Polizei eskalierte die Situation zusehends und ließ unter Beobachtung internationaler Medien und zur hämischen Freude der Provos die Hochzeitszeremonie zum Desaster werden. Der Spaß an der Provokation manövrierte den Provo-Widerstand teils ins Absurd-Komische. So verbreiteten sie eine gefälschte Thronrede, in der das niederländische Königshaus sich zum Anarchismus, zur sozialen Revolution und der Abschaffung des Privateigentums bekannte sowie die ArbeiterInnen aufrief, sich der Produktionsmittel zu bemächtigen. Die Provos entwickelten diverse Kampagnen, die sie als »Weiße Pläne« bezeichneten. So gab es den »Weißen Fahrrad-Plan«, gemäß dem sie weiß bestrichene Fahrräder in ganz Amsterdam zur freien und kostenlosen Benutzung verteilten, um dem »Asphaltterror der motorisierten Massen«[73] etwas

[73] Kempton 2007, 48.

entgegenzusetzen. Der »Weiße Hennen-Plan« forderte, PolizistInnen zu freundlichen SozialarbeiterInnen umzuschulen, die anstelle von Waffen Süßigkeiten und Verbandszeug bei sich tragen sollten. Die Bewegung publizierte auch eine Zeitschrift, die den Namen *Provo* trug, von 1965 bis 1967 erschien und als wichtiges Sprachrohr der Bewegung diente. Viele Ausgaben von *Provo* wurden von den alarmierten staatlichen Behörden konfisziert. In der ersten Ausgabe der Zeitschrift wurden die Prinzipien formuliert. Hier hieß es unter anderem: »Provo muss sich zwischen verzweifeltem Widerstand und unterwürfiger Auslöschung entscheiden. Provo fordert zum Widerstand auf, wo immer es möglich ist. Provo begreift, dass es am Ende verlieren wird, kann sich aber die Chance nicht entgehen lassen, zumindest ein letztes Mal den beherzten Versuch zu starten, die Gesellschaft zu provozieren. Provo betrachtet die Anarchie als inspirierende Quelle des Widerstands.«[74]

Eine Bewegung, die mit den Provos eng verbunden war und einige Jahre nach deren Auflösung in den Niederlanden aufkam, war die **Kabouter-Bewegung.** Die 1970 gegründete Bewegung war personell eine Mischung aus ehemaligen Provos und AktivistInnen aus unterschiedlichen außerparlamentarischen Organisationen und libertären Subkulturen. Der Ex-Provo Roel van Duijn formulierte maßgebende Grundlagen der Kabouter-Bewegung und war beeinflusst von den Ideen von Theoretikern wie Peter Kropotkin, Karl Marx[75], Herbert Marcuse und Erich Fromm. Politischer Aktivismus und ein

---

74 Provo zit. n. De Jong 1972, 201. // **75** Die Provo-Bewegung und ihre AktivistInnen wie Van Duijn grenzten sich jedoch von dogmatisch-marxistischen Theorien weitestgehend ab, weshalb ihnen die damalige StudentInnen-Bewegung auch feindselig gegenüberstand: »Die Ideologen der StudentInnen-Bewegung betrachteten die Provos als Klassenfeinde der Arbeiter, weil sie den altmodischen Klassenkampf ablehnten. Während in West-Deutschland die StudentInnen-Bewegung geprägt war von einer Mischung aus Marxismus und Anarchismus, war in den Niederlanden eine Zusammenarbeit zwischen der StudentInnen-Bewegung und der Provo-Bewegung kaum möglich. Weil die Provos in den linken Kreisen im Ausland ziemlich populär waren, schrieben Ton Regtien und Konrad Boehmer für die deutsche linke Zeitschrift »Kursbuch« einen Artikel, worin sie die Provos als eine Gefahr für die Revolution schilderten« (Tasman 2001a). Ähnlich verhielt es sich mit der Kabouter-Bewegung, was sogar soweit führte, dass es zwischen Kabouter-AktivistInnen und den marxistischen StudentenvertreterInnen schließlich zu einem »Nicht-Angriffspakt« kam, um die Streitigkeiten beizulegen und nicht weiter eskalieren zu lassen (vgl. Tasman 2001b).

subkultureller Lebensstil flossen ineinander und die »Kritik an der existierenden Gesellschaft wurde kombiniert mit alternativen Experimenten jeder Art und mit einem lebenslustigen, erotischen und entspannteren Lebensstil.« Die Kabouter-AktivistInnen »zielten auf einen Mentalitätswandel als Bedingung für Änderungen der gesellschaftlichen Strukturen.«[76] Anders als die Provos legte die Kabouter-Bewegung kein Hauptaugenmerk darauf, die Obrigkeit zu provozieren, sondern libertäre Alternativ- und Gegenstrukturen im Hier und Jetzt zu schaffen. So entstand in dem von den Kaboutern proklamierten »Oranje-Freistaat« ein ganzes Netzwerk an Parallelinstitutionen, das den Staat ersetzen und überflüssig machen sollte: alternative Kleider- und Lebensmittelläden, ein »Alternativer Postdienst« mit eigenen Briefmarken, mehrere Zeitschriften, ein Tauschmarkt (»Oranje-Freimarkt« genannt) etc. Zudem wurden alternative Kliniken, Schulen, Kindergärten und Betreuungseinrichtungen für SeniorInnen geschaffen. Kreativer, gewaltfreier Widerstand wurde vielfach praktiziert. Die Kabouter-Bewegung war eine Wegbereiterin der HausbesetzerInnenszene sowie der Ökologie-Bewegung in den Niederlanden. Verortet man die Kabouter-Bewegung in den unterschiedlichen anarchistischen Traditionen, so stand sie, stellt man den Vergleich mit den Provos her, eher für einen »freundlichen Kropotkinismus anstelle eines Bakunismus«.[77] Trotz des erheblichen Einflusses anarchistischer Ideen beteiligten sich die Kabouter mit Listen an Kommunalwahlen und fuhren teils beachtliche Erfolge ein. Dies war Teil einer Strategie, die »Zwei-Hände-Strategie« genannt wurde: »[M]it der rechten Hand wurde die alte Gesellschaft von außen und von innen, durch Teilnahme an parlamentarischen und anderen Institutionen, angegriffen, kritisiert und untergraben. Mit der utopischen linken Hand wurde zur gleichen Zeit mit alternativen Lösungen experimentiert und am Aufbau der neuen Gesellschaft gearbeitet. Beide Hände sollten sich verbunden wissen durch einen Kopf und durch ein Herz.«[78] Die Kabouter proklamierten, dass aus »der Subkultur der existierenden Ordnung [...] eine alternative Gesellschaft« erwachse. Diese Gesellschaft »wächst jetzt aus dem Boden und beginnt damit – unabhängig von der immer noch herrschenden Obrigkeit – ihr eigenes Leben zu leben und über sich

---

[76] Tasman 2001b, 10. // [77] De Jong 1972, 206. // [78] Tasman 2001b, 10.

selbst zu bestimmen. Diese Revolution findet jetzt statt [...], von nun an verwenden wir unsere Energie dafür, eine antiautoritäre Gesellschaft aufzubauen.«⁷⁹

Aus gewaltfrei-anarchistischer Sicht ist die Rolle, die **AnarchistInnen in der DDR-Opposition** spielten, interessant. Über viele Einzelne und kleine Gruppen, die noch in der Weimarer Republik andere Sozialismus-Konzeptionen kennengelernt hatten als die »real existierenden« der DDR wissen wir nicht viel. Auch viele Personen verdienen es, stärker beachtet zu werden.⁸⁰

Hier soll nicht über Verweigerung, Protest und Widerstand in der DDR zwischen ihrer Konstituierung und ihrem Zusammenbruch geschrieben werden, sondern nur über die Gruppen, die anarchistische und gewaltablehnende Positionen in einem gegenkulturellen Milieu, oft unter dem Schutz der evangelischen Kirche, entwickelten. Die älteren Oppositionsbewegungen hatten noch gehofft, die SED stürzen und eine Sowjetisierung verhindern zu können (das endete nach dem Arbeiter- und Volksaufstand vom 13. Juni 1953). Bis zum Bau der Mauer 1961 waren massenhaft Oppositionelle geflohen, danach blieben der Opposition eher kleine intellektuelle Zirkel von sozialistischen

---

79 De Jong 1972, 206. // **80** Als Hinweis muss genügen, dass beispielsweise Kurt Kretschmann, der Erfinder der »Naturschutz«-Eule und einer der bekanntesten und konsequentesten Naturschützer der DDR, schon als 12-jähriges Arbeiterkind aus einer kommunistischen Familie Ernst Friedrichs »Krieg dem Kriege« in die Hände bekam, Anhänger Friedrichs, glühender Pazifist und Vegetarier wurde, 1933 seine Stelle bei einem Konfektionsschneider kündigte, um nicht Uniformen nähen zu müssen, 1941 zur Wehrmacht eingezogen und verdächtigt wurde, er wolle sich durch vegetarische Ernährung »wehruntauglich« machen, Anfang 1945 desertierte und sich 75 Tage in einem Erdloch versteckte ... Zu seiner Biografie siehe »Wege« Nr. 24 (Juni 1992); Kretschmann 2002 (die Erinnerungen sind Ernst Friedrich gewidmet); Kirchdorff 2015: Ein Lebenslauf auch unter http://haus-der-naturpflege.de/uploads/PDF/Pazifist%20Kurt%20Text%20neu.pdf). Ein anderer Außenseiter in der DDR-Gesellschaft war Reimar Gilsenbach, der aus einem lebensreformerisch-anarchistischen Milieu stammte, in einer öko-anarchistischen Siedlung geboren wurde, ebenfalls Deserteur des Zweiten Weltkriegs, ebenfalls engagierter Naturschützer, 1989 Mitbegründer der »Grünen Liga«. Gilsenbach setzte sich u. a. für die Anerkennung der Sinti und Roma als NS-Verfolgte ein und schrieb über deren Schicksale. Beide suchten in der DDR ihre Überzeugungen zu bewahren und sich für diese auch in dem manchmal eng gesteckten Rahmen des bürokratischen Regimes einzusetzen. Beide haben geschrieben und man kann sich heute leicht über ihr Leben informieren (siehe u. a.: http://www.gilsenbach-gilsenbach.de/index1.html). Es wird aber viele – gerade aus dem Milieu antiautoritärer ArbeiterInnen – geben, die vorerst vergessen sind.

ReformerInnen und evangelischen TheologInnen, während die Bevölkerung sich arrangierte und passiv blieb. Aus der jüngeren Generation, die bereits in der DDR aufgewachsen war, entstanden kleine Gruppen, die mit der entfremdeten, bürokratischen Lebensweise nicht zurechtkamen und Nischen suchten, in denen sie sich entfalten konnten, gesellschaftliche Alternativen und andere als die offiziellen »historischen Erfahrungen« aufnehmen konnten. Dazu boten die Bibliotheken und die Buchproduktion der DDR durchaus Gelegenheiten: »Wir lasen Pjotr Kropotkins ›Gegenseitige Hilfe in der Tier- und Menschenwelt‹, Max Stirners ›Der Einzige und sein Eigentum‹, Pierre Joseph Proudhon, Gustav Landauer, Erich Mühsam, Leo Tolstois sozialkritische und philosophische Schriften« berichtet etwa Udo Muszinsky.[81] Viele dieser Bücher wurden auch aus der BRD illegal eingeführt.

Während die Bevölkerungsmehrheit nur noch an der sozialen Sicherheit einer obrigkeitsstaatlichen Wohlfahrtspolitik interessiert war, bildeten sich Gruppen heraus, die – wie vergleichbare Bewegungen im »Westen« – von der Konsumgier gerade abgestoßen waren, ein einfaches, aber kreatives und innerlich reiches Leben gegen das graue Spießertum des preußischen Sozialismus entwarfen. In einer stark militarisierten Gesellschaft und angesichts der Blockkonfrontation musste Kritik und Verweigerung sich »gegen Krieg und verlogenen Frieden«[82] wenden. Als 1978 ein Pflichtfach »Wehrerziehung« eingeführt werden sollte, gab es in der evangelischen Kirche eine starke Gegenbewegung, die »Erziehung zum Frieden« forderte und Friedensseminare veranstaltete, 1980 eine Friedensdekade »Frieden schaffen ohne Waffen« organisierte, die 1981 das berühmte Symbol »Schwerter zu Pflugscharen« aufnahm.[83] Aus den Konflikten um diese pazifistischen Positionen entstanden wichtige neue Gruppierungen wie die »Frauen für den Frieden« und die »Friedensgemeinschaft Jena«, die demonstrative gewaltlose öffentliche Demonstrationen eines zivilen Ungehorsams auf-

---

81 Muszinsky 1994, 14 f. Siehe auch Rüddenklau 2009 a,b (wo auch über die Beeinflussung durch Kropotkin und Landauer berichtet wird). In GWR Nr. 343 findet sich auch ein Bericht des langjährigen Propagandisten der Gewaltlosigkeit »Schorsch« Meusel vom Martin-Luther-King-Zentrum in Werdau über seine Erfahrungen mit der »friedlichen Revolution«. // **82** So der Zusatz von Jürgen Fuchs' Textsammlung: Einmischung in eigene Angelegenheiten. Reinbek bei Hamburg 1984. Dem Buch vorangestellt ist das Motto: »Die Freiheit ist das Recht nicht zu lügen« (Camus). Nach seiner Abschiebung in die BRD 1977 wurde Fuchs zu einem der wichtigsten Unterstützer der DDR-Opposition von außen. // **83** Vgl. Büscher 1982.

nahmen. Demonstratives Anders-Sein und Boheme-Verhalten durchbrachen den grauen Alltag. Wo alles verboten und überwacht ist, ist die Schwelle zum zivilen Ungehorsam und zur öffentlichen »Provokation« niedrig. Wie in den neuen sozialen Bewegungen des Westens wurde neben der Friedensfrage die Zerstörung der Natur wichtigstes Thema der neuen Opposition.

Im Schutzraum der evangelischen Kirchen engagierten sich allerlei NonkonformistInnen und mutige ProtestantInnen.[84] Solche Strukturen hielten der Repression stand und ließen für die unangepassten Jugendlichen »Rüstzeitheime« wie in Braunsdorf zu einem Freiraum werden. So wurde eine Jugendarbeit, die nicht missionieren oder reglementieren wollte, allmählich durchgesetzt und schließlich als »Offene Arbeit« in Kirche und Gesellschaft geduldet. Selbstorganisation konnte hier erlernt werden, Aktionen konnten von hier ausgehen.[85] Offenheit bedeutete zunehmend: Die Marginalisierten nicht anpassen wollen, sondern eine Gesellschaft verändern, die ausgrenzt. Und so ging es bald nicht mehr um Jugendliche allein, diese wurden älter, blieben aber unangepasst. Von Thüringen aus entstand ein Netzwerk, das sich mit der »Kirche von unten« in der Endphase der DDR sehr verbreitet hatte und Keimzelle vieler anderer Oppositionsgruppen war.

Die Umweltbibliothek in der Zionskirche Berlin brachte die *Umweltblätter* heraus[86], ein wichtiges, auf die gesamte DDR ausstrahlendes Medium. Als im November 1987 die Umweltbibliothek von MfS-Mitarbeitern durchsucht wurde und sieben Personen festgenommen wurden, führte das zu einer weiteren Welle der Solidarisierung. Die Umweltbibliothek war anarchistisch beeinflusst.[87] Ihre *Umweltblätter,* ab 1989 *Telegraph,* waren das wichtigste Organ zur Verständigung einer antiautoritären Szene und wurden bald auch in der BRD vertrieben.[88]

---

84 Ein solcher mutiger Protestant war z. B. Walter Schilling, dessen Eltern der Bekennenden Kirche angehört hatten, der nicht in der DDR studieren konnte, sondern als Werkstudent nach Westdeutschland gegangen war, ein Nichtwähler, ein Anhänger Martin Luther Kings, der 1973 einen Deserteur auf Kirchengelände versteckte. Vgl. Buchgruppe Offene Arbeit 2014 – hier besonders die Texte von Bernd Gehrke (2014 a,b). // **85** Rüddenklau beschreibt die »offene Arbeit« als »Träger basisdemokratischer und anarchistischer Ideen« (Rüddenklau 1994, 16). // **86** Um Repression umgehen zu können, waren die Umweltblätter offiziell »nur zur innerkirchlichen Information«. // **87** Vgl. Rüddenklau 1992. Seine Homepage: http://www.belfalas.de/wolfgang.htm // **88** In der Graswurzelrevolution 138 (November 1989) findet man beispielsweise auf Seite 5 einen Artikel mit der Überschrift »Umweltblätter bestellen!«.

Ausdrücklich »anarchistisch« nannte sich die Gruppe »Wolfspelz« in Dresden[89]: 1981 entstand aus der Hippie-Szene ein Aufruf zu einer Kundgebung gegen Aufrüstung, der weit verbreitet wurde und die Stasi auf den Plan rief.[90] Einen gewissen Schutz bot die evangelische Kirche, sodass am 13. Februar 1982 eine Veranstaltung stattfinden konnte, an der über 8000 Leute teilnahmen. Der Aufruf zur Veranstaltung beinhaltete, dass eine Aktion außerhalb von Staat und Kirche stattfinden sollte, man wollte sich an der Frauenkirche treffen, Kerzen auf den Ruinen anzünden und »We shall overcome« singen. Daraus entstanden weitere Aktionen, zum Beispiel gegen Kriegsspielzeug und die Militarisierung der Gesellschaft. Zunehmend verabschiedete sich die Gruppe von der Idee eines zu demokratisierenden Sozialismus und sah auch in der Demokratie »Terror gegen Minderheiten«.[91] 1985 erfolgte der Bruch mit der Kirche; Bischof Hempel nannte die Gruppe »Wölfe im Schafspelz«, daher der Name Wolfspelz. 1986 trennten sich die stark christlich motivierten AktivistInnen; die anarchistische Gruppe diskutierte antiautoritäre Erziehung und freie Schulen, eine Gesellschaft ohne Geld, ein anderes Leben.[92] Die Gruppe trat offen in den Betrieben und im sozialen Umfeld auf. Wahlaufforderungskarten wurden zurückgeschickt. 1987 wurde nach dem Nazi-Überfall auf ein Konzert in der Zionskirche Berlin in Dresden die Anti-Nazi-Liga gegründet. Anfang 1988 wuchs die Gruppe stark, unter anderem weil viele Ausreisewillige in die Oppositionsgruppen strömten. Wolfspelz forderte »Deutschland ohne Armee«, machte Amnestie- und Asyl-Arbeit, Aktionen gegen den Golfkrieg. Schließlich war die Gruppe überfordert durch die angestrengte Arbeit, die Enttäuschungen, etwa darüber, dass die Beschäftigten ihre Betriebe nicht beanspruchten, und vor allem aufgrund der ständigen körperlichen Bedrohung durch Nazis.[93]

1989/90 entstanden in einer Streikwelle Initiativen für Betriebsräte und die Initiative für Unabhängige Gewerkschaften. Im Januar

---

89 Kalex et al. 1992a. // **90** Johanna Ebischbach, Gründungsmitglied der anarchistischen Gruppe Wolfspelz, wurde scharf verfolgt. Sie war stark in der antimilitaristischen Szene involviert. 1982 heiratete sie Roman Kalex, die gemeinschaftlich verfasste Traurede plädiert für Totalverweigerung und Friedensarbeit. Sie war in der Gruppe Wolfspelz auch verstärkt gegen Neonazis engagiert, weshalb sie zum Ziel von faschistischen Übergriffen wurde. // **91** Kalex et al. 1992a, 25. In der Gruppe waren Erfahrungen, in der Minderheit zu sein, etwa auch als Schwuler, sehr verbreitet. »Es hat in diesem Kreis nie Mehrheitsbeschlüsse gegeben« (26). // **92** Kalex et al. 1992b. // **93** Kalex et al. 1992c, 36.

1990 gründete sich die Freie Arbeiter/Arbeiterinnen Union (Ost), die gegen den Zentralismus und den FDGB als Machtinstrument der SED forderte, die »Betriebe selbst in die Hand« unabhängiger Gruppen und Föderationen zu nehmen: »Was will die F.A.U.? – die gewaltfreie Veränderung bestehender autoritärer Herrschaftsformen in Betrieben, Verwaltungen, Kommunen [...]«.[94]

Wir wissen heute, dass die Zeit, in der vieles offen schien, nicht lange dauerte und einmal mehr »realistische« Wege gesucht wurden.

Die **Föderation Gewaltfreier Aktionsgruppen** (FöGA) war ein 1980 in der BRD gegründetes, bundesweites Netzwerk von selbstbestimmt und basisdemokratisch agierenden Bezugs- und Aktionsgruppen (Gewaltfreie Aktionsgruppen; GAs), welche offensiven und aktiven gewaltfreien Widerstand leisteten. Die Gewaltfreien Aktionsgruppen der FöGA strebten mittels Blockaden, direkten gewaltfreien Aktionen, Sabotage und zivilem Ungehorsam nach einer »aktionsorientierten Radikalisierung« und wollten sowohl auf pazifistische und antimilitaristische als auch auf libertär-sozialistische Kreise einwirken. Die FöGA versuchte, »den für sie untrennbaren Zusammenhang von Anarchismus und Gewaltfreiheit zu vertreten und zu leben«. Das Ziel einer herrschaftslosen Gesellschaft anstrebend, könne diese »weder mit der Anwendung lebensschädigender Gewalt noch mit autoritären Organisationsformen durchgesetzt werden«. Auch zu antisexistischen und feministischen Themen wurde intensiv gearbeitet. So wurde zum Beispiel »beim Thema Antimilitarismus der Zusammenhang von Militär und Männergewalt« problematisiert. Zeitweise waren zum Koordinationsrat ausschließlich Frauen zugelassen. In der FöGA-Prinzipienerklärung hieß es auch, dass gegen Strukturen gekämpft werde, »in denen Männergewalt allgegenwärtig und die Unterdrückung von Frauen alltäglich sind. Frauenbefreiung heißt, dass Frauen um ihre Selbstbestimmung kämpfen. Als einen Weg des Frauenwiderstandes befürworten wir die Schaffung von separaten Räumen von und für Frauen, in denen Schutz gewährleistet, Widerstand organisiert und Stärke entfaltet wird. Männer wehren sich

---

94 Zitiert nach dem ersten Flugblatt der F.A.U. 1990 »Werktätige! Nehmt Eure Betriebe selbst in die Hand!«. Zu den Unterzeichnern gehörte auch Kurt Wafner, der Ende der Weimarer Republik zu den anarchistischen Jugendgruppen gestoßen war. Vgl. Wafner 1993, 1994.

gegen die patriarchale Gesellschaft und Kultur, um sich von dem herrschenden Männlichkeitsideal zu befreien. [...] Wir bemühen uns, innerhalb unserer Gruppen und Strukturen männliche Bevormundung und Gewalt gegenüber Frauen zu beseitigen.«[95] Durch Koordinierung gewaltfreier Aktionscamps oder von Bauplatzbesetzungen in der Anti-AKW-Bewegung (Gorleben, Wackersdorf, Castortransporte) und in der Friedensbewegung (Großengstingen, Mutlangen, Fulda-Gap, Verweigerungskampagne) hatte die Bewegung gewaltfreier Aktionsgruppen große Anteile bei einigen konkreten Erfolgen (unter anderem Verhinderung der WAA in Gorleben oder Wackersdorf). Die FöGA war eng verzahnt mit der Zeitschrift *Graswurzelrevolution* (GWR), deren Herausgeberin sie eine gewisse Zeit lang war. 1997 löste sich die FöGA auf, die GWR bestand als eigenständiges Printmedium jedoch weiter – bis heute.

Die Zeitschrift *Graswurzelrevolution* (GWR) ist eine seit 1972 bestehende anarchistische Monatszeitschrift und somit das älteste noch erscheinende anarchistische Printmedium im deutschsprachigen Raum. Sie ist auch eine der wenigen existierenden Zeitungsprojekte weltweit, das sich explizit im gewaltfrei-anarchistischen Spektrum verortet und diese Tradition im Anarchismus publizistisch begleitet, dokumentiert und zu verbreiten versucht. Die GWR wurde beeinflusst von Zeitschriften wie *Anarchisme et Non-Violence* oder der noch heute erscheinenden *Peace News*. Die GWR ist assoziiertes Mitglied der War Resisters' International (WRI). In ihrem Selbstverständnis heißt es: »Graswurzelrevolution bezeichnet eine tiefgreifende gesellschaftliche Umwälzung, in der durch Macht von unten alle Formen von Gewalt und Herrschaft abgeschafft werden sollen. Wir kämpfen für eine Welt, in der die Menschen nicht länger wegen ihres Geschlechtes oder ihrer geschlechtlichen Orientierung, ihrer Sprache, Herkunft, Überzeugung, wegen einer Behinderung, aufgrund rassistischer oder antisemitischer Vorurteile diskriminiert und benachteiligt werden. Wir streben an, dass Hierarchie und Kapitalismus durch eine selbstorganisierte, sozialistische Wirtschaftsordnung und der Staat durch eine föderalistische, basisdemokratische Gesellschaft ersetzt werden. Schwerpunkte unserer Arbeit lagen bisher in den Bereichen Antimilitarismus und

---

95 Brodrecht 1993.

Ökologie. Unsere Ziele sollen – soweit es geht – in unseren Kampf- und Organisationsformen vorweggenommen und zur Anwendung gebracht werden. Um Herrschafts- und Gewaltstrukturen zurückzudrängen und zu zerstören, setzen wir gewaltfreie Aktionsformen ein. In diesem Sinne bemüht sich die anarchistische Zeitung Graswurzelrevolution seit 1972, Theorie und Praxis der gewaltfreien Revolution zu verbreitern und weiterzuentwickeln.«[96]

Gewaltfreie Aktionsgruppen beeinflussten Strategien und Aktionskampagnen der westdeutschen **Anti-AKW-Bewegung** in starkem Maße über vierzig Jahre hinweg, von den Konzepten für die erste Platzbesetzung 1975 in Wyhl, die von der Gewaltfreien Aktion Freiburg in Zusammenarbeit mit den Badisch-Elsässischen Bürgerinitiativen entwickelt wurden, bis zum Widerstand gegen Castor-Transporte seit den Neunzigerjahren, die zum Stopp des Atomprogramms nach Fukushima 2011 und zum Beschluss führten, die laufenden Atomkraftwerke bis 2022 abzuschalten.

In den Siebzigerjahren diskutierten Gruppen um die Zeitung *Graswurzelrevolution* früh den Zusammenhang von militärischer und friedlicher Nutzung der Atomenergie. ExpertInnenwissen wurde hinterfragt, es entwickelte sich eine theoretisch fundierte Technikkritik. Den gewaltfreien Aktionsgruppen gelang es in den Siebzigerjahren an einigen Stellen, den Gegensatz zwischen gesetzestreuer Massendemonstration mit Hoffnung auf Parteien einerseits und militanten Zaunschlachten andererseits (zunächst des autoritär-kommunistischen Blocks, ab 1976/77 zunehmend der Autonomen) aufzubrechen. Beispielsweise geschah das bei der Bauplatzbesetzung am 19. Februar 1977 in Grohnde, durchgeführt von Gruppen aus dem gewaltfreien, spontaneistischen und feministischen Spektrum. Das graswurzelrevolutionäre Spektrum propagierte, Atomanlagen nicht in direkter, zentralistischer Konfrontation mit der Staatsgewalt verhindern zu wollen, sondern durch Untergrabung der Legitimation von Polizeibrutalität und den Versuch, den politischen Preis durch kontinuierliche Behinderung des Betriebs und der Infrastruktur des Atomstaats hochzutreiben und so die Anlagen auch für die Betreiber letztlich zu teuer zu machen. Die gewalt-

---

96 »Was bedeutet Graswurzelrevolution?« Online unter: http://www.graswurzel.net/ueberuns/gwr-kurz.shtml

freien Aktionsgruppen initiierten phantasievolle Widerstandsformen wie etwa den Stromzahlungsboykott ab 1977. Ein früher Höhepunkt dieses dezentralen Widerstandskonzepts waren die Gorleben-Freundeskreise in verschiedenen Städten, aus denen im Mai 1980 die Mobilisierung für die Besetzung des Bohrlochs 1004 und damit die experimentell in einem Hüttendorf verwirklichte Anarchie der »Republik Freies Wendland« hervorging. Hier wurden Entscheidungen von Gruppen mit einem Sprecherratssystem im Konsens gefällt und ein gewaltfreies Verteidigungskonzept umgesetzt – beides Gründe dafür, dass solche Organisationsstrukturen große Teile von Aktionsgruppen in den folgenden Jahrzehnten inspirieren sollten und diese Besetzung den mythischen Charakter einer verwirklichten Utopie erhielt.

Zu Beginn der Achtzigerjahre wurden von gewaltfreien Aktionsgruppen im Rahmen der Föderation Gewaltfreier Aktionsgruppen (FöGA) unter dem Slogan »Ökopax« gemeinsame Aktionen im Rahmen der Friedensbewegung gegen Atomraketen und innerhalb der Anti-AKW-Bewegung koordiniert und durchgeführt. Der sich gerade etablierenden Partei Die Grünen, die den Atomprotest in die Parlamente tragen wollte, wurde mit zunehmender Parlamentarismuskritik immer misstrauischer begegnet. Nachdem die niedersächsische Regierung Albrecht nach dem »Gorleben-Treck« die Wiederaufarbeitungsanlage (WAA) dort bereits 1979 als »politisch nicht durchsetzbar« erklärt hatte, entschied sich die Frage, ob es dem Atomstaat der BRD gelingen würde, mit der WAA einen geschlossenen Kreislauf der Atomstromproduktion aufzubauen, von 1984 bis 1989 in Wackersdorf/Bayern. Dort kam es zu zwei gewaltfreien Platzbesetzungen 1985/86, aber auch zu militanten Zaunschlachten nach dem Reaktorunfall von Tschernobyl 1986. Gewaltfreie Aktionsgruppen propagierten dort, dass militante und gewaltfreie Aktionen »nicht zur selben Zeit, nicht am selben Ort« stattfinden sollten, weil sie sich sonst oft gegenseitig behinderten. Nach den 14 Schüssen an der Startbahn West in Frankfurt am Main vom 2. November 1987, durch die aus Reihen der Autonomen zwei Polizisten getötet und sieben weitere verletzt wurden, hatte die dortige Repressionsstrategie auch unmittelbare Auswirkungen auf Wackersdorf, wo eine Konferenz der Anti-AKW-Bewegung in Regensburg und weitere Demos am Bauzaun nunmehr verboten wurden. Das Verhältnis zwischen BIs und Autonomen war zerrüttet, als 1988 eine Demo ohne Militanz das Demonstrationsrecht wieder durchsetzen konnte. In dieser verfahrenen Situation war die seit langem propagierte Strategie der gewaltfreien Aktionsgruppen, in Wackersdorf dezentrale Aktionstage anzusetzen, ein fruchtbarer Ausweg. Gleichzeitig beteiligten sich gewaltfreie AktivistInnen in dieser Zeit am Schrauben und Absägen von Strommasten, das sie als »gewaltfreie Sachbeschädigung« oder »Sabotage« und daher gewaltfreie Aktion legitimierten. 1989 erklärte die VEBA das Aus für die WAA, nachdem trotz der starken staatlichen Repression erneut 88 000 Eingaben gegen die zweite Teilerrichtungsgenehmigung hinterlegt wurden.

Diese dezentrale Aktionsstrategie entwickelte sich dann weiter in ein Konzept, anstatt Großdemonstrationen an immer besser polizeilich bewachte Bauzäune zu führen, die atomare Infrastruktur zu stören, die hochkomplex und für direkte gewaltfreie Behinderungsaktionen anfällig ist. Bei den Castor-Transporten von der französischen WAA in La Hague oder von süddeutschen AKWs wie Philippsburg, Neckarwestheim oder Biblis nach Gorleben, in geringerem Umfang auch nach Ahaus oder Greifswald, entwickelten sich seit den Neunzigerjahren eine phantasievolle Vielfalt von Blockaden und Ankettaktionen an Gleisen, Unterhöhlungen und Treckerblockaden von Straßen, von Blockaden durch Einbetonierung oder durch KletteraktivistInnen bis hin zum Abtragen von Schotter der Gleisanlagen. Die überwiegend gewaltfreien, stark behindernden Massenaktionen gegen die Castor-Transporte, die aufgrund der Streckenlänge und der Vielfalt der Aktionsorte die Polizeieinsatzkosten in exorbitante Höhen schnellen ließen, begannen 1995 und erreichten ein erstes Moratorium, zu der sich Umweltministerin Merkel 1998 gezwungen sah (bis zum Jahr 2000). Der Kampagne »X-Tausendmal Quer« gelang es, rund 8000 gewaltfreie AktivistInnen, darunter viele bisher Unentschlossene und BürgerInnen, zu einer Massenblockade am Verladekran 1997 zu bewegen, deren Räumung allein neun Stunden dauerte. Der 13. Transport von La Hague nach Gorleben im November 2011 dauerte insgesamt mehr als fünf Tage – doch die Atomindustrie war mit dem Reaktorunfall von Fukushima bereits Monate vorher in die Defensive geraten und ein Gesetz führte schließlich zur sofortigen Abschaltung von acht der 17 AKWs in der BRD und der von der Bewegung sicherlich weiter zu kontrollierenden Absichtserklärung, bis Ende 2022 ganz aus der Atomproduktion aussteigen zu wollen.

In Frankreich musste das Recht auf Kriegsdienstverweigerung (KDV) nach dem Zeiten Weltkrieg im antikolonialen Kontext erkämpft werden, woran die gewaltfreien Aktionen der **Action civique nonviolente** (ACNV) maßgeblichen Anteil hatten. Der äußerst blutige Algerienkrieg fand von 1954 bis 1962 statt. 1954 hatte die französische Kolonialarmee 50000 Soldaten, von Ende 1957 bis Kriegsende 1962 450000 Soldaten in Algerien stationiert (zum Vergleich: Im Irak 2003 waren es 300000 SoldatInnen der westlichen »Koalition der Willigen«). Die Dauer der Wehrpflicht war auf 27 Monate erhöht worden. Gegen diese massenhafte Rekrutenaushebung kam es in einer frühen ersten Phase 1955/56 zu spontanen Rekrutenmeutereien, teils gewaltlos, teils gewaltsam: Frauen und Jugendliche legten sich auf Schienen, Rekruten zogen die Notbremse bei Zügen, verweigerten die Einschiffung, warfen ihre Materialsäcke aus Zugfenstern, manchmal Unteroffiziere aus Zugtüren. Im Hafen St.-Nazaire stellten sich 6000 Arbeiter vor die zur Abfahrt bereiten Züge.[97] Doch weil sie unorganisiert war, versandete diese spontane Bewegung 1956. Für Kriegsdienstverweigerung sah die französische Gesetzgebung zu dieser Zeit zehn Jahre Gefängnis vor, was vor allem an Zeugen Jehovas auch exekutiert wurde, fast alle anderen Verweigerer tauchten unter oder flüchteten in die Schweiz. Ab 1957/58 organisierte sich der gewaltlose Flügel der KDV-Bewegung (der gewaltsame war das »Reseau Jeanson«, das Sartre und dem bewaffneten Kampf der algerischen FLN nahestand) in zwei Organisationen: Die antimilitaristischen Libertären Louis Lecoin, Rirette Maîtrejean und Albert Camus gründeten das CSOC (Comité de secours aux objecteurs de conscience; Schutzkomitee für Kriegsdienstverweigerer), leisteten Öffentlichkeitsarbeit und juristische Hilfe, wofür sie Anfang 1958 die libertär-antimilitaristische Zeitung *Liberté* (Freiheit) gründeten. Ein parallel dazu, schon 1957 gegründeter Zusammenhang war die ACNV (Action civique non-violente; Gewaltfreie Zivilaktion), die zur gewaltfreien Aktion und zum zivilen Ungehorsam griff. Prägend waren dort der aus der Lebensgemeinschaft Arche kommende christliche gewaltfreie Anarchist Lanza del Vasto, der bereits von 1936 bis 1938 in Indien an der Seite Gandhis gegen den Kolonialismus gekämpft hatte, sowie der Philosophie-Professor Joseph Peyronnet aus Montpellier. 1959 und 1960

---

97 Vgl. Bracco 2013, 134 ff.

führte das ACNV direkte gewaltfreie Aktionen gegen Internierungscamps »verdächtiger« AlgerierInnen auf französischem Boden durch, welche die Armee vor der Öffentlichkeit geheim hielt. In Demonstrationen von Dörfern zu den Eingängen der entlegenen Lager (unter anderem waren 5000 Algerier auf dem Armeelager Larzac interniert) forderten die AktivistInnen immer wieder, auch sie wollten interniert werden. Im Mai 1960 kam es zu Sitzblockaden auf den Champs-Élysées in Paris, unterstützt von 1500 Personen bei Präsenz faschistischer Gegendemonstranten. Die Taktik war, immer wenn Situationen eskalierten oder die Polizei eingriff, sich kollektiv zu setzen und so die Spannung aus der Situation zu nehmen, was damals mehrfach gelang. Die stärker werdende Bewegung erhielt im September 1960 Unterstützung durch das »Manifest der 121« aus den Reihen Sartres und Simone de Beauvoirs. Die ACNV unterstützte nun direkt Rekrutierungsverweigerer (»Réfractaires«), indem diese auf Gemeinschafts-Baustellen arbeiteten, anstatt zur Armee zu gehen (Vorwegnahme des geforderten Zivildienstes). Gesuchte Réfractaires ketteten sich ohne Pässe zusammen mit ACNV-Aktivisten auf öffentlichen Plätzen an, dabei wurden Slogans gerufen: »Wir alle sind Jack Muir, René Nazon, André Bernard, Pierre Boisgontier usw.« Die Polizei musste in aufwendigen, tagelangen und von der Presse verfolgten Prozeduren erst herausfinden, wer der wirklich Gesuchte war. Gefangene Réfractaires wurden durch ACNV-Gruppen gewaltlos am Besteigen von Zügen gehindert: Am Bahnsteig, so ein Aktionsbericht, »kriecht einer von uns durch die Beine des Gendarmen und umklammert mit seinen Armen die Beine von Pierre Boisgontier, der auf den Boden fällt. Alle, wie ein Mann, werfen sich nun auf ihn.«[98]

Der Pariser Polizeichef Maurice Papon, der für das Vichy-Regime bereits Judendeportationen organisiert hatte, ließ am 17. Oktober 1961 auf eine unbewaffnete Demonstration von 40000 AlgerierInnen schießen und Hunderte Leichen in die Seine werfen. Die Lage spitzte sich zu: Am 24. Januar 1962 wurde auf die Wohnung von Marguerite Lavaud, ACNV Bordeaux, ein Bombenanschlag der OAS, der prokolonialen französischen Geheimarmee durchgeführt, die gegen de Gaulles

---

98 Zit. n. Fraters 2005, 58; (Erica Fraters war ein Pseudonym eines Aufarbeitungskollektivs von ca. 50 damals beteiligten AktivistInnen).

Verhandlungskurs opponierte. Am 8. Februar 1962 endete eine antikoloniale Demonstration französischer Gewerkschaften in Paris mit acht Toten (die sogenannte »Demo Charonne«) – das Land stand kurz vor dem Bürgerkrieg. In dieser Situation nahmen Peyronnet und das ACNV in Paris Kontakt zur FLN und den Gewerkschaften auf, um am 11. Februar 1962 eine Demonstration durchzuführen, die das inzwischen totale und über Radio stündlich verkündete Demonstrationsverbot durchbrechen sollte. Der ACNV gelang es, dabei das Demokonzept zu bestimmen: Man ging in stummer Trauer über die bisherigen Toten; wenn die Polizei losschlug, setzten sich alle; eine Delegation fungierte als Kontaktgruppe zur Polizei – die Demo fand mit 10 000 TeilnehmerInnen ohne Zwischenfälle statt. Joseph Peyronnet erinnerte sich wie folgt: »Erst durch die Tatsache, dass trotz des Verbots eine Demonstration stattfand, sowie dass sie ruhig und beherrscht ablief, haben die Menschen den Mut gefasst, [zwei Tage später zur Beerdigung der Charonne-Toten] zu kommen. Ich bin überzeugt davon, dass die ACNV hier der bestimmende Faktor war, um den Menschen, die für die Freiheit der Algerier eintraten, dabei zu helfen, nicht die gleichen Mittel wie ihre Gegner anzuwenden und dass deshalb Frankreich die totale Konfrontation und der Bürgerkrieg erspart blieb.«[99]

Schließlich arbeiteten das CSOC und die ACNV in einer letzten Kampagne direkt zusammen, als Louis Lecoin vom 1. bis 22. Juni 1962 erfolgreich einen Hungerstreik durchführte, der mit einer öffentlich abgegebenen Garantie de Gaulles für das Recht auf Kriegsdienstverweigerung endete. In der ACNV arbeiteten mehrheitlich ChristInnen aus der Arche-Gemeinschaft, aber auch jüdische AktivistInnen, algerische Muslime und Muslima, AtheistInnen und AnarchistInnen zusammen. In der Folge der KDV-Kampagne setzten sich die atheistischen gewaltfreien AnarchistInnen auch organisatorisch von den religiösen Zusammenhängen ab und gründeten 1964 die Zeitschrift *Anarchisme et Non-Violence,* die bis 1974 bestand und als französische Vorläuferzeitschrift der *Graswurzelrevolution* gelten kann.[100] Zu einer Zusammenarbeit von deutschsprachigen und französischen gewaltfreien AnarchistInnen kam es zu Beginn der Siebzigerjahre bei

---

99 Peyronnet zit. nach Fraters 2005, 109. Vgl. zum Gesamtzusammenhang ebenfalls Brother John 2006. // **100** Vgl. Bernard/Viaud 2000, 89–108.

gewaltfreien Aktionen zur Solidarität mit spanischen Kriegsdienstverweigerern unter Franco und beim gewaltfreien Widerstand gegen die Erweiterung des Truppenübungsplatzes auf dem Larzac.

Unter dem biblischen Motto »Schwerter zu Pflugscharen« (Mi 4,1–4) begann sich ab den 1980er-Jahren die **Pflugscharbewegung** zu organisieren. Der Aktionismus dieser Bewegung manifestiert sich in direkten gewaltfreien Aktionen gegen den Militärapparat, bei denen in einer Art »Abrüstung von unten« Kriegsgerät sabotiert und unschädlich gemacht wird. Eine Pflugschar-Aktion ist eine Aktion, »in der sich AktivistInnen dazu entschließen, direkt gegen die Kriegsmaschinerie vorzugehen, indem sie Schaden anrichten, der die Prophezeiungen der alttestamentarischen Bücher Jesaja und Micha widerspiegelt, in denen darauf hingewiesen wird, dass Schwerter zu Pflugscharen gemacht werden, ein Kennzeichen dafür, dass der Krieg obsolet sein wird.«[101] Wie der Bezug zur Bibel schon andeutet, vereinen sich unter diesem Label vor allem radikale PazifistInnen, AntimilitaristInnen und AnarchistInnen mit einem christlich-religiösen Background. Als Begründer dieser Art des Aktivismus gelten die Brüder Philip und Daniel Berrigan aus den Vereinigten Staaten. Philip Berrigan war römisch-katholischer Priester, Daniel Berrigan Jesuit. Beide spielten in der radikalen Antikriegsbewegung seit den 1960er-Jahren eine bedeutende Rolle.[102] Die Pflugscharbewegung ist ein globales Phänomen und es wurden seit den 1980er-Jahren unzählige direkte gewaltfreie Aktionen unter ihrem Namen durchgeführt. Drei seien exemplarisch hier angeführt. Die erste derartige Aktion fand am 9. September 1980 in Pennsylvania statt, wo von den »Plowshares Eight« zwei Nuklearsprengköpfe mit Hämmern beschädigt und unschädlich gemacht wurden. »Unsere Aktion ist der erste Fall nuklearer Abrüstung seit Hiroshima«[103], proklamierte die Gruppe, unter ihnen die Berrigan-Brüder, damals. In Neuseeland drangen drei Catholic-Worker-Aktivisten, die als die »Waihopai Three« bekannt wurden, in eine Geheimdienstbasis ein

---

101 Browne 2008, 16 f. // **102** Dies ist nicht zuletzt auf die Aktion der sog. »Catonsville Nine« zurückzuführen. Die Berrigan-Brüder und sieben weitere AktivistInnen drangen am 17. Mai 1968 aus Protest gegen den Vietnamkrieg in ein Gebäude der Einberufungsbehörde in Catonsville ein, entwendeten 378 Einberufungsbefehle und verbrannten sie mit selbst gemachtem Napalm. Daniel Berrigan hatte auch ein Näheverhältnis zur Catholic-Worker-Bewegung. // **103** Plowshares Eight zit. n. Jochheim 1984, 24.

und beschädigten mit Hacken und Seilen einen Fernmeldesatelliten des neuseeländischen Geheimdienstes, der für die Kriege im Irak und in Afghanistan geheimdienstliche Informationen übermittelte. In Irland drangen 2003 aus Protest gegen den Irakkrieg die »Pitstop Ploughshares« in den Shannon Airport ein und beschädigten ein Flugzeug der US-Armee. Weltweit nehmen AktivistInnen – trotz der drohenden, schwerwiegenden rechtlichen Konsequenzen – mit derartigen Aktionen die Abrüstung selbst in die Hand und streuen gehörig Sand in das militärische Getriebe.

Die sogenannte **Antiglobalisierungsbewegung** (auch Bewegung für eine andere Globalisierung, globalisierungskritische Bewegung bzw. Alterglobalisierungsbewegung genannt), war vor allem vor und um die Jahrtausendwende die zentrale, weltweit agierende soziale Protestbewegung. In ihr waren – trotz ihres Pluralismus, der auch staatssozialistischen oder reformistischen Strömungen Platz bot – anarchistische Einflüsse stellenweise recht stark. Gewaltfreie Protestformen spielten eine wichtige Rolle. Ziel von Protesten waren vor allem Gipfeltreffen der G8, des Internationalen Währungsfonds, der Weltbank sowie des World Economic Forum. Parallel dazu wurden überall auf der Welt Sozialforen abgehalten, auf denen Alternativen zur kapitalistischen Globalisierung diskutiert wurden. Im Zuge dieser Bewegung erlebten anarchistische Ideen und Bewegungen sowie gewaltfreie Widerstandsformen eine Art Renaissance. Im Februar 1998 wurde in Genf ein Netzwerk namens **Peoples' Global Action** (PGA) gegründet. PGA war ein wichtiger Teil der radikaleren, sozialrevolutionären und klar antikapitalistischen Strömungen in der sogenannten Antiglobalisierungsbewegung. In den programmatischen Eckpunkten wurden unter anderem Kapitalismus, Imperialismus und Handelsabkommen, die »die zerstörerische Globalisierung vorantreiben«, sowie Lobbyarbeit abgelehnt. Zudem sprach man sich klar gegen »alle Formen und Systeme von Herrschaft und Diskriminierung« aus. Das Netzwerk rief auf »zu direkter Aktion und zivilem Ungehorsam« und zur »Unterstützung für die Kämpfe sozialer Bewegungen«. Die Art, Widerstand zu leisten, sollte den »Respekt für das Leben und die Rechte der unterdrückten Menschen maximieren« und es sei »die vollständige Würde aller Menschen« anzuerkennen. Derartige Formulierungen ersetzten ein klares und dezidiertes Bekenntnis zur gewaltfreien Aktion, das in früheren Dokumenten der PGA zu finden war. Das **Direct Action Network** (DAN) wurde 1999 anlässlich der Anti-WTO-Proteste in Seattle gegründet, wo es verantwortlich war für das Organisieren und Koordinieren des radikalen, gewaltfreien Massenwiderstands rund um den WTO-Gipfel. Der Gipfel endete aufgrund der Proteste in einem Fiasko, die sogenannte Antiglobalisierungsbewegung erfuhr ihre mediale Geburtsstunde. Das Netzwerk war Teil der PGA und stand für kreative Formen des gewaltfreien Widerstands, direkte Aktion, Blockaden und zivilen Ungehorsam. DAN war bei vielen weiteren Gipfelprotesten aktiv und es formten sich diverse lokale DAN-Zweige sowie das Continental Direct Action Network. Obwohl manche DAN-Gruppen reformistische Züge annahmen, so war doch der Großteil des Netzwerks klar antikapitalistisch, anarchistisch und revolutionär-gewaltfrei.[104] Im Zuge der sogenannten Antiglobalisierungsbewegung kam ein interessantes Phänomen auf, das sich **Padded Block** (gepolsterter Block) nannte. Diese Taktik, die bei Demonstrationen und Blockaden zum Einsatz kommt, ist eine recht offensive und konfrontative Art des gewaltfreien Widerstands. In einem derartigen »gepolsterten Block« tragen AktivistInnen selbst gefertigte Schutzkleidung, Protektoren, Helme und Schutzschilde, um sich vor Polizeigewalt effektiv schützen und gleichzeitig Polizeireihen zurückdrängen und durchbrechen zu können. Padded Blocks sind eine effektive Möglichkeit, die üblichen polizeilichen Methoden der »Riot-Control« ein Stück weit ins Leere laufen zu lassen. Auch Blockaden aller Art können mit derartigen Schutzvorrichtungen effektiver gestaltet werden. Diese Aktionsform, bei der sich die AktivistInnen üblicherweise in weißen Overalls kleiden, taucht immer wieder bei unterschiedlichsten Protesten auf. Gruppierungen wie Tute Bianche (Italien), WOMBLES (England), Mono Blanco (Spanien) oder NYC Ya Basta Collective/Yellow Overalls (USA) wandten diese Taktik bei Demonstrationen und Gipfelprotesten – teilweise zur großen Verzweiflung der Polizei – an.

Sucht man in einem rural-bäuerlichen Kontext nach Bewegungen, in denen eine gewaltfrei-anarchistische Dimension erkennbar ist, so finden sich einige interessante Beispiele. In Chiapas/Mexiko gründete sich beispielsweise 1992 die indigene, christlich-gewaltfreie Organisation

---

104 Vgl. hierzu u. a. Graeber 2013.

BEWEGUNGEN // GRUPPEN // PROJEKTE // 241

Las Abejas (Die Bienen). Las Abejas unterstützen zwar die Ziele der Zapatistas und der EZLN, gebrauchen im Unterschied zu diesen in ihrem Kampf für indigene Selbstverwaltung und gegen den Neoliberalismus jedoch ausschließlich gewaltfreie Formen des Widerstands. Für ihre Religiosität ist die lateinamerikanische Befreiungstheologie – die seit jeher eine laute, rebellische Stimme auf Seiten der Unterdrückten ist – ein wichtiger Bezugspunkt, aber auch indigene Maya-Spiritualität spielt eine Rolle. Im Zuge verstärkter Auseinandersetzungen indigener Gruppierungen mit der mexikanischen Zentralregierung in der Region wurden am 22. Dezember 1997 in Acteal 45 Mitglieder von Las Abejas von rechten Paramilitärs ermordet. Dieses tragische Ereignis ging als das »Massaker von Acteal« in die Geschichte ein.[105]

Auch die **Feldbefreiungsbewegung** ist hier erwähnenswert. Sie engagiert sich gegen den Anbau gentechnisch veränderter Organismen und nahm in Frankreich um 2000 unter dem Namen »faucheurs volontaires« ihren Ausgang. Bei sogenannten Feldbefreiungen werden Felder, die mit gentechnisch veränderten Organismen bepflanzt sind, zerstört. Mit der bewussten Übertretung von Gesetzen und Inkaufnahme von strafrechtlicher Verfolgung bedient man sich der Taktik des zivilen Ungehorsams. Da hier nicht an politische EntscheidungsträgerInnen oder die Agroindustrie appelliert wird, keine gentechnisch veränderten Pflanzen mehr anzubauen, sondern man dies selbst in die Hand nimmt, indem man den Anbau sabotiert, ist der Feldbefreiungsaktivismus zudem ein klassisches Beispiel einer gewaltfreien direkten Aktion.

Von 1971 bis 1981 fand der **gewaltfreie Kampf von Bäuerinnen und Bauern des Larzac** in Frankreich gegen die Erweiterung eines Militärtruppenübungsplatzes statt und endete mit einer Verhinderung der Erweiterung. Die Kämpfe wurden phasenweise von den ArbeiterInnen der besetzten Uhrenfabrik Lip in Besançon unterstützt. Es kam zu solidarischen internationalen Austausch- und Arbeitseinsätzen mit libertären und alternativen ÖkologInnen. Noch heute ist dieses südfranzösische Hochplateau des Larzac eine Hochburg des gewaltfreien Kampfes in Frankreich. Die Bauern und Bäuerinnen engagierten sich

105 Vgl. Bellinghausen 2010.

nach ihrem Sieg vor allem in Solidaritätskampagnen mit der vom französischen Militär unterdrückten Kanak-Bewegung in Neukaledonien.[106]

Eine soziale Protestbewegung jüngeren Datums ist die **Occupy-Bewegung** – und auch in ihr spielten anarchistisches Gedankengut und gewaltfreie Widerstandsformen eine prägende Rolle. Medial am bekanntesten wurde die Bewegung in New York City – Occupy Wall Street –, es gab aber alleine in den USA in über 950 Städten Occupy-Aktivitäten. Diese Form der Krisenproteste breitete sich in kurzer Zeit weltweit aus. Inspiriert wurde die Bewegung von den Protesten des Arabischen Frühlings und der *Indignados* in Spanien. Der rote Faden bei all diesen Bewegungen, was die Taktik anlangt, war die Besetzung zentraler Plätze und die Errichtung von Protestcamps auf diesen.[107] Ihren Ursprung hatte die Occupy-Bewegung in der ab 2007 hereinbrechenden Finanzkrise, was viele Menschen dazu veranlasste, gegen ein ungerechtes, marodes, aber durch Regierungen am Leben erhaltenes kapitalistisches Wirtschafts- und Finanzsystem aufzubegehren. Occupy Wall Street war in vielerlei Hinsicht anarchistisch beeinflusst – auch wenn in der Occupy-Bewegung natürlich eine ganze Reihe recht unterschiedlicher Menschen aktiv war. Der bekannte Anarchist und Occupy-Aktivist David Graeber meinte zu der Bewegung in New York, dass all die bürgerlich-reformistischen Vorstellungen, wie man sich organisieren und welche Forderungen man stellen solle, unbeachtet blieben, als sich »eine kleine Gruppe AnarchistInnen in New York dazu entschloss, den gegenteiligen Ansatz zu wählen.« Man »verweigerte die Legitimität der existierenden Rechtsordnung anzuerkennen, indem man öffentlichen Raum besetzte, ohne nach einer Erlaubnis zu fragen; verweigerte das Wählen von AnführerInnen, welche dann bestochen oder vereinnahmt werden konnten; bekundete, allerdings gewaltfrei, dass das gesamte System korrupiert sei und abgelehnt werde; man gewillt war, der unausweichlichen, gewalttätigen Antwort des Staates standzuhalten.«[108] Noam Chomsky betrachtete Occupy als eine Reak-

---

106 Vgl. Hertle 1982. // **107** In der Forschung gibt es hier eine grobe Unterteilung, wo Aktionen dieser Art als »methods of concentration« bezeichnet werden – also das Organisieren möglichst vieler Menschen an einem Ort, um mittels der Macht der Masse Druck von unten auszuüben. Das Gegenstück dazu wären die »methods of dispersion«, wo der Fokus auf dezentralen, gewaltfreien direkten Aktionen kleiner Gruppen liegt (vgl. u. a. Chenoweth/Stephan 2011). // **108** Graeber 2011.

BEWEGUNGEN // GRUPPEN // PROJEKTE // 243

tion auf einen »heftigen Klassenkampf von oben [...], der zu sozialen, ökonomischen und politischen Verhältnissen geführt hat, in denen das demokratische System Makulatur geworden ist.«[109] Die Occupy-Aktivistin Marina Sitrin erkennt in diesen neuen Protestbewegungen eine stark horizontal orientierte Organisationsstruktur, in der »Hierarchie und repräsentative Demokratie abgelehnt wird [...] und in dieser Ablehnung eröffnen großangelegte, horizontale Versammlungen neue Welten, an deren Horizont Autonomie und Freiheit sind.«[110]

Im libertären Protestmilieu jüngeren Datums haben sich viele **kreative Formen des Widerstands und Straßenprotests** etabliert, die überwiegend gewaltfrei sind und in der Methoden wie direkte Aktion, ziviler Ungehorsam, Streetart und Performance miteinander verschwimmen. Einige wenige seien hier zum Überblick kurz aufgezählt und erläutert: die Clowns-Armee imitiert und irritiert bei Protesten zur Belustigung Vieler die martialischen Exekutivorgane; Radical-Cheerleading-Gruppen treten lautstark und bunt bei Demonstrationen

[109] Chomsky 2012, 43. // [110] Sitrin 2013, 10.

in Erscheinung; in sozialen Medien organisierte Flash Mobs verschwinden so schnell, wie sie aufgetaucht sind, und sorgen für erstaunte Gesichter; Guerilla-Gardening-AktivistInnen kaufen oder pachten keine leer stehenden urbanen Grünflächen, sondern eignen sich öffentlichen Raum schlicht an und verwirklichen einen Garten durch direkte Aktion; beim Ad Busting (eine Form von Kommunikationsguerilla) werden kommerzielle Werbeflächen so verändert, dass sie inhaltlich ins Gegenteil verkehrt werden oder sozialkritische Botschaften transportieren; StraßenkünstlerInnen bedienen sich in unterschiedlicher Art und Weise des öffentlichen Raums, um ihre subversive Botschaften zu transportieren; bei einer Critical Mass nehmen sich RadfahrerInnen kollektiv den Platz, der ihnen in der Stadt zusteht – mitten auf der Straße – und machen so zum Beispiel auf überbordenden Autoverkehr mit all seinen negativen Auswirkungen aufmerksam; Reclaim the Streets steht für die temporäre Zurückeroberung öffentlichen Raums (oftmals in Form einer Party), ist gleichzeitig eine Form der Blockade und wurde zum Beispiel gegen Infrastrukturprojekte eingesetzt; ob Klassik, Samba, Gitarrenmusik, oder Marschkapelle: Musikgruppen sind integraler Bestandteil von Protestbewegungen.[111]

Eine relativ neue und vielschichtige Facette gewaltfreien Widerstands mit teils anarchistischem Einschlag stellt der sogenannte **Hacktivismus** dar. Das Wort setzt sich zusammen aus »Hacking« und »Aktivismus« und wird von politischen Hacker-Gruppen wie Anonymous[112] betrieben. Mit Anonymous bekam linker, progressiver und anarchistischer Aktivismus auf der Straße ein schlagkräftiges Online-Pendant. Hacktivismus hat eine ganz neue und zudem höchst effektive Dimension des gewaltfreien Widerstands aufgezeigt und wurde bei antikapitalistischen Gipfelprotesten ebenso eingesetzt wie im Arabischen Frühling. Dabei wurden, parallel zu den »klassischen« Aktionen auf der Straße, diverse Regierungen, Konzerne, Banken oder Organisationen aus dem Cyberspace heraus angegriffen. Wie beim gewaltfreien Protest auf der Straße, stehen auch HackerInnen zahlreiche unterschiedliche

---

111 Vgl. Amann 2005. // **112** Es muss erwähnt werden, dass Anonymous keine feste Gruppe oder Organisation ist, sondern eher ein Label, das theoretisch von allen möglichen Leuten benutzt werden kann. Es kommt daher immer wieder vor, dass dieses Label oder auch das Anonymous-Logo missbräuchliche Verwendung findet.

Möglichkeiten offen, Widerstand via Internet zu leisten. In verschiedenen Kampagnen und »Operationen« hat sich zum Beispiel Anonymous in der Vergangenheit mit GegnerInnen angelegt, die einen schon staunen lassen: Scientology, Sony, amazon, PayPal, News Corporation, Regierungen oder Ministerien unzähliger Länder, die mexikanische Drogenmafia, Pädophilennetzwerke, FBI und CIA etc. Obwohl die Sprache von Anonymous teilweise recht martialisch daherkommt (»We are Anonymous. We are Legion. We do not forgive. We do not forget. Expect us.«) und die »Bekennervideos« mit verzerrter Computerstimme und der V-for-Vendetta/Guy-Fawkes-Maske oftmals einschüchternd wirken, so beharrt Anonymous auch selbst darauf, ein gewaltfreies Ethos zu vertreten. Als im Zuge von »Project Chanology«

gegen Scientology auch auf der Straße zu Protesten mobilisiert wurde, rief Anonymous explizit dazu auf, keine Gewalt auf den Demos aufkommen zu lassen. Politischer Hacktivismus kann Schaden anrichten, kann »illegal« sein und hinterlässt in den meisten Fällen ein Gefühl der Unsicherheit – physisch verletzen kann es aber niemanden. Dabei ist das Hacken natürlich an sich nicht immer politisch und kann auch schlicht für kriminelle oder betrügerische Absichten genutzt werden. Ethische HackerInnen werden Szene-intern als »White hats« bezeichnet, destruktive und kriminelle hingegen als »Black hats«. Und selbst das politische Hacking ist nicht immer links und emanzipatorisch. Es gibt genug Beispiele, wo Hackergruppen für reaktionäre Zwecke oder autoritäre Regierungen arbeiten. Gruppen wie Anonymous sind aber gute Beispiele für linken, progressiven Hacktivismus, der die Effektivität sozialer Bewegungen stark erhöhen und vor dem sich nicht einmal der mächtigste Staat oder Geheimdienst sicher fühlen kann.[113]

Anarchists Against the Wall (AATW) ist ein libertäres Netzwerk israelischer FriedensaktivistInnen, AntimilitaristInnen und AnarchistInnen, das 2003 gegründet wurde. Es ist sowohl in Israel als auch in den besetzten palästinensischen Gebieten aktiv. Gemeinsam mit palästinensischen Basiskomitees im Westjordanland und internationalen AktivistInnen leistet AATW gewaltfreien Widerstand gegen die israelische Besatzung, der unter anderem an die gewaltfreie Tradition der 1. Intifada anknüpft – es sei zu diesem umfangreichen Thema nur erwähnt, dass es beispielsweise ab 1983 ein eigenes »Palästinensisches Zentrum zum Studium der Gewaltfreiheit« gab. »Against the Wall« bezieht sich auf die Sperranlage, die von Israel ab 2002 im Westjordanland gebaut wurde. Diese Barriere, bzw. die Bauarbeiten dazu, waren am häufigsten Ziel von Protestzügen, direkten Aktionen und Sabotageakten, welche von dieser neuen Basisbewegung, unter Mithilfe von AATW, durchgeführt wurden. In Israel selbst ist AATW ein lautstarker Teil der radikalen Linken, der Antikriegs- und Anti-Besatzungsbewegung. AATW-AktivistInnen sind beteiligt an und initiieren Demonstrationen, Blockaden, Besetzungen und Sabotageakte gegen die Besatzungs- und Militärinfrastruktur in Israel und in den besetzten Gebieten (Ost-Jerusalem, Westjordanland, Gazastreifen). Den Fokus

---

113 Vgl. Bardeau/Danet 2012.

auf Aktion und Aktivismus in unterschiedlichen Bereichen – AATW ist laut Selbstbezeichnung eine »Direkte-Aktions-Gruppe« – beschreibt eine AATW-Aktivistin so: »Bei einer zu starken Konzentration auf Rhetorik kommen oft nur Lippenbekenntnisse heraus. Wir halten auch nach wie vor an der Überzeugung fest, dass alle Kämpfe miteinander verbunden sind. Viele Leute, die in AATW aktiv sind, sind auch in anderen Kämpfen in Israel involviert, beispielsweise in der Flüchtlingshilfe, in Schwulen/Lesben- und Gender-Politik, in Wohnrechtsfragen, in der Tierbefreiung oder im Umweltschutz.«[114] Mitglieder der Gruppe sind also, neben den regionsspezifischen Aktionsfeldern rund um die Problematik der Besatzung, in unterschiedlichen sozialen

114 Snitz/Winter 2010, 209.

Bewegungen und Kämpfen aktiv und kommen auch aus unterschiedlichen Szenezusammenhängen, was aus ihr ein schlagkräftiges Sammelbecken der radikalen, antiautoritären und libertären Linken in Israel macht.[115]

Food Not Bombs, dieses »einzigartige Beispiel praktizierter Gewaltfreiheit«[116], ist ein weltweites, anarchistisch beeinflusstes Netzwerk an Gruppen, die Speisen an öffentlichen Plätzen zubereiten und kostenlos verteilen. Dieses Verteilen von Essen wird aber dezidiert nicht als Wohltätigkeit, sondern als politischer Akt und direkte Aktion begriffen. Die drei Prinzipien von Food Not Bombs sind a) die Speisen müssen vegan/vegetarisch und kostenlos für alle sein, b) jede Food Not Bombs-Gruppe ist unabhängig und fällt ihre Entscheidungen im Konsens, und c) Food Not Bombs ist gewaltfrei. Ein Slogan der Bewegung lautet: »Weil *Essen* ein *Recht* ist und kein Privileg! Weil es genug Essen für alle gibt! Weil *Mangel* eine patriarchale *Lüge* ist! Weil Frauen nicht gezwungen sein sollten, *ihren Körper zu benutzen,* um eine Mahlzeit oder einen Schlafplatz zu bekommen! Weil wir das *Recht* haben zu schnorren, auf der Straße Musik zu machen oder Häuser zu besetzen, wenn wir hungrig und obdachlos sind! Weil *Armut* eine Form der *Gewalt* ist, die weder notwendig noch natürlich ist! Weil der Kapitalismus Essen zu einer Quelle des Profits, nicht zu einer Nahrungsquelle macht! *Weil das Essen auf Bäumen wächst!* Weil wir die *Kontrolle über unsere Gemeinschaften* brauchen! Weil wir *Häuser und keine Gefängnisse* brauchen! Weil wir *Essen, keine Bomben* brauchen!«[117] In einem »Food Not Bombs«-Positionspapier, in dem die Rolle des Anarchismus in der Bewegung diskutiert wird, liest man ein eindeutiges Bekenntnis zum gewaltfreien Anarchismus: »Es wurden einige Bedenken geäußert, ob Anarchismus und Gewaltfreiheit miteinander vereinbar seien oder nicht. Wir behaupten, dass Anarchismus und Gewaltfreiheit voneinander untrennbar sind.«[118]

---

115 Vgl. Gordon/Grietzer 2013; Kalicha 2008, S. 221–273. // **116** McHenry 2012, 23. // **117** McHenry 2012, 8 (Hervorhebung im Original; im Original Großbuchstaben). // **118** Crass 1995, 6.

Die **Animal Liberation Front** (ALF) ist ein Netzwerk autonomer Bezugsgruppen radikaler Tierrechts- und TierbefreiungaktivistInnen, das anarchistisch beeinflusst ist. ALF-Aktionen sind zumeist illegal und mitunter spektakulär (Sabotageakte, Tierbefreiung, Zerstörung von Tierversuchslaboren, Pelzfarmen, Jagdinfrastruktur etc.), da sie oftmals größeren materiellen Schaden anrichten. Obwohl Sachbeschädigung bei solchen direkten Aktionen oftmals bewusst das Ziel ist, folgt die ALF stets der Maxime, dass niemand – weder Mensch noch Tier – dabei zu schaden kommen soll. In den ALF-Grundsätzen heißt es unter anderem, dass der »Gewalt, der Tiere hinter verschlossenen Türen ausgesetzt sind, mit Hilfe von gewaltfreien, direkten Aktionen und Befreiungen« begegnet werden und gleichzeitig alle »notwendigen Vorsichtsmaßnahmen, damit weder Mensch noch Tier durch die Aktionen Schaden nehmen« getroffen werden sollen.[119] Tierrechtsfragen waren übrigens bereits in der frühen anarchistischen Bewegung – zum Beispiel bei Clara Wichmann, Elisée Reclus oder Leo Tolstoi – ein Thema.[120]

Das Ökologie-Pendant zur ALF ist die **Earth Liberation Front** (ELF), die Anfang der 1990er-Jahre in Brighton/England gegründet wurde. Aufgrund ihrer teils spektakulären Sabotageakte wurde diese Gruppe von den staatlichen Behörden wiederholt als »terroristisch« bezeichnet. Auch die ELF pocht, wie die ALF, in ihren Grundsätzen darauf, dass bei Aktionen niemand verletzt werden darf. Zwar soll jenen, die »aus der Ausbeutung der Umwelt« Profite schlagen, »maximaler ökonomischer Schaden« zugefügt werden, es müsste bei diesen Aktionen jedoch sichergestellt werden, dass »weder Menschen noch Tiere« dabei zu Schaden kämen.[121] Diese auf direkte Aktion und Sabotage setzende radikale Ökologie-Bewegung kann aber nicht auf die Destruktion von Ausbeutungs- und Tötungsinfrastruktur beschränkt werden. Der Anarchist, ALF, ELF und Earth First!-Aktivist Rod Coronado, der aufgrund seiner Aktivitäten selbst im Gefängnis saß, betont in einem Statement bewusst das schöpferische Moment radikalen Aktivismus' dieser Art, wenn er sagt: »Frag mich nicht, wie

---

119 Obwohl die Grundsätze recht eindeutig sind, gab es auch zur Frage von Gewalt, Gegengewalt und Gewaltfreiheit in der ALF zeitweise kontroverse Diskussionen. Siehe dazu u. a. Roscher 2009. // **120** Siehe hierzu Tolstoi et al. 2010. // **121** Mackinger 2015, 45.

man ein Gebäude niederbrennt. Frag mich, wie man Wassermelonen anbaut oder wie man einem Kind die Natur erklärt.«[122]

Earth First! (EF!) ist ein dezentrales und nicht-hierarchisch organisiertes Netzwerk radikaler Ökologie- und NaturschutzaktivistInnen. Es wurde 1979 in den USA von einer handvoll AktivistInnen gegründet, die von den regulären Naturschutz-NGOs enttäuscht waren und fand seither weltweit Verbreitung. In den 1990er-Jahren begann sich EF! verstärkt in eine anarchistische Richtung zu entwickeln. EF!-Aktionen spielen sich zumeist zwar außerhalb dessen ab, was als »legal« gilt – Blockaden, Sabotage etc. –, letztendlich bedient sich EF! jedoch schlicht ausgiebig im gesamten, auch nicht-legalen Repertoire der direkten gewaltfreien Aktion. EF!-AktivistInnen üben zivilen Ungehorsam, verüben Sabotageakte, um beispielsweise Projekte zu behindern, die eine Zerstörung der Natur zur Folge haben (genannt »ecotage« oder »monkeywrenching«), führen Blockaden unterschiedlichster Art durch (zum Beispiel von Straßen oder Baustellen) oder besetzen von der Zerstörung bedrohte Naturgebiete – Baumbesetzungen kommen zum Beispiel häufig zur Anwendung, um großflächige Abholzungen zu verhindern. Derartige Aktionen werden in der Regel mit heftiger Repression beantwortet und so wurden viele EF!-AktivistInnen zu Gefängnisstrafen verurteilt, einige kamen bei Aktionen sogar ums Leben. »Es ist nicht genug, PolitikerInnen und Konzerne zu bitten, weniger unberührte Naturlandschaften zu zerstören [...]. Wir glauben daran, all die Tools aus unserem Werkzeugkasten zu benutzen, von der Organisierung der Basis [...] bis hin zu zivilem Ungehorsam und *monkeywrenching*. Wenn das Gesetz das Problem nicht löst, dann gehen wir mit

122 Coronado zit. n. McHenry 2012, 22.

unseren Körpern dazwischen, um die Zerstörung zu stoppen«[123], so ein EF!-Appell zur direkten Aktion.

In der Hardcore/Punk-Szene, in der anarchistisches Gedankengut immer schon eine Rolle spielte, entwickelte sich in den 1980er-Jahren eine Strömung, die unter anderem den Konsum von Alkohol, Tabak und sämtlichen Drogen ablehnt: **Straight Edge**. Obwohl AnhängerInnen von Straight Edge mitunter sehr martialisch auftreten, gibt es auch Stimmen und Bands in dieser Subkultur, die sich als gewaltfrei begreifen. Vor allem der sogenannte **Positive hardcore** (bekannte Bands sind hier beispielsweise 7 Seconds, Good Clean Fun und Have Heart) hat eine gewaltkritische Haltung entwickelt und versteht sich als eine dementsprechende Antwort auf Brutalisierungstendenzen in der Straight-Edge-Szene, vor allem der sogenannten »Hardline«-Szene, in der Gewalt regelrecht verherrlicht wird. Auf einem Cover der Vegan-Straight-Edge-Band By the Grace of God ist zum Beispiel zu lesen: »Straight Edge is a Non-Violent Movement.«[124] Ein Kollektiv, das dieser Straight-Edge-Strömung zuzurechnen und gegenwärtig sehr aktiv ist, ist Positive Force DC. Das nach »radikalem sozialen Wandel« strebende Kollektiv ist in vielerlei Bereichen aktiv, sei es nun das Organisieren von Konzerten, kulturellen Veranstaltungen oder Protesten. Positive Force DC steht für »aktive, verantwortungsbewusste, rücksichtsvolle, alternative Lebensstile« und strebt nach einer Welt, in der die »grundlegenden Menschenrechte« garantiert sind und niemand aufgrund »der Herkunft, des Geschlechts, des ökonomischen Status, sexueller Orientierung, Alter, Nationalität oder einer Behinderung« Diskriminierung erfahren muss. »Wir denken, dass eine derartige Welt durch einen gemeinschaftlich orientierten Lebensstil, der frei ist vom Missbrauch chemischer Substanzen [Drogen u. Ä.; S. K.] und sich durch einen respektvollen Umgang mit der Welt und allem Leben auszeichnet, eher ermöglicht werden kann. In solch einem Umfeld wäre wenig Platz für Militarismus, Gewalt, Hierarchie, Konsumismus, ökonomische Ungleichheit und Zensur«, so ein Statement von Positive Force DC.[125]

---

123 earthfirstjournal.org/about/ // **124** Vgl. Kuhn 2010a, b. // **125** http://www.positiveforcedc.org/; 2014 erschien bei PM Press ein Film von Robin Bell über das Kollektiv: »Positive Force: More Than a Witness: 30 Years of Punk Politics in Action.«

Beschäftigt man sich mit anarchistischer Musik, so gäbe es natürlich sehr viele MusikerInnen, Bands und Labels aus den unterschiedlichsten Epochen und Genres zu erwähnen: Patti Smith, Georg Kreisler, Ton Steine Scherben, Propagandhi, Chumbawamba, Levellers, Joan Baez, Drowning Dog & Malatesta, Joe Hill, ... – die Liste könnte sehr lange weitergeführt werden. Eine interessante, dezidiert gewaltfrei-anarchistische Tendenz ist bei einigen (insbesondere britischen) Anarchopunk-Bands der 1970er- und 1980er-Jahre zu erkennen. Die bekannteste Band dieser Art ist **Crass.** Das DIY (Do It Yourself), das heute in aller Munde ist, wurde durch Crass exemplarisch und pionierhaft gelebt: »Crass verfolgten eine Politik strikter Unabhängigkeit, schufen eigene Netzwerke, brachten Platten auf ihrem eigenen Label heraus. Um zu verhindern, dass die Platten übermäßig teuer verkauft wurden, druckten sie die Preise (die knapp über dem Selbstkostenpreis lagen) direkt auf die Cover – eine Praxis, die viele andere Bands übernahmen. In den Beiheften zu den LPs wurden die Texte durch ausführliche Erläuterungen und Collagen ergänzt.« Der anarchistische Pazifismus von Crass, der von anderen Anarchopunk-Bands auch kritisiert wurde, war unter anderem ein »ein Rückgriff auf die radikale Friedensbewegung der 60er«.[126] Die anarchistische Punk-Szene dieser

126 Justus 2008, 23 f.

Zeit war neben der radikal-pazifistischen Antikriegsbewegung zum Beispiel auch in der Tierrechtsbewegung aktiv und förderte den Aufstieg von Gruppen wie der Animal Liberation Front. Die Lyrics des Crass-Songs »Bloody Revolutions« bringen die gewaltfrei-anarchistischen Ideale der Band gut auf den Punkt: »*You talk about your revolution, well, that's fine. But what are you going to be doing come the time? Are you going to be the big man with the tommy-gun? Will you talk of freedom when the blood begins to run? Well, freedom has no value if violence is the price. Don't want your revolution, I want anarchy and peace. You talk of overthrowing power with violence as your tool. You speak of liberation and when the people rule. Well ain't it people rule right now, what difference would there be? Just another set of bigots with their rifle-sights on me.*«

Bibliografie

A
Ackelsberg, Martha A. 2005: *Free Women of Spain. Anarchism and the Struggle for the Emancipation of Women.* Oakland/Edinburgh: AK Press
Amann, Marc (Hrsg.) 2005: *go.stop.act. Die Kunst des kreativen Straßenprotests. Geschichten – Aktionen – Ideen.* Grafenau/Frankfurt/M.: Trotzdem Verlag
Aranburu, Xabier Agirre 1996: »*Was würde ich machen, wäre ich heute in Spanien?*«. *Der spanische BürgerInnenkrieg – Eine Herausforderung für die antimilitaristische Bewegung.* In: Graswurzelrevolution Nr. 208–209: Vom Widerstand gegen den Krieg zur gewaltfreien Revolution, S. 56–62
Arnold, Martin 2011: *Gütekraft – Bart de Ligts humanistische Geestelijke Weerbaarheid.* Overath: Bücken & Sulzer Verlag

B

Baker, Phil 2007: *Kurt Vonnegut. The author of Slaughterhouse-Five and one of America's greatest humanists dies at 84.* In: The Guardian, 14. April 2007. Online abrufbar unter: http://www.theguardian.com/books/2007/apr/13/usa.kurtvonnegut
Bardeau, Frédéric/Danet, Nicolas 2012: *Anonymous. Von der Spaßbewegung zur Medienguerilla.* Münster: Unrast Verlag
Bari, Judi 1991: *A Conversation with Earth First! Activist Judi Bari.* Interview by Christine Keyser. In: On the Issues, Summer 1991. Online abrufbar unter: https://ecology.iww.org/texts/JudiBari/A%20Conversation%20with%20Earth%20First%21%20Activist%20Judi%20Bari
Bari, Judi 1992: *The Feminization of Earth First!* Online abrufbar unter: http://theanarchistlibrary.org/library/judi-bari-the-feminization-of-earth-first
Bari, Judi 1995: *Revolutionary Ecology.* In: Alarm. A journal of revolutionary ecology. Online abrufbar unter: http://www.judibari.org/revolutionary-ecology.html
Bauer, Johann 1988: *Gewaltfreie Revolution. Erinnerungen an Diskussionen in der War Resisters' International 1972 und an Anfänge der Graswurzelrevolution.* In: GWR Nr. 126 und 127 (1988); ebenfalls in: Beyer, Wolfram (Hg.) 1989: Widerstand gegen den Krieg. Zur Geschichte der War Resisters' International. Kassel: Verlag Weber & Zucht. S. 41–59
Bauer, Johann 2009: *Ein weltweiter Aufbruch! Gespräche über den gewaltfreien Anarchismus der Siebzigerjahre. Mit Grundsatztexten unter anderem zur Kritik der RAF und zur Göttinger »Mescalero«-Affäre.* Nettersheim: Verlag Graswurzelrevolution
Bauer, Johann 2010: *Tolstoi als Kritiker der Gewalt.* In: Leo Tolstoi, Clara Wichmann, Elisée Reclus, Magnus Schwantje u. a.: Das Schlachten beenden! Zur Kritik der Gewalt an Tieren. Anarchistische, feministische, pazifistische und linkssozialistische Traditionen. Heidelberg: Verlag Graswurzelrevolution. S. 35–55
Baxmeyer, Martin 2007: *»Sie haben es sich selbst zuzuschreiben!« Anarchistische Verantwortung für Morde an katholischen Geistlichen im revolutionären Spanien 1936–1937.* In: Graswurzelrevolution Nr. 316, Februar 2001, S. 10 f.

Baxmeyer, Martin 2016: *Gewaltfrei im Bürgerkrieg. Die anarchistische Ärztin Amparo Poch y Gascón (1902–1968), die Spanische Liga der Kriegsgegner und die Soziale Revolution in Spanien.* In: Graswurzelrevolution Nr. 410, Sommer 2016, S. 6f.
Beckaert, Xavier 2015: *Hem Day (1902–1969). Ein belgischer, frankophoner gewaltfreier Anarchist.* In: Graswurzelrevolution Nr. 401, September 2015, S. 22
Bellinghausen, Hermann 2010: *Acteal – Ein Staatsverbrechen.* Münster: Unrast Verlag
Bennett, Scott H. 2003: *Radical Pacifism. The War Resisters League and Gandhian Nonviolence in America, 1915–1963.* New York: Syracuse University Press
Berkman, Alexander 1978 (Orig. 1929): *ABC des Anarchismus.* Berlin: Verlag Klaus Guhl
Bernard, André/Viaud, Marcel 2000: *Anarchisme et Non-Violence: un groupe, une revue 1964–1974.* In: Réfractions, Anarchistische Vierteljahreszeitschrift, Nr. 5, Frühjahr 2000, S. 89–108
Beyer, Wolfram 2012: *Pazifismus und Antimilitarismus. Eine Einführung in die Ideengeschichte.* Stuttgart: Schmetterling Verlag
Bochsler, Regula 2004: *Ich folgte meinem Stern. Das kämpferische Leben der Margarethe Hardegger.* Zürich: Pendo Verlag
Bracco, Hélène 2003: *Pour avoir dit non. Actes de refus dans la guerre d'Algérie 1954–1962.* Paris: Paris-Méditerranée. S. 134 ff.
Brock/Peter, Young/Nigel 1999: *Pacifism in the Twentieth Century.* New York: Syracuse University Press
Brodrecht, Uwe 1993: *Föderation Gewaltfreier Aktionsgruppen/Graswurzelrevolution (FöGA)* (Artikel in der Datenbank des deutschsprachigen Anarchismus). Online abrufbar unter: http://www.dadaweb.de/wiki/F%C3%B6deration_Gewaltfreier_Aktionsgruppen/Graswurzelrevolution_%28F%C3%B6GA%29
Brother John 2006: *Die Besiegten und Vergessenen des Algerienkrieges. Teil 5: Kriegsdienstverweigerung auf französischer Seite und die gewaltfreien Aktionen der Action civique non-violente.* In: Graswurzelrevolution, Nr. 309, Mai 2006, S. 10f.
Browne, Harry 2008: *Hammered by the Irish. How the Pitstop Ploughshares disabled a U.S. war-plane – with Ireland's blessing.* Introduction by Daniel Berrigan. Petrolia/Oakland: CounterPunch/AK Press

Buber, Martin 1930: *Gandhi, die Politik und wir.* In: Diettrich, Fritz (Hg.) 1930: Die Gandhi-Revolution. Dresden: W. Jess. S. 160–177
Buchgruppe Offene Arbeit (Hg.) 2014: *Alles verändert sich, wenn wir es verändern: Die Offene Arbeit Erfurt im Wandel der Zeiten (1979–2014).* Heidelberg: Verlag Graswurzelrevolution
Büscher, Wolfgang (Hg.) 1982: *Friedensbewegung in der DDR: Texte 1978–1982.* Hattingen: Scandica

C

Carson, Clayborne 2004: *Zeiten des Kampfes. Das Student Nonviolent Coordinating Committee (SNCC) und das Erwachen des afroamerikanischen Widerstands in den sechziger Jahren.* Nettersheim: Verlag Graswurzelrevolution
Carter, April 1988: *Die politische Theorie des Anarchismus.* Berlin: OPPO-Verlag
Carter, April/Clark, Howard/Randle, Michael 2014: *Historical uses of nonviolent action.* In: War Resisters' International (ed.): Handbook for Nonviolent Campaigns. Second Edition. S. 13–17
Chenoweth, Erica/Stephan, Maria J. 2011: *Why Civil Resistance Works. The Strategic Logic of Nonviolent Conflict.* New York: Columbia University Press
Chomsky, Noam 2012: *Occupy!* Münster: Unrast Verlag.
Christoyannopoulos, Alexandre 2011: *Christian Anarchism. A Political Commentary on the Gospel.* Exeter/Charlottesville: Imprint Academy
Clark, Howard 2014 (Orig. 1977): *Gewaltfreiheit und Revolution. Wege zur fundamentalen Veränderung der Gesellschaft.* Berlin
Comfort, Alex 1945: *An Anarchist View: The Political Relevance of Pacifism.* In: Comfort, Alex 1994: Writings against Power & Death. London: Freedom Press. S. 49–51
Coogan, Kevin 1995: *»The Root Is Man« Then and Now.* In: Macdonald, Dwight 1995 (Orig. 1946): The Root Is Man. New York: Autonomedia. S. 5–15
Cornell, Andrew 2011: *Oppose and Propose! Lessons from Movement for a New Society.* Oakland/Edinburgh: AK Press
Cornell, Andrew 2016: *Unruly Equality. U.S. Anarchism in the Twentieth Century.* Oakland/California: University of California Press

Cornell, Tom 2013: *Dorothy Day, Ammon Hennacy und der Anarchismus. Leben und Werk zweier Catholic Workers.* In: Kalicha, Sebastian (Hg.) 2013: Christlicher Anarchismus. Facetten einer libertären Strömung. Heidelberg: Verlag Graswurzelrevolution. S. 117–146

Crass, Chris 1995: *Towards a non-violent society: a position paper on anarchism, social change and Food Not Bombs.* Online abrufbar unter: http://www.infoshop.org/library/toward-a-nonviolent-society-crass

D

Danielson, Leilah 2014: *American Gandhi. A. J. Muste and the History of Radicalism in the Twentieth Century.* Philadelphia: University of Pennsylvania Press

Day, Dorothy 1956: *On Pilgrimage – September 1956.* In: The Catholic Worker, September 1956. S. 6 f. Online abrufbar unter: http://dorothyday.catholicworker.org/articles/710.html

Day, Dorothy 1974: *On Pilgrimage – February 1974.* In: The Catholic Worker, February 1974, S. 2, 8. Online abrufbar unter: http://dorothyday.catholicworker.org/articles/538.html

Day, Dorothy 2006 (Orig. 1938): *From Union Square to Rome.* Maryknoll: Orbis Books

Day, Hem 1951: *Violence, Non-violence, Anarchie.* In: Anarchisme et non-violence, Nr. 1, April 1965. Online abrufbar unter: http://www.la-presse-anarchiste.net/spip.php?article99

Day, Hem 1968: *Restons non violents.* In: Anarchisme et non-violence, Nr. 15, Oktober 1968. Online abrufbar unter: http://www.la-presse-anarchiste.net/spip.php?article1116

Degen, Hans Jürgen/Knoblauch, Jochen 2006: *Anarchismus. Eine Einführung.* Stuttgart: Schmetterling Verlag

Degen, Hans Jürgen/Knoblauch, Jochen 2010: *Einleitung.* In: Souchy, Augustin 2010: Anarchistischer Sozialismus. Herausgegeben von Hans Jürgen Degen und Jochen Knoblauch. Münster: Unrast Verlag. S. 7–17

De Jong, Albert/Lehning, Arthur 1930: *Die soziale Revolution und die antimilitaristische Taktik.* In: Graswurzelrevolution (Hg.): Sozialgeschichte des Antimilitarismus. West-Berlin 1986, S. 50–54

De Jong, Rudolf 1972: *Provos and Kabouters.* In: Apter, David E./Joll, James (eds.) 1972: Anarchism Today. New York: Anchor Books. S. 191–209
De La Boétie, Étienne 2009 (Orig. 1574): *Von der freiwilligen Knechtschaft.* Frankfurt/M.: Trotzdem Verlag
De Lange, Dennis 2016: *Die Revolution bist Du! Der Tolstojanismus als soziale Bewegung in den Niederlanden.* Heidelberg: Verlag Graswurzelrevolution
De Ligt, Bart 1989 (Orig. 1937): *The Conquest of Violence. An Essay on War and Revolution.* London: Pluto Press
Dellinger, David 1965: *The Future of Nonviolence.* In: Lynd, Staughton/ Lynd, Alice (eds.) 1995: Nonviolence in America. A Documentary History (Revised edition). Maryknoll/New York: Orbis Books. S. 397–404
D'Hericourt, Jenny 1984: *Zur Syndikalistischen Frauenbewegung 1918– 1933.* In: Wege des Ungehorsams. Jahrbuch für gewaltfreie & libertäre Aktion, Politik & Kultur. S. 175–182
Dubofsky, Melvyn 2000 (Orig. 1969): *We Shall Be All. A History of the Industrial Workers of the World.* Abridged Edition. Edited by Joseph A. McCartin. Urbana/Chicago: University of Illinois Press

E

Eberhard, Ulla 1986: *Wider eine männerorientierte Gewaltfreiheit. Eine feministische Kritik an der gewaltfreien Leidensideologie,* in: Graswurzelrevolution Nr. 109, November 1986, S. 12
Ellul, Jacques 1980: *Anarchism and Christianity.* In: Katallagete 7, no. 3, Fall 1980, S. 14–24
Ellul, Jacques 2011 (Orig. 1988): *Anarchy and Christianity.* Eugene/Oregon: Wipf and Stock Publishers

F

Feminism and Nonviolence Study Group 1983: *Piecing It Together: Feminism and Nonviolence.* Online abrufbar unter: http://www.wri-irg.org/pubs/Feminism_and_Nonviolence
Fetherling, George 2003: *The Gentle Anarchist. A Life of George Woodcock.* Vancouver: Subway Books
Forest, Jim 2011: *All Is Grace. A Biography of Dorothy Day.* Maryknoll: Orbis Books

Fraters, Erica 2005: *Réfractaires à la guerre d'Algérie 1954–1962.* Paris: Éditions Syllèpse
Friedrich, Ernst 2015 (Orig. 1924): *Krieg dem Kriege.* Berlin: Ch. Links Verlag

G

Gautsch, Andreas 2013: *Eugen Heinrich Schmitt/Henrik Jänö Schmid. Erkenntnis und Anarchie.* Unveröffentlichtes Manuskript
Gehrke, Bernd 2014a: *»… wir hatten ein besseres Land, eine bessere Welt im Kopf« oder: Woher die Offene Arbeit in der Ev. Kirche der DDR kam und wohin sie ging.* In: Buchgruppe Offene Arbeit (Hg.) 2014: Alles verändert sich, wenn wir es verändern: Die Offene Arbeit Erfurt im Wandel der Zeiten (1979–2014). Heidelberg: Verlag Graswurzelrevolution. S. 11–64
Gehrke, Bernd 2014b: *Walter Schilling: Spiritus Rector und Knoten im Netz.* In: Buchgruppe Offene Arbeit (Hg.) 2014: Alles verändert sich, wenn wir es verändern: Die Offene Arbeit Erfurt im Wandel der Zeiten (1979–2014). Heidelberg: Verlag Graswurzelrevolution. S. 225–230
Goodman, Paul 1962: *»Getting Into Power«. The Ambiguities of Pacifist Politics.* In: Goodman, Paul 2010: Drawing the Line Once Again. Paul Goodman's Anarchist Writings. Edited by Taylor Stoehr. Oakland: PM Press. S. 114–122
Goodman, Paul 1966: *Reflections on the Anarchist Principle.* In: Goodman, Paul 2010: Drawing the Line Once Again. Paul Goodman's Anarchist Writings. Edited by Taylor Stoehr. Oakland: PM Press. S. 55 f.
Goodman, Paul 1970: *Anarchism and Revolution.* In: Goodman, Paul 2010: Drawing the Line Once Again. Paul Goodman's Anarchist Writings. Edited by Taylor Stoehr. Oakland: PM Press. S. 60–74
Goodway, David 2012 (Orig. 2006): *Anarchist Seeds Beneath the Snow. Left-Libertarian Thought and British Writers from William Morris to Colin Ward.* Oakland: PM Press
Goodway, David (ed.) 1998: *Herbert Read Reassessed.* Liverpool: Liverpool University Press

Gordon, Uri 2010: *Interview mit Uri Gordon.* In: Kalicha, Sebastian/ Kuhn, Gabriel (Hg.) 2010: Von Jakarta bis Johannesburg. Anarchismus weltweit. Münster: Unrast Verlag. S. 201–207
Gordon, Uri/Grietzer, Ohal (eds.) 2013: *Anarchists Against the Wall. Direct Action and Solidarity with the Palestinian Popular Struggle.* Oakland/Edinburgh: AK Press
Graeber, David 2011: *Occupy and anarchism's gift of democracy.* In: The Guardian, 15. November 2011. Online abrufbar unter: http://www.theguardian.com/commentisfree/cifamerica/2011/nov/15/occupy-anarchism-gift-democracy
Graeber, David 2013: *Direkte Aktion. Ein Handbuch.* Hamburg: Edition Nautilus
Gregg, Richard B. 1938 (Orig. 1935): *The Power of Non-Violence.* London: Routledge

H
Hagen, Rudolf 1911: *Anarchismus und Terrorismus.* In: Wohlstand für Alle, 4. Jahrgang, Nr. 19, 11. Oktober 1911. Keine Seitenangabe
Harper, Clifford 1987: *Anarchy: A Graphic Guide.* London: Camden Press
Hennacy, Ammon 1959: *Atlanta Prison – 1917.* In: Lynd, Staughton/Lynd, Alice (eds.) 1995: Nonviolence in America. A Documentary History (Revised edition). Maryknoll/New York: Orbis Books. S. 104–119
Hertle, Wolfgang 1982: *Larzac 1971–1981. Der gewaltfreie Widerstand gegen die Erweiterung eines Truppenübungsplatzes in Süd-Frankreich.* Kassel: Verlag Weber, Zucht & Co.
Horrox, James 2009: *A Living Revolution. Anarchism in the Kibbutz Movement.* Edinburgh/Oakland: AK Press
Hunt, Andrew E. 2006: *David Dellinger: The life and times of a nonviolent revolutionary.* New York: New York University Press
Huxley, Aldous 1984 (Orig. 1936): *Plädoyer für den Weltfrieden und Enzyklopädie des Pazifismus.* München: Knaur
Huxley, Aldous 1989: *Introduction.* In: De Ligt, Bart 1989 (Orig. 1937): The Conquest of Violence. An Essay on War and Revolution. London: Pluto Press. S. xxiix–xxx
Huxley, Aldous 2001 (Orig. 1953): *Schöne neue Welt.* Frankfurt/M.: Fischer Taschenbuch Verlag

J

Jacquier, Charles (Hg.) 2006: *Lebenserfahrung und Geistesarbeit. Simone Weil und der Anarchismus.* Nettersheim: Verlag Graswurzelrevolution

Jochheim, Gernot 1977: *Antimilitaristische Aktionstheorie, soziale Revolution und soziale Verteidigung: zur Entwicklung der Gewaltfreiheitstheorie in der europäischen antimilitaristischen und sozialistischen Bewegung 1890–1940 unter besonderer Berücksichtigung der Niederlande.* Frankfurt/M.: Haag + Herchen

Jochheim, Gernot 1984: *Die gewaltfreie Aktion. Idee und Methoden, Vorbilder und Wirkung.* Hamburg: Rasch und Röhring

Jochheim, Gernot 1986: *Gewaltlosigkeit in der proletarischen Revolution. Der Beitrag Henriette Roland Holsts zur Klassenkampftheorie während des 1. Weltkriegs.* In: Wege des Ungehorsams. Jahrbuch II für gewaltfreie & libertäre Aktion, Politik & Kultur 1986. S. 139–155

Justus 2008: *Ihr schuldet uns noch ein Leben. Anarchopunk in Großbritannien.* In: Feierabend! Nr. 30, September 2008, S. 23–25

K

Kalex, Johanna/Kalex, Roman/r.l. 1992a: *»Schafe im Wolfspelz«: zum zehnjährigen Bestehen des Anarchistischen Arbeitskreises Wolfspelz in Dresden, Teil I.* In: Telegraph 4/1992 (April 1992) S. 16–27

Kalex, Johanna/Kalex, Roman/r.l. 1992b: *»Schafe im Wolfspelz«: zum zehnjährigen Bestehen des Anarchistischen Arbeitskreises Wolfspelz in Dresden, Teil II.* In: Telegraph 5/1992 (Mai 1992) S. 27–35

Kalex, Johanna/Kalex, Roman/r.l. 1992c: *»Weine nicht, Liebste, heute ist Krieg.« Zum zehnjährigen Bestehen des Anarchistischen Arbeitskreises Wolfspelz in Dresden, Teil III.* In: Telegraph 7/1992 (Juli 1992) S. 30–45

Kalicha, Sebastian (Hg.) 2008: *Barrieren durchbrechen! Israel/Palästina: Gewaltfreiheit, Kriegsdienstverweigerung, Anarchismus.* Nettersheim: Verlag Graswurzelrevolution

Kalicha, Sebastian (Hg.) 2013: *Christlicher Anarchismus. Facetten einer libertären Strömung.* Heidelberg: Verlag Graswurzelrevolution

Kalicha, Sebastian/Wagner, Gustav 2013: *Peter Chelčický und das Netz des Glaubens. Zur Ketzertradition des gewaltfreien Anarchismus.* In: Kalicha, Sebastian (Hg.) 2013: Christlicher Anarchismus. Facetten einer libertären Strömung. Freiburg: Verlag Graswurzelrevolution. S. 173–189

Kalicha, Sebastian 2015a: *Die falsche Abzweigung. Errico Malatestas Anarchismus und die Frage der Gewalt.* In: Graswurzelrevolution Nr. 396, Februar 2015, S. 16 f.

Kalicha, Sebastian 2015b: *Subversive Solidarität. Dorothy Day, Peter Maurin und die Catholic-Worker-Bewegung.* In: Dossier. Nachrichten und Stellungnahmen der Katholischen Sozialakademie Österreichs, 06/2015, S. 24 f.

Kellermann, Philippe (Hg.) 2011: *Anarchismusreflexionen. Zur kritischen Sichtung des anarchistischen Erbes. Gespräche.* Lich: Verlag Edition AV

Kellermann, Philippe (Hg.) 2016: *Die Propaganda der Tat. Standpunkte und Debatten (1877–1929).* Münster: Unrast Verlag

Kempton, Richard 2007: *Provo. Amsterdam's Anarchist Revolt.* New York: Autonomedia

Keuchel, Ernst (Hg.) 1926: *Die Rettung wird kommen ... 30 unveröffentlichte Briefe von Leo Tolstoi an Eugen Heinrich Schmitt. Ein Weltanschauungsbild des russischen und des deutschen Denkers.* Hamburg: Harder-Verlag

Kirchhoff, Astrid 2015: *Der freie Mensch fordert keine Freiheiten, er lebt einfach. Die Nestoren des DDR Naturschutzes und die Herausbildung einer reformbewegten Gegenwelt.* In: Geschichte und Gesellschaft 41, S. 71–106

Köster, Aimée 1924: *Nie wieder Krieg!* In: Graswurzelrevolution Nr. 392, Oktober 2014, S. 1, 15

Kretschmann, Kurt 2002: *Und da leben Sie noch? Erinnerungen.* (2. Aufl.) Berlin: Friedensbibliothek/Antikriegsmuseum Berlin

Krippendorff, Ekkehart 1985: *Staat und Krieg. Die historische Logik politischer Unvernunft.* Frankfurt/M.: edition suhrkamp

Krumreich, Gerd 2015: *Ein einzigartiges Werk. Einführung zur Neuausgabe von »Krieg dem Kriege«.* In: Friedrich, Ernst 2015 (Orig. 1924): Krieg dem Kriege. Neu herausgegeben vom Anti-Kriegs-Museum Berlin. Mit einer Einführung von Gerd Krumreich. Berlin: Ch. Links Verlag. S. VII–XXXVII

Kugel, Marie 1902: *Un peu de féminisme.* In: L'Ere nouvelle, Nr. 13–14, 25. Juli 1902
Kuhn, Gabriel 2010a: *Straight Edge. Geschichte und Politik einer Bewegung.* Münster: Unrast Verlag
Kuhn, Gabriel 2010b: *Sober Living for the Revolution. Hardcore Punk, Straight Edge, and Radical Politics.* Oakland: PM Press
Kuhn, Gabriel 2013: *Violence Sells ... But Who's Buying?* Alpine Anarchist Productions, August 2013. Online abrufbar unter: http://alpineanarchist.org/r_gelderloos_review_tfon.html

L

Lakey, George/Randle, Michael 1988: *Gewaltfreie Revolution.* Herausgegeben von Wolfram Beyer. Berlin: OPPO-Verlag
Lakey, George 2011: *Nonviolence, Consensus, and Leadership: An Interview.* In: Cornell, Andrew 2011: Oppose and Propose! Lessons from Movement for a New Society. Oakland/Edinburgh: AK Press. S. 63–76
Lakey, George 2012: *Toward a Living Revolution. A five-stage framework for creating radical social change.* London: Peace News Press
Lammerhuber, Karl 1993: *Der »G'rode Michl«. Portrait einer anarchistischen Zeitschrift.* Wien: Verlag Monte Verita
Landauer, Gustav 1901: *Anarchistische Gedanken über Anarchismus.* Online abrufbar unter: https://www.anarchismus.at/anarchistische-klassiker/gustav-landauer/99-gustav-landauer-anarchische-gedanken-ueber-anarchismus
Landauer, Gustav 1910: *Schwache Staatsmänner, schwächeres Volk!* Online abrufbar unter: https://www.anarchismus.at/anarchistische-klassiker/gustav-landauer/6473-gustav-landauer-schwache-staatsmaenner-schwaecheres-volk
Landauer, Gustav 1911: *Aufruf zum Sozialismus.* Online abrufbar unter: https://www.anarchismus.at/anarchistische-klassiker/gustav-landauer/5913-gustav-landauer-aufruf-zum-sozialismus-teil-2
Lehning, Arthur 1929: *Industrielle Dienstverweigerung.* In: Graswurzelrevolution (Hg.): Sozialgeschichte des Antimilitarismus. West-Berlin 1986. S. 36–38
Lehning, Arthur 1988: *Skizze über Bart de Ligt – zum 50. Todestag von Bart de Ligt.* In: Graswurzelkalender 1988 S. 230–236

Lennert, Gernot 1986: *Die Diggers – eine frühkommunistische Bewegung in der englischen Revolution.* Grafenau: Trotzdem Verlag
Lenoir, Hugues 2015: *Madeleine Vernet et l'Avenir social.* Paris: Les Éditions du Monde libertaire
Linde, Birgitta 1998: *Ich werde kommen und die Sklaven befreien. Judith Malina und das Living Theatre.* In: May, Ursula (Hg.): Theaterfrauen. Fünfzehn Porträts. Frankfurt/M.: suhrkamp. S. 139–154
Link-Salinger, Ruth 1986: *Einleitung.* In: Link-Salinger, Ruth (Hg.): Signatur: g.l. Gustav Landauer im »Sozialist«. Aufsätze über Kultur, Politik und Utopie (1892–1899). Frankfurt/M.: edition suhrkamp
Living Theatre 1977 (Orig. 1968): *Revolution und Konterrevolution.* In: Graswurzelrevolution Nr. 25/26, S. 18 f.
Lynd, Staughton/Lynd, Alice (eds.) 1995: *Nonviolence in America. A Documentary History (Revised edition).* Maryknoll/New York: Orbis Books

M

Mackinger, Christof 2015: *Radikale Ökologie.* Münster: Unrast Verlag
Mahoney Pasternak, Judith/Meyer, Matt 2013: *90 Years of Resisting War: WRL's Journey from »Wars Will Cease When Men Refuse to Fight« to »Revolutionary Nonviolence«.* In: WIN Magazine, Summer/Fall 2013. Online abrufbar unter: https://www.warresisters.org/wrl-history
Malatesta, Errico 1894: *Anarchie und Gewalt.* In: Malatesta, Errico 2014: Anarchistische Interventionen. Ausgewählte Schriften (1892–1931). Herausgegeben von Philippe Kellermann. Münster: Unrast Verlag. S. 35–41
Malatesa, Ericco 1895: *Violence as a Social Factor.* In: Graham, Robert (ed.) 2005: Anarchism. A Documentary History of Libertarian Ideas. Volume One: From Anarchy to Anarchism (300 CE to 1939). Montréal/Towananda/London: Black Rose Books. S. 160–163
Mannin, Ethel 1941: *Women, War and Conscription.* In: World War – Cold War. Selections from the Anarchist Journals War Commentary & Freedom 1939–1950. London: Freedom Press. S. 19–21
Mannin, Ethel 1944: *The Will to Dream.* In: Graham, Robert (ed.) 2009: Anarchism. A Documentary History of Libertarian Ideas. Volume Two: The Emerge Of The New Anarchism. Montréal/Towananda/London: Black Rose Books. S. 72–75

Marin, Lou 1998: *Ursprung der Revolte. Albert Camus und der Anarchismus.* Nettersheim: Verlag Graswurzelrevolution
Marin, Lou 2006: *Einleitung.* In: Jacquier, Charles (Hg.) 2006: Lebenserfahrung und Geistesarbeit. Simone Weil und der Anarchismus. Nettersheim: Verlag Graswurzelrevolution. S. 7–30
Marin, Lou 2008: *Einleitung: Zur Rezeption von M.K. Gandhis libertärem Anti-Kolonialismus.* In: Nandy, Ashis 2008 (Orig. 1983): Der Intimfeind. Verlust und Wiederaneignung der Persönlichkeit im Kolonialismus. Nettersheim: Verlag Graswurzelrevolution. S. 7–62
Marin, Lou 2011: *Können wir den ehrlichen Dialog in den Zeiten des Misstrauens retten? Die Begegnung zwischen Dag Hammarskjöld und Martin Buber.* Neu-Isenburg: Melzer Verlag
Marin, Lou 2012: *Gene Sharp übersieht die Gewalt des demokratischen Kapitalismus. Zur Kritik der demokratischen Zielbestimmung seiner Theorie gewaltfreier Aktion.* In: Graswurzelrevolution Nr. 373, November 2012, S. 12 f.
Marin, Lou (Hrsg.) 2013a: *Albert Camus – Libertäre Schriften (1948–1960).* Hamburg: LAIKA-Verlag
Marin, Lou 2013b: *Biblischer Anarchismus. Der Zusammenhang Christentum-Gewaltfreiheit-Anarchismus bei Jacques Ellul (1912–1994).* In: Kalicha, Sebastian (Hg.) 2013: Christlicher Anarchismus. Facetten einer libertären Strömung. Freiburg: Verlag Graswurzelrevolution. S. 147–172
Marin, Lou 2016a: *Rirette Maîtrejean. Attentatskritikerin, Anarchafeministin, Individualanarchistin.* Heidelberg: Verlag Graswurzelrevolution
Marin, Lou 2016b: *Revolution oder Bürgerkrieg? Zur Kritik der revolutionären Milizkonzeptionen in der Spanischen Revolution.* In: Graswurzelrevolution, Nr. 410, Sommer 2016, S. 8
Marin Sylvestre, Dolors 2006a: *Han Ryner und die Verbreitung seines Denkens im iberischen Anarchismus. Teil 1: Zur Vielfalt anarchistischer Kultur und individualistischer Strömungen in Spanien vor und während der Revolution.* In: Graswurzelrevolution Nr. 310, Juni 2006, S. 14 f.
Marin Sylvestre, Dolors 2006b: *Han Ryner und die Verbreitung seines Denkens im iberischen Anarchismus. Teil 2: Etica & Iniciales, die Presseorgane des individualistischen Denkens.* In: Graswurzelrevolution 311, Sommer 2006, S. 11–13

Marshall, Peter 2010 (Orig. 1992): *Demanding the Impossible. A History of Anarchism.* Oakland: PM Press
Martin, Brian 1984: *Uprooting War.* London: Freedom Press
Martin, Brian 1990: *Gene Sharps Machttheorie: eine sympathisierende Kritik.* In: Graswurzelrevolution Nr. 150 (Nov. 1990), S. 10–11
Martin, Brian 1993: *Social Defence. Social Change.* London: Freedom Press
Martin, Brian 2001: *Nonviolence versus capitalism.* London: War Resisters' International
Martin, Brian 2009: *Nonviolent strategy against capitalism.* In: Social Alternatives, vol. 28, no. 1, 2009, S. 42–46
Maurin, Peter 1949: *Catholic Radicalism. Phrased Essays for the Green Revolution.* New York: Catholic Worker Books
McHenry, Keith 2012: *Hungry for Peace. How you can help end poverty and war with Food Not Bombs.* Tucson: See Sharp Press
Meltzer, Albert 1977: *Mannin, Ethel.* Online abrufbar unter: http://libcom.org/library/on-ethel-mannin-albert-meltzer
Milstein, Cindy 2013: *Der Anarchismus und seine Ideale.* Münster: Unrast Verlag
Misař, Olga 1922: *Das Gelöbnis, keinen Waffendienst zu leisten! Rede, gehalten auf dem »Internationalen Frauenkongreß für Frieden und Freiheit«.* In: Müller-Kampel, Beatrix (Hg.) 2005: »Krieg ist Mord auf Kommando«. Bürgerliche und anarchistische Friedenskonzepte. Bertha von Suttner und Pierre Ramus. Nettersheim: Verlag Graswurzelrevolution. S. 247–249
Misař, Olga 1925: *Was wollen die Kriegsdienstgegner? Disposition für einen Einführungsvortrag in die Bewegung.* In: Müller-Kampel, Beatrix (Hg.) 2005: »Krieg ist Mord auf Kommando«. Bürgerliche und anarchistische Friedenskonzepte. Bertha von Suttner und Pierre Ramus. Nettersheim: Verlag Graswurzelrevolution. S. 243–246
Müller, Reinhard 2006: *Franz Prisching. G'roder Michl, Pazifist und Selberaner.* Nettersheim/Graz: Verlag Graswurzelrevolution/Verlag Gemeinde Hart bei Graz
Münster, S. 1984: *Soziale Verteidigung: Verteidigung der Gesellschaft gegen den Staat – ein Rückblick.* In: Gewaltfreier Widerstand (Wien) 10. Jahrgang, 1984, Nr. 4
Münster, S. 1990a: *Anarchosyndikalismus und Gewaltlosigkeit. Teil 1: Vor 70 Jahren: Kapp-Putsch und Generalstreik!* In: Graswurzelrevolution, Nr. 142, März 1990, S. 12 f.

Münster, S. 1990b: *Kapitel Anarchosyndikalismus und Gewaltlosigkeit. Teil 2: Kampf der Waffe und der politischen Partei!* In: Graswurzelrevolution, Nr. 143, April 1990, S. 10–11, 18
Münster, S. 1990c: *Anarchosyndikalismus und Gewaltlosigkeit. Teil 3: Organisierte Gewalt oder wirtschaftliche Kampfmittel?* In: Graswurzelrevolution Nr. 144, Mai 1990, S. 16–18
Münster, S. 1990d: *Anarchosyndikalismus und Gewaltlosigkeit. Teil 4: Gewaltlosigkeit oder Gewaltvorbehalt?* In: Graswurzelrevolution Nr. 150, November 1990, S. 12, 19
Münster, S. 2000: *»Wo er in der Gegenwart zu wenig fand, wandte er sich der Geschichte zu«.* In: Graswurzelrevolution Nr. 247, März 2000, S. 6–7
Muszinsky, Udo 1994: *Begegnungen mit Gustav Landauer.* In: Wege: Zeitung des Begegnungszentrums Wege zur Gewaltfreiheit. Eberswalde. No. 43 (Mai 1994), S. 13–21

N

Nettlau, Max 1934: *Geschichte der Anarchie. Bd. 7: Anarchisten und Syndikalisten, Teil 3*, unveröffentlichtes, handschriftliches Manuskript: pdf-Datei ARCH01001.1848, Kapitel/Chapter XIII–XVIII, dort angegeben: Vol 8–9, Manuskriptseiten 374f.; siehe: https://search.socialhistory.org/Record/ARCH01001. Max Nettlau Papers im IISG, Internationales Institut für Sozialgeschichte, Amsterdam
Nieuwenhuis, Ferdinand Domela 1908: *Sozialdemokratischer und anarchistischer Antimilitarismus.* Online abrufbar unter: https://www.anarchismus.at/texte-antimilitarismus/7175-domela-nieuwenhuis-sozialdemokratischer-und-anarchistischer-antimilitarismus-1908
Nieuwenhuis, Ferdinand Domela 1913: *Die Eröffnung des Friedenspalastes in Haag und die Anarchisten.* In: Wohlstand für Alle, 26. März 1913, 6. Jahrgang, Nr. 6, S. 1

O

Oelze, Patrick/ Spree, Tommy 2015: *Ich kenne keine »Feinde«. Zur Biografie Ernst Friedrichs (1894–1967).* In: Friedrich, Ernst 2015 (Orig. 1924): Krieg dem Kriege. Neu herausgegeben vom Anti-Kriegs-Museum Berlin. Mit einer Einführung von Gerd Krumreich. Berlin: Ch. Links Verlag. S. XXXIX–LXXI

Oerter, Fritz 1920: *Gewalt oder Gewaltlosigkeit?* In: Graswurzelrevolution Nr. 125, Juni 1988, S. 3–5
Ostergaard, Geoffrey 1972: *Indian Anarchism: The Sarvodaya Movement.* In: Apter, David E./Joll, James (eds.) 1972: Anarchism Today. New York: Anchor Books. S. 169–190
Ostergaard, Geoffrey 1982: *Resisting the Nation State. The pacifist and anarchist tradition.* Online abrufbar unter: http://theanarchistlibrary.org/library/geoffrey-ostergaard-resisting-the-nation-state-the-pacifist-and-anarchist-tradition
Ostergaard, Geoffrey 1985: *Nonviolent Revolution in India.* New Delhi: J. P. Amrit Kosh/Sevagram Gandhi Peace Foundation

P

Phillips, Utah 2008: *Utah Phillips (Interview).* In: The Progressive, 24 Mai 2008. Online abrufbar unter: http://www.progressive.org/mag/interview/utahphillips
Prasad, Devi 1996: *Die eigentliche Herausforderung wird erst noch kommen. 75 Jahre War Resisters' International.* In: Graswurzelrevolution Nr. 208–209: Vom Widerstand gegen den Krieg zur gewaltfreien Revolution, S. 6–12
Prasad, Devi 2005: *War is a crime against humanity: The Story of the War Resisters' International.* London

R

Raasch-Gilman, Betsy 2011: *Reflections by Former MNS Members. Betsy Raasch-Gilman.* In: Cornell, Andrew 2011: Oppose and Propose! Lessons from Movement for a New Society. Oakland/Edinburgh: AK Press. S. 83–89
Ramnath, Maia 2011: *Decolonizing Anarchism. An Antiauthoritarian History of India's Liberation Struggle.* Oakland/Edinburgh: AK Press
Ramus, Pierre 1907: *Das anarchistische Manifest.* In: Ramus, Pierre 2001: Das anarchistische Manifest und andere Texte. Herausgegeben von Arno Maierbrugger, Adi Rasworschegg, Gerhard Senft, Peter Stipkovics. Wien: Verlag Monte Verita. S. 13–45
Ramus, Pierre 1911: *Unsere Revolution.* In: Wohlstand für Alle, 4. Jahrgang, Nr. 6., 22. März 1911. Keine Seitenangabe

Ramus, Pierre 1912: *Aus der Internationale des revolutionären Sozialismus u. Anarchismus.* In: Wohlstand für Alle, 5. Jahrgang, Nr. 12, 1912. Keine Seitenangabe
Ramus, Pierre 1922: *Was ist und will der Bund herrschaftsloser Sozialisten?* Online abrufbar unter: https://www.anarchismus.at/geschichte-des-anarchismus/oesterreich/582-was-ist-und-will-der-bund-herrschaftsloser-sozialisten
Read, Herbert 1938: *Poetry and Anarchism.* In: Graham, Robert (ed.) 2005: Anarchism. A Documentary History of Libertarian Ideas. Volume One: From Anarchy to Anarchism (300 CE to 1939). Montréal/Towananda/London: Black Rose Books. S. 498–505
Read, Herbert 1982: *Philosophie des Anarchismus.* Berlin: AHDE-Verlag
Redaktion Graswurzelrevolution (Hg.) 1977: *Anarchismus-Information Nr. 3: Anarchosyndikalismus und Gewaltlosigkeit*, GWR Sonderblatt. Beilage in GWR Nr. 32, Oktober 1977, Göttingen
Redaktion Graswurzelrevolution 1985: *Sonderheft Soziale Verteidigung.* GWR Nr. 98/99. Hamburg
Redaktion Graswurzelrevolution 1986: *Keine Frau, keinen Mann, keinen Pfennig für Staat und Krieg: Sozialgeschichte des Antimilitarismus.* Graswurzelrevolution-Sonderheft (GWR 117–118)
Redaktion Graswurzelrevolution (Teilredaktion West-Berlin) 1986: *Die Verteidigung der Revolution.* In: Graswurzelrevolution (Hg.): Sozialgeschichte des Antimilitarismus. West-Berlin 1986, S. 45–47
Redaktion Graswurzelrevolution 1988: *Thesen über Staatlichkeit und Anarchie heute.* In: Graswurzelrevolution Nr. 125, Juni 1988, S. 1 f.
Redaktion La Révolution prolétarienne 1958: *Albert Camus bei den Drucksetzern.* In: Marin, Lou (Hrsg.) 2013a: Albert Camus – Libertäre Schriften (1948–1960). Hamburg: LAIKA-Verlag. S. 319–325
Reichert, William O. 1964: *The Philosophical Anarchism of Adin Ballou.* In: Huntington Library Quarterly, Vol. 27, No. 4 (Aug., 1964), S. 357–374
Richards, Vernon 1983: *Anarchism and Violence.* Online abrufbar unter: http://theanarchistlibrary.org/library/donald-rooum-and-freedom-press-ed-what-is-anarchism-an-introduction#toc45
Roland Holst, Henriëtte 1915: *Warum auch Sozialdemokraten das Sympathie-Manifest für eventuelle Dienstverweigerer unterzeichnet haben.* In: Wege des Ungehorsams. Jahrbuch II für gewaltfreie & libertäre Aktion, Politik & Kultur. Kassel: Weber, Zucht & Co, 1986. S. 156–161

Roscher, Mieke 2009: *Ein Königreich für Tiere. Die Geschichte der britischen Tierrechtsbewegung.* Marburg: Tectum Verlag
Rüddenklau, Wolfgang 1992: *Störenfried.* Berlin: BasisDruck
Rüddenklau, Wolfgang 1994: *Behörden- und unternehmerunfreundlich.* In: Telegraph 9 (September 1994), S. 10–18
Rüddenklau, Wolfgang 2009a: »*Die Beschleunigung der Zeit trat ein«. Zum revolutionären Umbruch in der DDR 1986 bis 1990.* Ein Interview mit einem »eingeschworenen Feind unserer Gesellschaft«: Wolfgang Rüddenklau (Umweltblätter) – Teil 1. In: Graswurzelrevolution Nr. 343, November 2009
Rüddenklau, Wolfgang 2009b: »*Die Beschleunigung der Zeit«. Zum revolutionären Umbruch in der DDR 1986 bis 1990.* Ein Interview mit Wolfgang Rüddenklau, ehemaliger Redakteur von telegraph und Umweltblättern – Teil 2. In: Graswurzelrevolution Nr. 344, Dezember 2009
Russell, Bertrand 1973 (Orig. 1918): *Wege zur Freiheit. Sozialismus, Anarchismus, Syndikalismus.* Frankfurt/M.: Suhrkamp (3. Auflage)

S

Salerno, Salvatore 2014: *Introduction.* In: Gurley Flynn, Elizabeth/Smith, Walker C./Trautman, William E.: Direct Action & Sabotage. Three Classic IWW Pamphlets from the 1910s. Edited and introduced by Salvatore Salerno. Oakland: PM Press. S. 1–27
Schmid, Ulrich 2014: *Anarchismus.* In: George, Martin/Herlth, Jens/Münch, Christian/Schmid, Ulrich (Hg.): Tolstoj als theologischer Denker und Kirchenkritiker. Göttingen/Bristol: Vandenhoeck & Ruprecht. S. 516–520
Schmitt, Eugen Heinrich 1894: *An alle Freunde der Wahrheit.* In: Keuchel, Ernst (Hg.) 1926: Die Rettung wird kommen ... 30 unveröffentlichte Briefe von Leo Tolstoi an Eugen Heinrich Schmitt. Ein Weltanschauungsbild des russischen und des deutschen Denkers. Hamburg: Harder-Verlag. S. 97–106
Schmitt, Eugen Heinrich 1895: *Anarchie.* In: Wege des Ungehorsams. Jahrbuch II für gewaltfreie & libertäre Aktion, Politik & Kultur 1986. S. 178–187
Schock, Kurt 2005: *Unarmed Insurrections. People Power Movements in Nondemocracies.* Minneapolis/London: University of Minnesota Press

Segers, Mary C. 1978: *Equality and Christian Anarchism: The Political and Social Ideas of the Catholic Worker Movement.* In: The Review of Politics, Vol. 40, No. 2, S. 196–230

Seidman, Michael 2011 (Orig. 1991): *Gegen die Arbeit. Über die Arbeiterkämpfe in Barcelona und Paris 1936–38.* Nettersheim: Verlag Graswurzelrevolution

Senft, Gerhard (Hg.) 2014: *Friedenskrieger des Hinterlandes. Der Erste Weltkrieg und der zeitgenössische Antimilitarismus.* Wien: Löcker

Sharp, Gene 1973: *The Politics of Nonviolent Action.* Boston, MA: Porter Sargent

Sitrin, Marina 2013: *Horizontalism: the new democracy. From Occupy to Gezi Park.* In: Strike! Magazine, The Revolver Issue, Autumn 2013, S. 10–11

Smedjeback, Martin 2014: *Forms of nonviolent action.* In: War Resisters' International (ed.): Handbook for Nonviolent Campaigns. Second Edition. S. 124–128

Snitz, Kobi/Winter, Adi 2010: *Interview mit AktivistInnen von Anarchists Against the Wall.* In: Kalicha, Sebastian/Kuhn, Gabriel (Hg.) 2010: Von Jakarta bis Johannesburg. Anarchismus weltweit. Münster: Unrast Verlag. S. 207–214

Solomon, Alisa 2015: *The ›Immortal‹ Judith Malina, 1926–2015.* In: The Nation, 13. April 2015. Online abrufbar unter: http://www.thenation.com/article/immortal-judith-malina-1926-2015/

Souchy, Augustin 1977: *Gesetz und Freiheit ohne Gewalt. Ein Interview.* In: Souchy, Augustin 2010: Anarchistischer Sozialismus. Herausgegeben von Hans Jürgen Degen und Jochen Knoblauch. Münster: Unrast Verlag. S. 239–243

Souchy, Augustin 1975: *Revolutionen im 20. Jahrhundert. Resumé eines Vortrages an der soziologischen Fakultät der Universität Bielefeld.* In: Souchy, Augustin 2010: Anarchistischer Sozialismus. Herausgegeben von Hans Jürgen Degen und Jochen Knoblauch. Münster: Unrast Verlag. S. 248–254

Souchy, Augustin 1981: *Erfahrungen aus erlebten Revolutionen des 20. Jahrhunderts.* In: Souchy, Augustin 2010: Anarchistischer Sozialismus. Herausgegeben von Hans Jürgen Degen und Jochen Knoblauch. Münster: Unrast Verlag. S. 34 f.

Souchy, Augustin 1983: *Anarchie bleibt das Fernziel der Menschheit.* SPIEGEL-Interview mit Augustin Souchy. Online abrufbar unter: https://www.anarchismus.at/anarchistische-klassiker/augustin-souchy/6144-spiegel-interview-mit-augustin-souchy-1983
Stafford, David 1972: *Anarchists in Britain Today.* In: Apter, David E./Joll, James (eds.) 1972: Anarchism Today. New York: Anchor Books. S. 99–122
Steinitz, Martha 1926: *Gandhi und die Frauenfrage.* In: Wittkop, Milly/Barwich, Hertha, Köster, Aimée/unter anderem 2007: Der Syndikalistische Frauenbund. Herausgegeben von Siegbert Wolf. Münster: Unrast Verlag. S. 139–143

T

Tasman, Coen 2001a: *Provos. Libertäre Bewegungen in den Niederlanden seit 1965 (Teil 1).* In: Graswurzelrevolution Nr. 258, April 2001. S. 10–11
Tasman, Coen 2001b: *Die Kabouter-Bewegung. Libertäre Bewegungen in den Niederlanden (Teil 2).* In: Graswurzelrevolution Nr. 259, Mai 2001. S. 10–11
Thoreau, Henry David 2004 (Orig. 1849): *Über die Pflicht zum Ungehorsam gegen den Staat/Civil Disobedience.* Zürich: Diogenes Verlag
Tolstoi, Leo N. 1901: *Aufruf an die Menschheit.* In: Tolstoi, Leo N. 2007: Die Sklaverei unserer Zeit. Ausgewählte Texte. Herausgegeben von Ulrich Klemm. Frankfurt/M.: Trotzdem Verlag
Tolstoi, Leo 1909: *Rede gegen den Krieg.* In: Senft, Gerhard (Hg.) 2014: Friedenskrieger des Hinterlandes. Der Erste Weltkrieg und der zeitgenössische Antimilitarismus. Wien: Löcker. S. 49–55
Tolstoi, Leo N. 1921: *Die Sklaverei unserer Zeit.* In: Tolstoi, Leo N. 2007: Die Sklaverei unserer Zeit. Ausgewählte Texte. Herausgegeben von Ulrich Klemm. Frankfurt/M.: Trotzdem Verlag
Tolstoi, Leo; Wichmann, Clara; Reclus, Elisée; Schwantje, Magnus und andere 2010: *Das Schlachten beenden! Zur Kritik der Gewalt an Tieren. Anarchistische, feministische, pazifistische und linkssozialistische Traditionen.* Heidelberg: Verlag Graswurzelrevolution
Tolstoj, Leo N. 1894: *Das Reich Gottes ist in Euch oder Das Christentum als eine neue Lebensauffassung, nicht als mystische Lehre.* Vom Verfasser autorisierte Übersetzung von R. Löwenfeld. Stuttgart, Leipzig, Berlin, Wien: Deutsche Verlags-Anstalt

Tracy, James 1996: *Direct Action. Radical Pacifism from the Union Eight to the Chicago Seven.* Chicago/London: University of Chicago Press
Treu, Reinhard 1984: *Selbstverwaltungskonzepte Gandhis und der Sarvodaya-Bewegung Indiens.* In: Wege des Ungehorsams. Jahrbuch für gewaltfreie & libertäre Aktion, Politik & Kultur. S. 75–98
Tucker, Benjamin 1926: *Individual Liberty.* New York: Vanguard Press

V

Van den Dungen, Peter 1989: *Introduction to the 1989 Edition.* In: De Ligt, Bart 1989 (Orig. 1937): The Conquest of Violence. An Essay on War and Revolution. London: Pluto Press
Von Borries, Achim 2006: *Rebell wider den Krieg. Bertrand Russell 1914–1918.* Nettersheim: Verlag Graswurzelrevolution
Vonnegut, Kurt 2007: *A Man Without A Country.* New York: Random House

W

Wafner, Kurt 1993: *Keine Schonzeit für QuerdenkerInnen. Kurt Wafner erzählt vom Widerstand anarchistischer Jugendgruppen gegen den Nationalsozialismus.* In: Graswurzelrevolution, Nr. 180, September 1993. S. 10–12
Wafner, Kurt 1994: *Stolpergang im Gegenwind.* In: Graswurzelrevolution Nr. 186, März 1994. S. 10–12
Wallflower 2015: *Vor 30 Jahren: Mahmud Taha als Ketzer hingerichtet! Zur Erinnerung an einen gewaltfreien Anarchisten aus dem islamischen Kulturkreis.* In. Graswurzelrevolution Nr. 400, Sommer 2015, S. 8 f.
Walter, Natasha 2013: *Protest in an age of optimism: the 60s anarchists who spilled nuclear secrets.* In: The Guardian, 13. April 2013. Online abrufbar unter: https://www.theguardian.com/commentisfree/2013/apr/13/protest-optimism-anarchists-nuclear-beans
Walter, Nicolas 1962a: *Bertrand Russell and the Bomb.* In: Walter, Nicolas 2011: Damned Fools in Utopia and other Writings on Anarchism and War Resistance. Edited by David Goodway. Oakland: PM Press. S. 159–162

Walter, Nicolas 1962b: *The Committee of 100. Ends and Means.* In: Walter, Nicolas 2011: Damned Fools in Utopia and other Writings on Anarchism and War Resistance. Edited by David Goodway. Oakland: PM Press. S. 79–81

Walter, Nicolas 1963: *Non-Violent Resistance: Men Against War.* In: Walter, Nicolas 2011: Damned Fools in Utopia and other Writings on Anarchism and War Resistance. Edited by David Goodway. Oakland: PM Press. S. 37–78

Walter, Nicolas 1971: *Anarchism, Bombs and All That.* In: Walter, Nicolas 2007: The Anarchist Past and other Essays. Edited by David Goodway. Nottingham: Five Leaves Publications. S. 240–246

Walter, Nicolas 1974: *Lilian Wolfe.* In: Walter, Nicolas 2007: The Anarchist Past and other Essays. Edited by David Goodway. Nottingham: Five Leaves Publications. S. 231–237

Walter, Nicolas 1986a: *Fifty Years of Peace Pledge Union and Peace News.* In: Walter, Nicolas 2011: Damned Fools in Utopia and other Writings on Anarchism and War Resistance. Edited by David Goodway. Oakland: PM Press. S. 151–157

Walter, Nicolas 1986b: *Thirty Years' War. Some Autobiography.* In: Walter, Nicolas 2011: Damned Fools in Utopia and other Writings on Anarchism and War Resistance. Edited by David Goodway. Oakland: PM Press. S. 13–16

Walter, Nicolas 2002 (Orig. 1969): *About Anarchism.* London: Freedom Press

Ward, Colin 1996 (Orig. 1973): *Anarchy in Action.* London: Freedom Press

Weber, Bruce 2010: *Judith Malina, Founder of the Living Theater, Dies at 88.* In: New York Times, 10. April 2015. Online abrufbar unter: http://www.nytimes.com/2015/04/11/theater/judith-malina-founder-of-the-living-theater-dies-at-88.html?_r=0

Weil, Simone 1933: *Gedanken über den Krieg.* In: Weil, Simone 2011: Krieg und Gewalt. Essays und Aufzeichnungen. Zürich: diaphanes. S. 7–19

Weil, Simone 1936: *Unwillkommene Betrachtungen.* In: Jacquier, Charles (Hg.) 2006: Lebenserfahrung und Geistesarbeit. Simone Weil und der Anarchismus. Nettersheim: Verlag Graswurzelrevolution. S. 117–119

Weber, Helga/Zucht, Wolfgang 1974: *Lilian Wolfe – ein letztes Danke.* In: Graswurzelrevolution Nr. 8, S. 8

Wichmann, Clara 1919: *Antimilitarismus und Gewalt.* In: Wichmann, Clara 1989: Der Weg der Befreiung. Texte über aktive Gewaltlosigkeit 1917–1921. Herausgegeben von Gernot Jochheim. Kassel: Verlag Weber, Zucht & Co. S. 32–37

Wichmann, Clara 1923: *Philosophische Grundlagen des Sozialismus.* In: Wichmann, Clara 1989: Der Weg der Befreiung. Texte über aktive Gewaltlosigkeit 1917–1921. Herausgegeben von Gernot Jochheim. Kassel: Verlag Weber, Zucht & Co. S. 47–59

Wittkop, Justus F. 1973: *Unter der schwarzen Fahne. Aktionen und Gestalten des Anarchismus.* Frankfurt/M.: S. Fischer Verlag

Woodcock, George 1947: *The Folly of »Revolutionary« Violence.* In: Woodcock, George 1992: Anarchism and Anarchists. Kingston/Ontario: Quarry Press. S. 92–103

Woodcock, George 1969: *Herbert Read: The Philosopher of Freedom.* In: Woodcock, George 1992: Anarchism and Anarchists. Kingston/Ontario: Quarry Press. S. 200–223

Woodcock, George 1983 (Orig. 1972): *Der gewaltlose Revolutionär. Leben und Wirken Mahatma Gandhis.* Kassel: Zündhölzchen Verlag/Weber, Zucht & Co Verlag

Woodcock, George 1988: *Traditionen der Freiheit. Essays zur libertären Transformation der Gesellschaft.* Siedingen/Mülheim: TRAFIK-Peterson Verlag

Woodcock, George 1989a: *Henry David Thoreau's Anarchism.* In: Woodcock, George 1992: Anarchism and Anarchists. Kingston/Ontario: Quarry Press. S. 193–199

Woodcock, George 1989b: *William Godwin. A biographical study.* Montréal/New York: Black Rose Books

Woodcock, George 2009 (Orig. 1962): *Anarchism. A History of Libertarian Ideas and Movements.* North York/Ontario: University of Toronto Press

Wright, William 2002: *Der provençalische Tolstoi. Han Ryner (1861–1938): Poet, Individualist, gewaltfreier Anarchist und Unterstützer der spanischen gewaltfreien AnarchistInnen vor und während der II. Republik (1931–39).* In: Graswurzelrevolution Nr. 274, Dezember 2002, S. 6

Z

Zinn, Howard 2008: *Rebels Against Tyranny. An Interview with Howard Zinn on Anarchism.* Interview von Ziga Vodovnik, in: Counterpunch, 12. Mai 2008, online abrufbar unter: http://www.counterpunch.org/2008/05/12/rebels-against-tyranny/
Zinn, Howard 2010 (Orig. 1994): *Schweigen heißt Lügen. Autobiografie.* Hamburg: Edition Nautilus
Zinn, Howard 2013 (Orig. 1964): *SNCC. The New Abolitionists.* Chicago: Haymarket Books
Zucht, Wolfgang 1974/75: *USA: Bewegung für eine neue Gesellschaft.* In: Graswurzelrevolution Nr. 11/12, S. 3–4

KLEINE GESCHICHTE DES ANARCHISMUS

Findus

Kleine Geschichte des Anarchismus
Ein schwarz-roter Leitfaden
Comic

3., überarbeitete Auflage

57 S. | 7,80 Euro | ISBN 978-3-939045-14-4

Der Comic zur Geschichte, Theorie und Praxis des Anarchismus präsentiert unterhaltsam, amüsant und informativ anarchistische theoretische Strömungen. Soziale Bewegungen, in denen AnarchistInnen eine bedeutende Rolle gespielt haben, werden vorgestellt: die Pariser Kommune 1871, die Machno-Bewegung in der Ukraine, die Kollektivierungen während des Spanischen Bürgerkriegs 1936 bis 1939, die Mexikanische Revolution 1910. Die Beispiele reichen bis in die jüngste Vergangenheit. Die libertäre Kultur kommt nicht zu kurz, Leben und Werk von MusikerInnen und SchriftstellerInnen sowie anarchistische »Klassiker« werden beschrieben. Literaturempfehlungen runden den schwarz-roten Leitfaden ab. Die dritte Auflage wurde überarbeitet und aktualisiert. Das ideale Geschenk für »EinsteigerInnen« und »Fortgeschrittene«.

www.graswurzel.net

DAS SCHLACHTEN BEENDEN!

Leo Tolstoi, Clara Wichmann, Elisée Reclus, Magnus Schwantje u. a.

Das Schlachten beenden!
Zur Kritik der Gewalt an Tieren. Anarchistische, pazifistische, feministische und linkssozialistische Traditionen

180 S. | 5 Abb. | 14,90 Euro | ISBN 978-3-939045-13-7

Gibt es moderne, »humane« Formen des Tötens? Leo Tolstoi hat im ausgehenden 19. Jahrhundert, als die Epoche der industriellen Schlachtung und Massentierhaltung begann, einen der damals modernen Schlachthöfe besucht – und war schockiert. Magnus Schwantje hat mitten im Ersten Weltkrieg Analysen zum Zusammenhang von Tiermord und Menschenmord veröffentlicht. Der Anarchist Elisée Reclus forderte eine anarchistische Moral mit vegetarischer Lebensweise ein. Die Feministin, Juristin und gewaltfreie Anarchistin Clara Wichmann stellte eine Rechtstradition infrage, die Tiere mit Sachen gleichstellte. »Sozialismus heißt ausbeutungsfreie Gesellschaft«, stellte bereits in den Zwanzigerjahren der »Internationale Sozialistische Kampfbund« (ISK) fest und meinte damit, dass auch Tiere frei von Ausbeutung leben sollten.

»Nie las ich eine Sammlung historischer Texte, die so unmittelbar zu uns Heutigen spricht. Dass der Tierrechtsgedanke überhaupt eine so lange Tradition hat, ist nur die eine Überraschung, die dieses Buch bereitet. Die viel größere liegt in der Aktualität der Argumente.«
Hilal Sezgin in: Die Zeit, 28. Oktober 2010

www.graswurzel.net

ANARCHISMUS
THEORIE · KRITIK · UTOPIE

Achim von Borries /
Ingeborg Weber-Brandies (Hg.)

Anarchismus – Theorie · Kritik · Utopie
Mit Texten u. a. von Godwin, Proudhon,
Bakunin, Kropotkin, Malatesta, Landauer,
Rocker, Goldman, Voline, Read, Goodman,
Souchy
Bearbeitete Neuauflage

425 S. | 22,80 Euro | ISBN 978-3-939045-00-7

Dokumentiert und kommentiert wird die libertäre Tradition vom Beginn des 19. Jahrhunderts bis in die jüngste Vergangenheit. Die theoretischen Grundpositionen der AnarchistInnen wie auch ihr bedeutender Anteil an der Sozialistischen Bewegung, an der Russischen Revolution und am Spanischen Bürgerkrieg werden aufgezeigt. Porträts der wichtigsten VertreterInnen des Anarchismus runden die bearbeitete Neuauflage dieser umfassenden Textsammlung ab, die differenziert die komplexe Entwicklungsgeschichte des Anarchismus nachzeichnet und seine meist unterschlagenen konstruktiven Tendenzen deutlich macht. Das Prinzip Hoffnung der anarchistischen Utopie bleibt unverzichtbar, wenn wir uns nicht einer resignativen Kapitulation vor den Trägheitskräften des Bestehenden und ebenso wenig der destruktiven Dynamik eines ungehemmten Neoliberalismus ausliefern wollen!

»›Anarchismus – Theorie, Kritik, Utopie‹ dürfte die beste deutschsprachige Anarchismus-Anthologie sein, die es heute gibt.«
Horst Stowasser in: Graswurzelrevolution, Oktober 2007, Nr. 322

www.graswurzel.net

KRIEG IST DER MORD AUF KOMMANDO

Beatrix Müller-Kampel (Hg.)

Krieg ist der Mord auf Kommando«
Bürgerliche und anarchistische Friedenskonzepte.
Bertha von Suttner und Pierre Ramus

Mit Dokumenten von Lev Tolstoj, Petr Kropotkin, Erich Mühsam, Stefan Zweig, Romain Rolland, Alfred H. Fried, Olga Misar u. a.

288 S. | 17,80 Euro | ISBN 978-3-9806353-7-0

Politik, die Fortsetzung des Krieges mit anderen Mitteln, kommt auf ihre alten Rechtfertigungen zurück: Kriege sind unvermeidlich, gegen Krieg nützt nur die Drohung mit Militär, es gibt »gerechte« Kriege. Ist eine Programmatik, die Krieg durch die Beseitigung von Kriegsursachen ganz verhindern will, nicht hoffnungslos utopisch? Die prinzipielle Kritik des Krieges braucht die Erinnerung an pazifistische und antimilitaristische Traditionen, die aufs Ganze gingen. Deren Stärken, aber auch Grenzen neu zu diskutieren, ist aktuell notwendig, damit gegen den Mord auf Kommando mobil gemacht wird. Die von Beatrix Müller-Kampel herausgegebene und eingeleitete Sammlung historischer Texte zeigt zwei Traditionen im Kampf gegen den Krieg: die pazifistische, die darauf setzte, dass durch zunehmende Rationalität auch die zwischenstaatlichen Beziehungen zivilisiert würden. Dagegen stand die anarchistische Konzeption, die im Staat die entscheidende Kriegsursache erkannte und zur Verweigerung und schließlich zur Revolution gegen den Krieg aufrief, damit eine freie Gesellschaft mit allen Wurzeln der Gewalt breche. Beide Ansätze wirken bis heute fort.

www.graswurzel.net

CHRISTLICHER ANARCHISMUS

Sebastian Kalicha (Hg.)

Christlicher Anarchismus
Facetten einer libertären Strömung

192 S. | 14,90 Euro | ISBN 978-3-939045-21-2

»Biblisches Gedankengut führt direkt zum Anarchismus«, meinte der Philosoph und christliche Anarchist Jacques Ellul. Dennoch werden Anarchismus und Christentum selten in Verbindung gebracht. Christliche AnarchistInnen sind aber der Überzeugung, dass eben dies eine große Bereicherung sowohl für den Anarchismus als auch für das Christentum wäre. Der Sammelband ist der Versuch, den christlich-anarchistischen Diskurs zu verbreitern und die unterschiedlichen Facetten und Debatten zum Thema einzufangen. Die Textsammlung bietet allgemeine Reflexionen zum Verhältnis von Anarchismus und Christentum, Beiträge, die sich mit libertärer Exegese beschäftigen, Überlegungen zu christlich-anarchistischem Aktivismus sowie Porträts christlicher AnarchistInnen wie Jacques Ellul, Dorothy Day und Ammon Hennacy von der Catholic-Worker-Bewegung oder Peter Chelcicky. Das Buch bietet für AnarchistInnen, ChristInnen, christliche AnarchistInnen und für alle anderen, die sich für das Thema interessieren, einen prägnanten Überblick über christlich-anarchistische Theorie und Praxis.

www.graswurzel.net

VOM BÜRGERKRIEG ZUR »TRANSICIÓN«

Alexandre Froidevaux

Gegengeschichten oder Versöhnung?
Erinnerungskulturen und Geschichte der spanischen Arbeiterbewegung vom Bürgerkrieg bis zur »Transición«
(1936–1982)

600 S. | 14 Abb. | 28,90 Euro | ISBN 978-3-939045-25-0

Soziale Revolution versus Konterrevolution, antifaschistischer Kampf, Unabhängigkeitskrieg – vielfältig waren die Geschichtsbilder, die sich die verschiedenen Strömungen der spanischen Arbeiterbewegung vom Bürgerkrieg (1936–1939) machten. Die innerlinken Kämpfe der Bürgerkriegszeit belasteten den Widerstand gegen die Franco-Diktatur (1939–1975). Alexandre Froidevaux legt eine übergreifende Erinnerungsgeschichte der spanischen Arbeiterbewegung und eine politische Geschichte der spanischen Linken von 1936 bis 1982 vor. Er stellt die wichtigsten Diskussionen und Entwicklungen des Antifranquismus dar und beschreibt das Zustandekommen der politischen Kompromisse der »Transición«, ohne die das heutige Spanien nicht zu verstehen ist.

»Selbst für den mit der spanischen Geschichte vertrauten Leser ist die Materialfülle faszinierend, die Froidevaux zusammengetragen hat, um Politikinhalte, Theoriebildungen, Kompromisse, wechselnde Strategien und Taktiken auch in der Zeit der posguerra, des Nachkriegs, zu beschreiben und zu analysieren.« Werner Abel in: Neues Deutschland, 16. bis 20. März 2016, Beilage zur Leipziger Buchmesse

www.graswurzel.net

EKKEHART KRIPPENDORFF
LEBENSFÄDEN

Ekkehart Krippendorff

Lebensfäden
Zehn autobiographische Versuche

476 S. | 24,90 Euro | ISBN 978-3-939045-19-9

Ekkehart Krippendorff, emeritierter Professor der Politikwissenschaften der Freien Universität Berlin, Mitbegründer der deutschen Friedensforschung und Autor des für die Friedensbewegung der Achtzigerjahre wichtigen Buches »Staat und Krieg. Die historische Logik politischer Unvernunft«, hat sein Leben exemplarisch entflochten. Zeitgeschichtlich bedeutsame Fäden hat er thematisch herausgezogen und erzählt kulturgeschichtlich von den Lebensfäden Krieg, Theater, Universitäten, Nazismus, Amerika, Juden, Italien, DDR, Musik und Religion.

»Autobiografien von Akademikern sind meist von erschütternder Belanglosigkeit. Dem kritischen Politologen und Pazifisten Ekkehart Krippendorff aber gelingt mit seinen ›Lebensfäden‹ ein fast klassisch zu nennender Bildungsroman der Nachkriegszeit.«
Willi Winkler in: Süddeutsche Zeitung, 12. Juli 2012

www.graswurzel.net

POLITISCHER ALLTAG EINER KLETTERKÜNSTLERIN

Cécile Lecomte

»Kommen Sie da runter!«
Kurzgeschichten und Texte aus dem politischen Alltag einer Kletterkünstlerin

189 S. | 25 Abb. | 16,90 Euro | ISBN 978-3-939045-23-6

»Kommen Sie da runter!« – das ist der Satz, den Cécile Lecomte, auch als das »Eichhörnchen« bekannt, bei ihren Aktionen von der Polizei am häufigsten hört. In unzähligen Kletteraktionen hat sie mit anderen eine dritte Dimension in das Repertoire der gewaltfreien Aktionsformen eingeführt: die Vertikale. Die Repressionsorgane des Staates haben sie ins Visier genommen und an ihr ganz neue und willkürliche Formen der Freiheitsbeschränkung vorexerziert. In ihren Kurzgeschichten (inklusive Tipps für Gerichtsverfahren) erzählt sie von ihren Erlebnissen.

www.graswurzel.net

GRASWURZELREVOLUTION

Graswurzelrevolution
Monatszeitung für eine gewaltfreie, herrschaftslose Gesellschaft

Jahresabo (10 Ausg.) 38 Euro
Schnupperabo* (3 Ausg.) 5 Euro Vorkasse
Auslandsabo 48 Euro
Förderabo 60 Euro

* Verlängert sich automatisch zum Jahresabo, wenn nicht sechs Wochen vor Ablauf gekündigt wird.

Seit 1972 erscheint die graswurzelrevolution und kommentiert die aktuelle Politik und Kultur aus gewaltfrei-anarchistischer Sicht.
Sie berichtet über:
> direkte gewaltfreie Aktionen
> gewaltfreie und anarchistische Bewegungen in anderen Ländern
> TheoretikerInnen des Anarchismus und der Gewaltfreiheit
> Befreiung im Alltag
> Rubriken: Buchbesprechungen, Concert for Anarchy
> u. v. m.
AbonnentInnen, WiederverkäuferInnen und SpenderInnen sind herzlich willkommen.

www.graswurzel.net